El miedo al abismo

Aleta Edwards

El miedo al abismo

Cómo sanar las heridas de la vergüenza y del perfeccionismo

Les Éditions Pilule Rouge
2018

Primera edición en español, 2018 - Amazon Createspace.
Les Éditions Pilule Rouge
ISBN : 979-10-97487-07-2

Traducción basada en la segunda edición en inglés : Red Pill Press, 2016.

Título original : "Fear of the Abyss - Healing the Woulds of Shame and Perfectionism".

Traducido del inglés por el grupo de traductores hispanohablante del Grupo del Futuro Cuántico (Quantum Future Group, Inc.)

Impreso por Amazon Createspace.

Table des matières

Dedicatoria

Quisiera dedicar este libro a mi esposo, Rand. Sin su apoyo y su sacrificio, no habría podido escribir este libro. Su ayuda, sus consejos de edición, sus lecturas múltiples del manuscrito y el manejo de toda la parte técnica fueron indispensables, pero sus mayores contribuciones fueron su sostén emocional y la fe que depositó en mí y en este libro.

Agradecimientos

Quisiera agradecer a mis maravillosos pacientes por haber compartido conmigo sus historias y sus más íntimos sentimientos. Sé que no fue nada sencillo. Su honestidad y valor fueron increíbles. Gracias a ustedes aprendí que una gran cantidad de personas sufren de vergüenza y de perfeccionismo, y cómo este es un problema aparte, con todo lo que ello implica. Pero más allá de eso, me enseñaron que la fuerza interior y el deseo de ser auténtico son capaces de sanar hasta las más profundas heridas. Sus historias les pertenecen a ustedes, pero el arduo trabajo que realizaron ha ayudado a muchas otras personas que, tras haber leído este libro, me han hecho partícipe del coraje, la fuerza y la inspiración que pudieron extraer del ejemplo que ustedes les brindaron. Los llevaré siempre en mi corazón.

También me gustaría agradecer a mis padres por el amor y el conocimiento que me impartieron. Tuve una relación muy especial con mi madre, cuya empatía y sabiduría comparto a menudo con mis pacientes y quien, a pesar de no estar aún con vida, continúa ayudando a muchos. A decir verdad, aprendí psicología sentada en su regazo. Gracias, mamá. Ya sabes cuánto te amé. Gracias por haberme dicho justamente esas palabras antes de partir. Hasta en tus últimos días aquí, ofreciste amor y consuelo, reflejos de tu preciosa alma.

Finalmente, quisiera expresar mi satisfacción y agradecer de todo corazón a la gente maravillosa que hizo posible que este libro existiera en español... los traductores, los diseñadores gráficos, mi editora y mi editorial. Ha sido una bendición para mí haber tenido la oportunidad de trabajar con gente tan talentosa y agradable. Más aún, he llegado a considerar a algunos de ellos verdaderos amigos. Nunca me alcanzarán las palabras para describir cuánto aprendí, y cuánto lo valoro.

Nota de los traductores

Si bien los psicólogos norteamericanos emplean el término "cliente" o "paciente" según su preferencia personal y su contexto de trabajo, la autora, al igual que muchos otros terapeutas, prefiere hablar de "clientes" en la versión original del texto, en inglés. Considera que este término es más humanístico y evita el significado subyacente de la presencia de una enfermedad. Sin embargo, el equipo hispanohablante de traducción ha decidido utilizar la palabra "paciente", ya que estimamos que le resultará más natural a los lectores de habla hispana, dado que no contiene una connotación financiera y que refleja la empatía que siente la autora hacia quienes acuden a ella para recibir ayuda.

La Dra. Aleta Edwards posee un excelente nivel en español, por lo que ella misma ha podido corroborar la exactitud de la traducción, una gran fortuna y privilegio tanto para los traductores como para el lector. Le estamos muy agradecidos por su ayuda, además de por lo que su libro nos ha enseñado.

Habiendo aportado estas precisiones, es menester expresar el agrado y honor que significa para nosotros poder hacer accesible este excelente libro a lectores hispanohablantes. Esperamos que le brinde al lector una mayor comprensión de los problemas que le aquejan a él mismo y a quienes lo rodean. En un mundo plagado de vergüenza, culpa, egoísmo y sufrimiento, este manual de desarrollo personal constituye, en nuestra humilde opinión, una herramienta extremadamente útil en pos del conocimiento de sí, el perdón, las relaciones genuinas y el cese del sufrimiento innecesario, que si bien fue imprescindible para sobrevivir en el pasado, hoy ya no tiene razón de ser.

Prefacio a la segunda edición de tapa blanda

Desde que publiqué la edición de tapa blanda de *El miedo al abismo*, muchos lectores me han relatado su vida en numerosos correos electrónicos y me han dicho cuánto les ha ayudado el libro. Me encanta recibir noticias de la gente. He aprendido que el problema de la vergüenza realmente es muy común. Decirle a la gente que no tiene que ser perfecta no explica la razón por la cual muchos sienten esa necesidad en primer lugar, y es necesario atender las heridas emocionales subyacentes para que esto cambie. Cuando las personas realmente cambian a nivel profundo, sus sueños de vuelven diferentes, y se sorprenden a sí mismas cuando comienzan a sentirse diferentes y a responder de manera distinta a situaciones que previamente les habrían generado ansiedad de perfeccionismo. Esto es muy distinto de intentar convencerse a uno mismo de dejar de sentir; por el contrario, se trata de sorprenderse gratamente cuando uno observa estos cambios. Refleja una verdadera transformación a un nivel subyacente. Creo que todos tenemos la necesidad, consciente o inconsciente, de ser comprendidos tal cual somos realmente, y esta es mi meta. Me gratifica haber recibido mensajes de tantas personas maravillosas, y espero que mi libro continúe ayudando a otros. Estoy contenta y agradecida de que la editorial Pilule Rouge haya publicado mi libro, ya que así podrá alcanzar a más gente.

Dra. Aleta Edwards
Tampa, Florida
22 de marzo de 2016

Prefacio a la primera edición de tapa blanda

Desde que publiqué la versión electrónica de *El miedo al abismo*, he recibido cientos de comentarios de lectores que compartieron conmigo sus historias personales y me dijeron que mi libro les había ayudado. Sus mensajes me conmueven y me llenan de gratificación, y aprecio cada uno de ellos. Muchos también me han alentado a que publicara una versión impresa de mi libro, y el manuscrito que usted tiene en sus manos es la respuesta a estas solicitudes.

Dra. Aleta Edwards
Tampa, Florida
31 de octubre de 2013

Prefacio

¿Por qué este libro?

En mis años de práctica como psicoterapeuta, he aprendido que las personas pueden **sanar** y no sólo sobrellevar mejor las cosas. Si bien adaptarnos nos ayuda en tiempos difíciles, no es lo mismo que sanar. Dependiendo de la gravedad de sus problemas y del nivel de introspección al cual estén dispuestas a librarse, las personas pueden sanar verdaderamente, dejando atrás viejos patrones de comportamiento, así como los pensamientos y sentimientos relacionados.

Mi orientación es psicodinámica, es decir que creo en ayudar a las personas a llegar al fondo de los problemas que las atormentan. La historia o relato de una persona y su inconsciente (pensamientos y sentimientos fuera del campo de la consciencia) son clave en este proceso. Con este tipo de terapia, mi objetivo es la integración : mirar con amor, compasión y honor los diferentes componentes de la propia personalidad, y comprender que todos tenemos tendencias que nos disgustan, pero que pueden ser atemperadas por las positivas. No es necesario negar estas tendencias, ya que eso puede provocar una sensación de falta de autenticidad. Aquello que algunos llaman la "sombra" debe ser reconocido y aceptado, y no hecho a un lado como si se tratara de otra persona. En este libro usted no hallará instrucciones sobre cómo lidiar con estos sentimientos, pero sí le animaré a verse como una persona entera —si bien quizás dotada de algunos sentimientos de los que ha estado huyendo— y a encaminarse por la vía de la sanación.

Muchas personas se han dado cuenta de la importancia de la consciencia, de vivir en el presente, de saber quiénes son en realidad. Para lograrlo, uno debe primero darse cuenta de quién **no** es, enfrentando los problemas y las defensas que oscurecen los verdaderos sentimientos. Los beneficios son grandes : sanar las heridas emocionales y alcanzar un nivel de consciencia mucho mayor. Desafortunadamente, muchas personas que se perciben a sí mismas como espirituales creen que no deberían tener sentimientos "negativos". Esto no es verdad ; el ser humano alberga muchos pensamientos oscuros y difíciles antes de llegar al perdón o a la compasión verdadera, y lo mismo se aplica definitivamente al conocimiento de sí. Si usted desea realmente descubrir quién es, cuál es su núcleo, necesita saber quién está fingiendo ser y quién no es, y la sanación sigue el mismo camino que el desarrollo de la consciencia.

Redacté este texto para ayudar a aquellos que poseen un conjunto de rasgos de la personalidad que noto con frecuencia en mis pacientes. Más precisamente, he escrito este libro para quienes sufren de problemas de perfeccionismo, control, vergüenza, dificultades a la hora de tomar decisiones, pensamientos en blanco y negro, pavor a la crítica, baja autoestima, miedo a la decepción o a decepcionar a otros, poca fantasía y problemas en sus relaciones asociados con estos rasgos. Denomino este grupo de rasgos la **constelación PCV** (*Perfeccionismo, Control y Vergüenza*)[1]. Estos problemas están interrelacionados y describen cierto **tipo** específico de persona. También trascienden las categorías de diagnóstico. Aunque pueden o no conducir a un diagnóstico oficial, sin duda inducen a problemas en la vida y provocan sensaciones de inquietud.

Frecuentemente, el perfeccionismo es el rasgo más evidente dentro de esta constelación o tipo de personalidad. Creo que, en realidad, las personas con una personalidad perfeccionista se sienten todo **menos** perfectas. Tal vez esto lo describa a **usted**. Quizás usted también sienta que en su interior se esconde una horrible persona de la que tiene que defenderse a toda costa. Tal y como lo expresó un paciente extremadamente brillante y perspicaz : "¿Tú crees que me **gusta** ser tan rígido, estricto y crítico ? Lo **odio**, pero de tomar un trago o ir a un bar, tengo miedo de volverme igual que mis padres. Si digo una mentira o consiento una pequeña mentira en alguien más, me convertiré en un terrible mentiroso como ellos, que siempre tienen una excusa para todo

---

1. PCS — *Perfectionism, Control and Shame* en inglés. —NdT

y que nunca hacen nada."

Quienes se sienten así no conocen aún el tremendo poder sanador de procesar sus sentimientos y experiencias. Este no es un proceso rápido y lleva mucho trabajo, y a veces requiere una dolorosa introspección, pero es la única manera de sanar las heridas emocionales que causan los síntomas problemáticos en primer lugar. Si bien se trata de una ardua tarea, este camino trae grandes recompensas. El resultado es una persona mucho más satisfecha y calmada, poseedora de más conocimiento y profundidad, y más capaz de plantearse metas auténticas y de alcanzarlas. Nos lleva a comprender que tenemos muchas más opciones de las que habríamos imaginado, porque hemos decidido vivir con consciencia. La gente se sorprende al descubrir que contar sus historias y explorar sus sentimientos, mientras alguien más escucha con inteligencia y con compasión, constituye una poderosa herramienta de sanación.

Si bien este libro no constituye una psicoterapia, ni puede remplazarla, sí lo invita a usted a dirigirse hacia el autoconocimiento, a verse no como una etiqueta o un problema, sino como una persona única con muchos rasgos productivos, improductivos o neutros. Puede usar este texto por su cuenta, compartirlo con un terapeuta, o combinarlo con una práctica meditativa.

Mi anhelo

Espero que usted también **disfrute** este libro. A medida que vaya leyendo fragmentos que hagan un llamado a su honestidad, fuerza y coraje, recuerde que las personas que padecen de estos síntomas suelen ser muy nobles, éticas y de buena moralidad. Estos son rasgos que uno no debe ni tiene por qué cambiar. Muchas personas que enfrentan retos únicos en la vida desarrollan apenas **algunas** de las bellas cualidades que le vienen naturalmente a una personalidad PCV.

Recuerde que todos somos "paquetes con todo incluido". Nuestros rasgos positivos y negativos vienen del mismo lugar, y el reto de la vida es dotar nuestra personalidad de mayor equilibrio y consciencia. Una paciente, considerada noble y leal por quienes la conocían, me dijo que deseaba ser "ingeniosa y jovial" como una de sus amigas. Esa amiga era amable y de buen corazón, pero no muy estable ni confiable. Le dije a mi paciente que aunque no fuera "ingeniosa ni jovial", era una persona y una amiga excepcional, y que su amiga, más espontánea, tenía que lidiar con el lado opuesto de su espontaneidad : la impulsividad.

La persona PCV suele juzgarse a sí misma de la siguiente manera : se compara con aquellos que tienen cualidades más valoradas en nuestra cultura, usualmente mejor vistas que los rasgos más maduros de la compasión y la fiabilidad, presentes en la personalidad PCV. Su sentido de moralidad y su preocupación por cómo afectan a los demás es lo que, por empezar, los inspira a buscar terapia. Por ende, al enfrentarse con sus retos, recuerde que usted es una buena persona intentando crecer. Conforme expanda su mente y tome consciencia de cuánta fuerza y coraje está empleando, esas cualidades también se convertirán en una parte genuina de la imagen que tiene de sí mismo.

Introducción

He escrito este libro para un *tipo* específico de persona que frecuentemente veo en mi consultorio privado. Estas personas, a quienes llamo "personalidades PCV", sufren de problemas relacionados con el perfeccionismo, el control y la vergüenza. Además, tienen problemas para tomar decisiones, piensan en términos maniqueos rígidos (todo es blanco o negro), viven preocupados por la crítica (especialmente la autocrítica) y tienen baja autoestima, entre otras características. Me gusta visualizar los problemas individuales de la constelación PCV como los rayos de una rueda. El buje de esta rueda representa lo que realmente sienten las personalidades PCV y lo que las lleva a tener estos problemas. Es el centro de la rueda lo que necesita sanar; sólo entonces toda la constelación de problemas o síntomas podrá desaparecer.

Aunque el término "personalidad PCV" incluya únicamente tres de los rasgos que usualmente se encuentran en esta personalidad —perfeccionismo, control y vergüenza— podría fácilmente haber escogido cualquiera de los otros. PCV es simplemente una manera abreviada de referirse a todos los rasgos presentes en cierto grado en este tipo de personalidad. Tal vez usted asocie estos rasgos con el TOC (Trastorno Obsesivo Compulsivo), pero los pacientes que veo con esta personalidad no presentan las características básicas de ese trastorno. Quienes padecen realmente del TOC, con sus rituales repetitivos y obsesivos, sufren tanto que frecuentemente no están en condiciones de participar en una psicoterapia orientada hacia el autoconocimiento, o incluso de embarcarse en el tipo de introspección que se requiere en este libro.

Por tanto, si bien la personalidad PCV puede compartir algunos rasgos obsesivo-compulsivos, la mayoría viene a mí sufriendo de depresión, ansiedad o ataques de pánico. Ciertas veces han acudido anteriormente a algún terapeuta que les ha dicho que sería más conveniente tratar su ansiedad o cualquier otro síntoma con una terapia cognitivo-conductual, la cual enseña técnicas para aliviar y controlar los síntomas. Aprenden estas técnicas, pero al mismo tiempo están insatisfechas con los resultados, porque **saben** que algo les genera estos síntomas con los que continúan lidiando. Los síntomas tratados son simplemente la manifestación de sentimientos subyacentes, que persisten aún cuando han aprendido nuevas formas de "manejarlos". Nadie les ha dicho que sí existen esperanzas de sanar realmente abordando el "buje" de su personalidad, y descubriendo la dinámica que les genera sufrimiento. Nunca se les ha pedido que relaten su "historia", la narrativa de su vida que les produjo esos síntomas. Un joven paciente muy perspicaz me dijo en su primera sesión que sentía como si hubiera perdido una parte de su Ser, y que quería recobrarla. Estaba exactamente en lo correcto.

Aunque en cada capítulo de este libro se aborden algunos de los problemas que afligen a la personalidad PCV, el texto no está escrito para solucionar un problema específico —cada "rayo" de la rueda PCV— sino para un cierto **tipo** de persona que sufre de estos males. Existen incontables libros sobre la ansiedad, el pánico y la depresión, pero este está dedicado a ese **tipo** de persona que padece estos problemas. Tampoco se trata de sobrellevar los problemas, sino de embarcarse en un verdadero proceso de sanación, un camino que conduce a un mayor grado de consciencia. Este proceso no es fácil. Aquellos que comienzan cualquier terapia esperando un milagro que transforme sus personalidades de la noche a la mañana, pretenden lo imposible. A fin de cuentas, ¿quién querría que su personalidad fuese tan maleable como para despertar una mañana sin ser capaz de reconocerse? El cambio real y la sanación requieren de mucho trabajo, reflexión rigurosa y honestidad, ya sea con o sin la ayuda de un psicoterapeuta profesional.

Organización del libro

Debido a que los rasgos de la constelación PCV están tan estrechamente relacionados, es difícil analizarlos por separado y abordarlos como problemas individuales. Si bien la estructura lineal de un libro exige justamente proceder de ese modo, la relación entre los temas también requiere que el lector tenga en mente cómo cada rasgo se interconecta dentro de la estructura general de esta personalidad. Durante la lectura, usted notará que varios capítulos tratan de "rayos" específicos de la constelación PCV, pero que se entrelazan unos con otros porque comparten el mismo buje, es decir, la misma raíz. A pesar de la repetición, el lector deberá retomar frecuentemente los capítulos que ya ha leído para así poder formarse un panorama más amplio.

Debido a la necesidad de una organización lineal, es así cómo se divide el libro : el primer capítulo ofrece un panorama general de los problemas dentro de la constelación PCV y describe mis objeciones al uso de etiquetas de diagnóstico. Del segundo al cuarto capítulo trato temas individuales, o rayos por separado (específicamente la vergüenza, la rigidez y la decepción). El quinto capítulo deja de lado por un momento los problemas individuales para abordar dos teorías que explican cómo desarrollamos estos problemas, porque para comprender mejor esta constelación usted necesita saber cómo se va produciendo. Del sexto al noveno capítulo se discuten los demás problemas sobre los cuales elegí enfocarme en este libro : el control, las decisiones, la fantasía y los problemas interpersonales.

El décimo capítulo se enfoca en el *abismo*. Si bien profundizar en los problemas superficiales e ir hacia la parte del inconsciente más cercana a la consciencia puede generar un gran alivio, hacer frente al abismo es lo más difícil porque usualmente este se encuentra más alejado de nuestra percepción consciente. En ese capítulo encontrará un trabajo más avanzado, que le invitará a analizar realmente aquello que le genera miedo : el tipo de persona que usted teme ser debajo de todos esos rasgos. El capítulo 11 trata de su Yo auténtico, y de la paz y la libertad que procura un Yo integrado. Cuando realmente pueda enfrentar el abismo, las defensas que le impiden saber quién es su Yo auténtico se desvanecerán, y nunca volverá a ser el mismo.

Los capítulos sobre los rayos individuales contienen ejercicios diseñados para ayudarle a profundizar gradualmente su autoconocimiento. Los ejercicios iniciales le ayudarán a sentirse en paz aun teniendo problemas, como todos los tenemos, y a observarse a sí mismo sin juzgarse. Si bien muchos de los ejercicios se enfocan en mirar aquello que se esconde detrás o debajo de los problemas, también le invitan poco a poco a acercarse a su Yo auténtico. Cambiar es difícil, y usted necesitará armarse de todo su coraje para realizar esta tarea.

Si bien quizás estos ejercicios le hagan derramar algunas lágrimas, ¡también le invito a reírse! Reírnos de nosotros mismos puede ser muy liberador, y es también una reacción natural al descubrir que el "monstruo" en nuestro interior no es más atemorizador que un animalito acorralado. Al "atraparlo" habremos pasado lo peor, ya que el miedo quedará expuesto.

No espere hacer un ejercicio una sola vez, y cosechar inmediatamente los frutos del cambio. Le recomiendo llevar un diario íntimo e integrar estos ejercicios a su vida hasta que se conviertan en parte de usted mismo. Mientras vaya atravesando este proceso, se irá acercando más y más a su inconsciente, lo que significa que se conocerá mejor a sí mismo y dejará de sentirse a merced de una mente que, en ocasiones, le resulta incluso ajena. Conocernos mejor a nosotros mismos nos permite obtener un mayor grado de control, tanto de nosotros mismos como de nuestra vida. Siga repitiendo los ejercicios de cada capítulo hasta que ya no los necesite. Cada capítulo contiene nuevos ejercicios, pero los previos necesitan volverse parte de usted mismo y de su vida.

Mis pacientes

En mis años como terapeuta, he disfrutado de una práctica muy diversa. He trabajado con hombres y mujeres, homosexuales y heterosexuales, y personas de diferentes razas, edades y grupos étnicos. He realizado evaluaciones psicológicas a niños, terapias con gente de la tercera edad en hogares de ancianos y militares en servicio, además de haber tenido pacientes privados, provenientes de diversos contextos. Los rasgos PCV no se limitan a un grupo específico, y eso los convierte en problemas universales muy importantes de tratar.

Le ruego tomar en cuenta que, aunque los pacientes que inspiraron los ejemplos citados a lo largo del texto me autorizaron a basarme en sus historias, en realidad las personas que usted conocerá en este libro constituyen amalgamas. Les he modificado el género, la edad y las circunstancias, pero los problemas continúan siendo fieles a las ideas principales. Por tanto, si algún día usted se topara con alguien que inspiró uno de los ejemplos, nunca lo sabría. Al mismo tiempo, dado que estas cuestiones son tan prevalentes, quizás usted se vea "reflejado" en los ejemplos, o "reconozca" en ellos a gente que conoce, pero cualquier parecido con la realidad no es más que una coincidencia.

No lo conozco personalmente, pero quisiera ayudarlo en su proceso de sanación. En mis veintiocho años de consultas privadas he recorrido este camino con muchos pacientes, y he visto sanar a mucha gente que padecía de estas dinámicas. No existe mayor satisfacción que la de escuchar a un paciente decirme : "¿Recuerdas cuando me reprochaba hasta lo más mínimo?", y después alegrarme de lo libre que se siente ahora. Ha sido un honor y un privilegio poder ayudarlos en ese camino que emprendieron con coraje, honestidad y un legítimo deseo de conocerse mejor a sí mismos.

El deseo de no temer a las facetas ocultas y aisladas de nuestra mente, sino de confrontarlas, reconocer su existencia, y también hacer espacio para esa "negatividad", es una lucha a la que todos debemos librarnos, y en mi opinión, es así como debe ser. Sanar no significa nunca estar triste. Quiere decir no cegarse por la ansiedad que pareciera surgir de la nada, y que le hace sentir que necesita quedarse atascado con tal de evitar los golpes de la vida. Como usted está leyendo este libro, sé que desea lanzarse en este proceso de sanación, y le deseo todo lo mejor en este viaje.

Chapitre 1

La constelación PCV

Las siglas PCV —perfeccionismo, control y vergüenza— hacen referencia al tipo de persona al que está dirigido este libro. Sin embargo, estos son sólo tres de los rasgos de este tipo de personalidad, y los otros, que serán tratados a lo largo del libro, podrían igualmente haber sido escogidos para representar el todo. Nosotros, los seres humanos, estamos compuestos de diversas constelaciones de rasgos.

Cuando tenemos cierto tipo de rasgos, es probable que tengamos otros que van de la mano.

Usted ya está familiarizado con las constelaciones. Puede que haya conocido a personas como la vecina de mi abuelo, a quien él solía apodar "la que puede hacerlo todo mejor que tú". Si alguien no se sentía bien, ella contestaba que tenía problemas aún más graves. Si alguien estaba orgulloso de su nieto, el de ella era mejor. Como era de esperar, se enojaba si pensaba que alguien más estaba alardeando. También de manera predecible, se deprimía cuando la gente no lograba colmar su sed de atención. Quizás usted también conozca a personas divertidas y vivaces, pero que resultan no del todo confiables y bastante desorganizadas a la hora de hacer planes. Notará que ciertos rasgos van de la mano, tanto los aspectos positivos de una personalidad, como los negativos.

Todos venimos como un "paquete", y nuestros rasgos tienen un lado positivo y otro negativo. Esto no ocurre sólo con usted, sino con todos nosotros. Por ejemplo, las personas que parecen querer "controlarlo todo" —y sí, usualmente tienen personalidades PCV— son maravillosamente leales, organizadas y confiables. Vale la pena preservar estos rasgos, y el mundo los necesita con urgencia, pero sin la terrible ansiedad e inseguridad que pueden afligir a alguien con problemas PCV. Escribo este texto para aquellos que sufren del lado más negativo de estos rasgos; aquellos que trabajan muy duro y quizás son muy capaces, pero que aún no pueden encontrar libertad o alegría dentro de sí mismos.

¿Sufre usted de ansiedad que viene desde dentro, o que parece no estar relacionada con lo que ocurre en su vida? ¿Siente que si no es perfecto en todo lo que hace —que si comete un mínimo error— es incompetente? ¿Desea tanto sentirse necesitado que olvida necesitar? ¿Ansía sentirse validado por los demás pero carece de amor propio? ¿Le cuesta admirar a alguien más, o su talento, sin compararse desfavorablemente? ¿Se sobrecarga en el trabajo, y luego se siente subestimado? ¿Siente la necesidad de hacer que las cosas sean predecibles, y por eso intenta controlarlas usted mismo? ¿Le es difícil confiar en su intuición acerca de los demás, y se cuestiona a sí mismo, especialmente si ve o siente algo negativo? ¿Le cuesta tomar decisiones, como si cada una fuera crucial? ¿Tiene pensamientos rígidos? ¿Le tiene pavor a la decepción, ya sea a sentirla o a provocarla en los demás?

Si su respuesta es "sí" a algunas de estas preguntas, entonces ya conoce el terrible malestar que pueden provocar los rasgos PCV. Varios pacientes han venido en busca de mi ayuda para superar trastornos de pánico, ignorando la conexión que estos tienen con los problemas PCV que desatan justamente el pánico, y creyendo que este les surgía de la nada. Sin embargo, la mente humana es extremadamente rica y posee una lógica propia. Las causas de estos ataques se vuelven claras sólo si le pedimos a quienes los padecen que relaten su historia, si los escuchamos y alentamos a que se escuchen a sí mismos. Algunas personas acuden a terapia quejándose de su perfeccionismo y de su alto grado de ansiedad, y otras me dicen que incluso han tenido episodios obsesivo-compulsivos en todo el sentido de la palabra, atrapadas en un infierno de rituales que parece eterno. Lograron superar mal que bien esa etapa, pero continúan sufriendo porque su personalidad sigue siendo la misma.

Si bien estoy completamente a favor de aprender a sobrellevar los problemas —porque la vida así lo requiere— me entristezco mucho al recibir pacientes que fueron diagnosticados con un trastorno de pánico, y que todavía sufren tremendamente de los problemas de PCV **además** de padecer ataques de pánico. Aunque ayudar a las personas a manejar sus problemas sea importante y útil, los problemas mismos, los sentimientos reales que permanecen por debajo de la superficie, siguen siendo ignorados. Por ejemplo, una persona puede sufrir de ataques de pánico debido a que la constelación PCV —la forma en que le **gustaría** verse a sí misma o a los demás— está siendo amenazada porque sus verdaderos sentimientos acerca de sí misma o de los demás están saliendo a la superficie. Esta persona difiere bastante de quien sufre de pánico debido al miedo al abandono, por ejemplo. Lo mismo sucede con la depresión. ¿Alguien está deprimido porque su necesidad de creerse perfecto (un problema del PCV) está siendo amenazada, o acaso existe alguna otra razón?

Por lo tanto, independientemente del diagnóstico superficial o de cómo se manifiestan los síntomas, yo me enfoco tanto en los rasgos superficiales —los rayos de la rueda— como en el núcleo, el dolor real. Este "dolor" es una clase de inquietud emocional que nunca se atenúa realmente, aunque con un gran esfuerzo y maniobras defensivas puede mantenerse a raya. Para mí esto equivale a nadar en el mismo lugar : sí, mantenerse vivo y a flote es sumamente importante, pero sería fabuloso poder desplazarse también. Me siento triste cuando, durante su primera consulta, alguien me informa acerca del diagnóstico que ha recibido, y después se vuelve evidente que la dinámica subyacente nunca fue tratada. Lo que realmente ha sucedido es que un sistema de defensa muy frágil se vio obligado a enfrentar circunstancias que luego lo derrumbaron. Puede hacerse mucho más por alguien, que solamente ayudarlo a regresar a como era antes de la crisis : es posible tratar el problema que lo volvió vulnerable en primera instancia.

Las etiquetas de diagnóstico pueden ocultar el verdadero núcleo de la personalidad que genera el síntoma, o que conduce a la etiqueta. Asimismo, analizar los problemas de forma individual sin entender el **perfil** de la persona que los padece, también puede esconder lo que realmente necesita sanar. Antes de tratar más en detalle los rasgos de la constelación PCV, examinemos más de cerca algunos de los problemas que surgen al aplicar etiquetas de diagnóstico o al estudiar cada uno de los problemas en forma aislada.

Personas o etiquetas

Hoy en día las personas se diagnostican a sí mismas antes de acudir a un profesional. Me llaman y aseveran tener un trastorno de pánico o de ansiedad, o sufrir de depresión. Normalmente están en lo correcto. El problema es que estas etiquetas que se han visto atribuir pueden privarles de recibir el tratamiento más efectivo para alcanzar una salud mental óptima y la felicidad. Centrarse solamente en una etiqueta desvaloriza a la persona e ignora su personalidad. Todos sabemos que una persona no es sus síntomas o etiquetas, sino un ser humano en su totalidad. Este ser humano tiene una historia, una experiencia y una personalidad únicas.

Para un terapeuta que utiliza un enfoque psicoanalítico u holístico, las etiquetas no son tan importantes como **quién** está sufriendo por estos síntomas; la persona en carne y hueso que nos pide ayuda y la historia que la condujo a nuestra puerta. El relato de cada persona es importante y necesita ser escuchado y honrado. Tal vez la idea más importante de este libro es que usted **no** es su diagnóstico, sino un ser humano eminentemente sensible con una historia, y con capas de emociones y dinámicas entrelazadas las unas con las otras. Ser tratado en base a esto y aprender a tratarse a sí mismo en consecuencia, representa un gran paso hacia la sanación.

Echémosle un vistazo a algunos ejemplos de cómo pacientes con el mismo diagnóstico pueden tener problemas muy diferentes y requerir enfoques distintos. Esto nos ayudará además a entender a quién está destinado este libro. Muchos de los pacientes que veo se quejan de estar deprimidos. Imagine a dos personas que caen en una gran depresión después de ser despedidos de su trabajo. La primera persona carece de cualificaciones profesionales adecuadas y se siente demasiado abrumada y preocupada como para siquiera buscar otro trabajo. La segunda está altamente calificada y se halla en una buena posición para encontrar otro empleo, pero se siente estúpida porque cree que nunca nadie echaría a un empleado inteligente. La segunda persona es del tipo PCV, porque la vergüenza y el orgullo herido yacen en el fondo de la depresión. Su perfeccionismo ha recibido un golpe duro. La primera persona enfrenta simples problemas de pérdida y preocupación sobre el futuro, y tiene un tipo de personalidad completamente diferente.

De modo similar, una persona puede estar clínicamente deprimida tras haber atravesado una separación debido al dolor y a que echa mucho de menos a su ex-pareja, mientras que otra tal vez esté deprimida porque el hecho de haber sido rechazada le generó intensas emociones relacionadas con la vergüenza, tan fuertes que no puede ni siquiera llegar al punto de extrañar a quien ha perdido. La primera persona sufre de sentimientos normales de pérdida, mientras que la segunda sufre por un orgullo amedrentado y vergüenza, y quizás también por un sentimiento de fracaso, todos los cuales son problemas típicos de la personalidad PCV. Imaginemos otro caso : una persona que ha vivido una terrible niñez y que nunca ha podido disfrutar de la vida sin importar las circunstancias, porque los cimientos para la felicidad nunca estuvieron presentes. Siempre está en un estado de letargo y carece de interés por casi todo. Otra persona sufre una crisis emocional por haber reprobado una materia en la escuela —no por no poder continuar con su educación, sino porque siente que ha fracasado—. Tenemos nuevamente el mismo diagnóstico de depresión, pero en diferentes tipos de personas. La segunda es del tipo PCV : el perfeccionista que no pudo soportar haber reprobado una materia.

La ansiedad es otra queja común que no podemos comprender sin saber qué tipo de personalidad y dinámicas presenta la persona con este síntoma. Por ejemplo, alguien puede desarrollar un trastorno de ansiedad tras un divorcio porque teme desenvolverse solo, mientras que otra persona en la misma situación tiene terror a recibir críticas si se embarca en nuevos emprendimientos. Una vez más, la segunda persona tiene personalidad PCV; el pavor a la crítica yace en el fondo de la ansiedad.

En cada uno de estos ejemplos las personas comparten el diagnóstico, pero podemos ver que sus problemas fundamentales son muy diferentes. Yo nunca trataría estas dificultades de la misma forma.

El caso más extremo de una paciente que tuve en mi consulta hace varios años ilustra por qué no debemos ver sólo los síntomas sino a la persona en sí : "Debbie" había tenido una niñez muy dolorosa y con muchas carencias. Para sobrevivir había desarrollado una personalidad PCV, lo cual le había proporcionado pautas para traer orden a su mundo caótico. Ya adulta, era una persona rígida y con mucha ansiedad. Dado que casi siempre estaba deprimida, pero que se las arreglaba para levantar su estado de ánimo de vez en cuando, se describía a sí misma como alguien con "saltos de humor". Cuando Debbie acudió a un psiquiatra y le describió sus "cambios de humor", éste le diagnosticó un trastorno bipolar, una condición psicológica grave para la cual le recetó potentes medicamentos. ¡El único problema era que ella nunca había sido bipolar! En nuestras sesiones tratamos la profunda vergüenza que sentía y la niñez tan dolorosa que le había causado esos síntomas. En el transcurso de su terapia, nunca manifestó síntomas de un trastorno bipolar y se demoró poco en abandonar su tratamiento médico.

Es el perfeccionismo, el pavor a la crítica y la vergüenza de las personas PCV en cada uno de estos ejemplos lo que yace en la raíz de sus problemas, después de que las circunstancias de la vida impidieran que sus defensas funcionaran normalmente. Las otras personas en los ejemplos de más arriba **no** tienen los mismos problemas, pero recibirán el mismo diagnóstico. Tratar la depresión, la ansiedad o cualquier otro síntoma sin tener en cuenta **quién** sufre por ellos no le permitirá a nadie sanar realmente. Por el contrario, genera un gran daño y no promueve el cambio. No hace más que llevarlos de regreso al estado de defensa en el que se encontraban antes de que ocurriera la crisis emocional, cualquiera que haya sido este.

He visto a mucha gente sufrir por causa de tratamientos de este tipo, cuando se concentraba en su perfeccionismo o cualquier otro rasgo PCV, ignorando sus verdaderos problemas. Ya sea que usted trabaje en sus problemas por cuenta propia o acuda a un psicoterapeuta, le recomiendo conocer sus problemas para saber cómo recibir ayuda. Su problema nunca es la depresión o la ansiedad. Esas son simplemente etiquetas de diagnóstico. Se puede decir que la depresión o la ansiedad son **consecuencias** de los problemas con los que ha vivido a lo largo de su vida.

El trastorno de pánico es otro diagnóstico en el que aspectos de la constelación PCV a menudo desempeñan un papel, y donde es fundamental ver más allá de la etiqueta para hallar a la persona. Evidentemente existen aquellos que siempre han tenido un carácter nervioso o le temen a algo, y que ocasionalmente sufren ataques de pánico, pero que **no** son personalidades PCV. Los problemas PCV son mis mayores sospechosos cuando un paciente me cuenta que sufre de ataques de pánico. Cuando conozco a una persona así, lo primero que me pregunto es : ¿Por qué entra en pánico **ahora**? Cuando han transcurrido varios años, necesitamos saber por qué y cuándo se desarrollaron los ataques de pánico, y qué estaba ocurriendo en esa época.

"Lois" llegó a mi consultorio quejándose de sus ataques de pánico. Sufría de agorafobia, lo que algunas veces le impedía salir de casa, y entre risas me dijo que tenía "una mente trastornada". Le pregunté cuándo habían comenzado esos problemas y qué estaba ocurriendo en aquel entonces. Si no siempre había sido así, ¿por qué pensaba que algo le fallaba en el cerebro ? Algo debía haber ocurrido para que desarrollara el pánico en primera instancia. Lois me contestó que el pánico había comenzado hacía algunos años, tras haberse divorciado de su marido, quien abusaba de ella físicamente, y luego de haberse mudado a su propia casa. Él aún iba a verla y quería que saliera con él. Ella tenía miedo de rechazarlo y se sentía culpable por haberse divorciado de él. Desarrolló agorafobia, lo que le proporcionó una razón para no tener que salir con él, y este reaccionó tildándola de "loca".

Cuestioné a Lois sobre si había sido abusada de pequeña, y me contó una historia muy triste : solía tener miedo de caminar de regreso del colegio, porque su padre la esperaba a ella y a sus hermanos para maltratarlos físicamente. Describió escenas extremadamente violentas y escalofriantes. A lo largo de varias sesiones, quedó claro que para sobrevivir a una niñez espantosa, Lois había desarrollado una personalidad PCV. Había llevado orden a una parte de su mundo, dentro de sus capacidades, siendo todavía muy pequeña. Se "suponía" que debía amar a su madre y a su padre. Más tarde, se "suponía" que debía amar a su esposo. Esos "deberes" reflejan un pensamiento rígido en blanco y negro, un componente de la personalidad PCV. Ninguna situación atenuante es permitida : simplemente "se supone que uno debe" actuar de cierto modo o sentirse de cierta forma todo el tiempo. Debido a la necesidad de desarrollar un sistema de supervivencia dentro de aquella terrible infancia, Lois nunca había procesado sus sentimientos hacia su padre ni cuestionado su amor hacia ese brutal hombre.

Un día Lois fue al baño durante la sesión. Regresó llorando, pero sonriendo —sí, todo al mismo tiempo— y dijo : "¡Ya entiendo! ¡No tengo que amar a nadie que yo no quiera! Mi padre era un bastardo violento y loco, y me casé con alguien idéntico a él, ¡y también lo odio!". Gran parte de su pánico y agorafobia desaparecieron después de ese día. Hablamos acerca de cómo el estar triste era mucho más fácil que sentir pánico, y cómo culparse a sí misma por no hacer lo imposible le había parecido mejor que enfrentarse al daño serio que había recibido. Lois no tenía un cerebro defectuoso. No era imposible ayudarla. Pero sí **necesitó** tratar con la rigidez de su pensamiento en blanco y negro para sanar completamente.

Cuando la conocí, Lois llevaba tres años medicada. Le habían dicho que el trastorno de pánico era incurable, y la habían enviado a clases de relajación. Estas últimas habían reducido levemente el pánico pero no habían frenado por completo los ataques, y esa fue la razón por la que vino a verme. Lois presentía a cierto nivel que no había tocado la raíz de su problema. Días después de su sesión inicial, recibí una carta de su psiquiatra. Me explicaba que Lois tenía un trastorno de pánico agudo y que era una persona dependiente, por lo que yo debía ofrecerle una terapia cognitivo-conductual, es decir, el mismo trabajo que ya había hecho para sobrellevar su situación. Pero Lois finalmente se curó gracias a sus intensos esfuerzos y a su perspicacia, sin necesitar más técnicas para "sobrellevar" su pánico. Dejó de necesitar fármacos y pudo decirle a su ex esposo que no quería saber nada más de él, y que ahora tenía su propia vida.

Lois perdió varios años de su vida porque el sistema la había etiquetado y catalogado como otra persona "incurable", cuyo único recurso era aprender a sobrellevar su padecimiento. Nadie le había preguntado cuándo o cómo había desarrollado esos problemas, cómo había vivido antes. Tampoco nadie había siquiera echado un vistazo a sus fortalezas o a su personalidad en general. Nadie la había visto integralmente como persona; sólo habían tenido en cuenta su trastorno de pánico.

En el caso de la ansiedad y los ataques de pánico, creo que es crucial llegar a los problemas de fondo. **Son** curables. Yo misma he visto a una gran cantidad de personas sanar de estos síntomas, y deseo lo mismo para todos. Repito, los síntomas no son sino una manifestación de los sentimientos subyacentes que pasan a formar una personalidad completa. Tratar los síntomas significa ignorar la personalidad y desvalorar a una persona. Los síntomas no son la cuestión, sino tan sólo la punta del iceberg.

Con Lois, el proceso tomó cerca de ocho meses. No quería ahondar muy profundamente en la razón por la cual había desarrollado aquel sistema de defensa. Algunos de mis pacientes, como Lois, sólo buscan aliviar los síntomas, mientras que otros estiman que maximizar su conocimiento de sí mismos es un fin en sí. Lois me dijo que estaba entrando en edad y que sencillamente quería vivir, lo cual me pareció lógico. Un año más tarde, volvió a verme para contarme que había obtenido un trabajo maravilloso en un área que le apasionaba profundamente. Estaba utilizando sus talentos creativos y disfrutándolos al máximo. Como sucede con tantos otros que padecen de estos mismos problemas, los hermanos de Lois sufrían de modo similar, y ella se había convertido en una fuente de ayuda para ellos.

Habiendo demostrado cómo diferentes personas presentan los mismos síntomas y cómo los han desarrollado a través de distintos caminos, quisiera describir brevemente aquello a lo que me refiero cuando hablo de la "dinámica". Esta es la clave para entender la constelación PCV, que trataremos más adelante.

¿Qué es la "dinámica"?

¿Por qué combino una variedad de categorías de diagnóstico dentro de una misma constelación de rasgos PCV, y qué tienen estos en común? Todos nacen de la misma "dinámica" subyacente. Este concepto hace referencia a la influencia que ejercen nuestros pensamientos y sentimientos subconscientes en nuestros sentimientos conscientes, y luego en nuestro comportamiento.

La idea de que nos impulsan factores inconscientes no es nueva. Freud cobró fama por haber desarrollado el concepto de nuestra mente inconsciente; cosas de las que no nos damos cuenta y que escondemos de nosotros mismos. Todos hemos conocido a personas que describiríamos como "en un estado de negación", un ejemplo de lo que Freud tenía en mente. Si un acontecimiento de nuestra vida detona algún sentimiento que siempre hemos albergado secreta o inconscientemente, puede producirse una crisis emocional. Vuelva a pensar en Lois. Yo no vi en ella un trastorno de pánico, sino a una mujer atemorizada que sentía que "debía" amar a un padre abusivo y que había buscado atenuar su culpa tratando de amar a un marido abusivo. Estaba tratando de castigarse a sí misma hasta la sumisión, tal y como le habían enseñado. Las personas PCV "respetan las reglas del juego", pero a menudo no se les ha enseñado la regla de la felicidad o del instinto de conservación.

Los psicoterapeutas con una orientación psicoanalítica sienten un gran respeto por el inconsciente y su dinámica. Sin embargo, nuestra cultura se ha dejado llevar por las etiquetas, que luego determinan el tipo de tratamiento que se recibirá. Estas etiquetas ignoran los factores dinámicos, especialmente los sentimientos inconscientes ocultos que afectan las vivencias de cada persona y que, a su vez, se ven afectados **por** estas últimas. Podemos sentirnos atrapados por estos sentimientos, y únicamente conseguimos liberarnos cuando se encuentran bajo nuestro control consciente.

Recuerde mis ejemplos anteriores. Dos personas diferentes perdieron su trabajo. La primera se deprimió porque le faltaban calificaciones y se preocupó ante la posibilidad de quedar desahuciada; la segunda se deprimió porque se sentía estúpida. Alguien puede deprimirse ya sea por una soledad y una tristeza inaguantables, o por vergüenza y miedo a enfrentar sus propias emociones. No estamos hablando aquí del mismo tipo de personas. Aunque ambas sufren de depresión, su **dinámica** es muy diferente. Esta es otra razón por la cual, en mi práctica, minimizo la importancia de los diagnósticos basados en etiquetas. He visto a demasiadas personas sufrir durante demasiado tiempo debido a que sus historias y sus dinámicas habían sido ignoradas.

La ansiedad que usted siente no surge de la nada : emerge porque un frágil sistema de defensa se encuentra bajo amenaza. Imagine un pensamiento con una forma física, y sus defensas como un detector de metales que usted coloca entre sus pensamientos y su consciencia. Ahora, imagine ese pensamiento golpeándose contra el sensor una y otra vez. Cada vez que esto se produce, el choque provoca pánico o ansiedad. Y si usted se resiste, siente dolor. Si pudiera disminuir esta resistencia o derribar esa barrera, no se agravaría el dolor de ese pensamiento. De hecho, sin la resistencia sólo quedaría el pensamiento o sentimiento puros, si bien es probable que estos incluyan tristeza, ya que de lo contrario no habría erigido la barrera en primer lugar.

Por ejemplo, las personas sumamente perfeccionistas y ansiosas en realidad no se sienten perfectas en absoluto. Usualmente, están bastante disconformes consigo mismas y tratan de evitar que los demás noten su vulnerabilidad ; incluso evitan reconocerla en ellas mismas, para así poder apartar cualquier sentimiento doloroso o negativo. Todos tenemos sentimientos negativos —toda una gama de estos— y cuando no los reconocemos, se esfuerzan continuamente por ser escuchados. Aquí yace el origen de la ansiedad. Pero cuando sucede, no es más que nuestra propia mente tratando de hacernos aceptar y reconocer estos sentimientos ; no es una enfermedad o algo que surja de otra parte.

A la gente le resulta bastante cansador mantener esta fachada defensiva. En algún punto usted necesita ver exactamente qué es lo que no le gusta de sí, sea o no justo (y a menudo no lo es) y esto frenará la angustia de necesitar ser perfecto. ¿Por qué no darse la oportunidad de conocerse a sí mismo, ampliar su autoconocimiento y convertirse en una persona completa ? Su ansiedad es simplemente una parte de usted mismo que desea hacerse ver ; no es un enemigo. Cuanto mejor usted se conozca, más control tendrá. Y así dejará de preocuparse por una parte de su Ser que, contenida por una barrera, puede explotar en cualquier momento, porque ahora se encontrará bajo su control consciente. Quienes usualmente pierden el control son las personas reprimidas, no las que están en contacto con sus sentimientos. Volverse más consciente de sus emociones **no** le despojará de su espiritualidad, moralidad o ética, pero **sí** eliminará esas emociones que parecen surgir de la nada.

Por su propio bien, le pido que mire en su interior con sinceridad y profunda honestidad, para así poder afrontar esos sentimientos dolorosos que yacen bajo la superficie. Tal vez no sean tan malos cuando los examine, y quizás pueda ver la bondad que existe en su interior a medida que recorra este libro y el proceso que propone. Esta es mi esperanza. Constantemente veo cuán exigentes muchas personas son consigo mismas; la ironía es que cuando vuelcan su mirada más profundamente en su interior, emerge un intenso coraje emocional. Y esto se convierte en un recurso a su disposición, y en una parte genuina de la imagen que tienen de sí mismas.

La constelación PCV

Todos hemos conocido a perfeccionistas. Son aquellos que exigen que todo se haga "como corresponde", incluso cuando una pequeña omisión o un error pasarían casi desapercibidos. Trabajar con otros, o estar en una relación, puede presentar serios problemas porque los perfeccionistas sienten la necesidad de evitar que los demás "hagan un desastre", ya que esto también se verá reflejado sobre ellos, y podría perturbar esa imagen ordenada que tienen de cómo debe ser el mundo. Así es cómo se ganan la reputación de ser "maniáticos del control". Lo que resulta menos evidente es que, cuando un perfeccionista comete algún error ocasional, su reacción subyacente a menudo es la vergüenza. Más adelante expondré las razones. Por ahora, sólo déjeme decirle que, para un perfeccionista, cometer un error es **moralmente inaceptable**, por lo que equivocarse equivale a ser **inmoral**; una mala persona. La vergüenza y el perfeccionismo a menudo van de la mano.

¿Se siente **usted** devastado cuando comete un error? ¿Llega **usted** luego a la conclusión de que, de alguna manera, es una persona totalmente indigna o detestable? Usted, como muchos otros, puede tenerle pavor a la humillación y, sin embargo, sentirse humillado por errores banales que todos cometemos. La vergüenza que siente puede llevarle a negar sus verdaderos sentimientos hacia sí mismo y hacia los demás.

Otros de los rasgos dentro de la constelación PCV son los pensamientos en blanco y negro y la indecisión. Para una persona PCV, existen muy pocas "áreas grises". Una línea de conducta es correcta o incorrecta. No existen las "mentirillas inocentes". Es sencillo ver de dónde surge la indecisión de una persona PCV cuando las situaciones son completamente blancas o negras, y cuando cada decisión lleva tanto peso. Es especialmente triste ver este tipo de pensamiento en personas inteligentes, como lo son la mayoría de mis pacientes PCV, ya que sacrifica la sutileza que generalmente se observa en el pensamiento de las personas inteligentes.

"Jeff" era un paciente joven que expresaba una tristeza resignada por haber perdido amigos debido a que siempre decía la verdad. Me explicó que cuando alguien le pedía su opinión acerca de su nuevo corte de cabello, por ejemplo, se sentía obligado a decir la verdad, en lugar de suavizar el golpe. Solía actuar de esa manera sin importar lo cercana que fuese la persona o independientemente del contexto. Cuando le expliqué que existían diferentes grados de verdad y de compartir opiniones, me contestó : "Ya lo sé, no me gusta ser así. No puedo evitarlo." Para este muchacho inteligente decir una mentira era una de dos opciones, a saber, la mala, la que elegía la mala gente. Decir la verdad era la única otra alternativa, a saber, la buena, y la que elegía la buena gente. ¡Si tan solo la vida fuera así de sencilla!

Pero, claro, este es el anhelo de una persona PCV. Este hombre, de inteligencia muy por encima del promedio, estaba envuelto en un razonamiento extremadamente simplista, una clara señal para el terapeuta de que se halla frente a un mecanismo de defensa. El comentario de Jeff de que no podía evitar decir más que la pura verdad me resultó especialmente conmovedor, ya que muchas personas PCV intentan justificar sus actos. Jeff, por el contrario, sabía que algo lo había vuelto así y no se defendía, sino que reconocía que era un problema.

Otra característica del pensamiento PCV es su naturaleza concreta. En el pasado, cuando yo hacía pasar muchas pruebas de inteligencia, a menudo notaba problemas PCV y ansiedad. Aplicar un razonamiento abstracto e intuición es una gran fuente de ansiedad para las personas PCV, quienes usualmente pierden puntos en una prueba en particular. Para utilizar un ejemplo similar al que podríamos hallar en una de estas pruebas, cuando le pregunté a una mujer muy inteligente cuáles eran las similitudes entre una olla y un sartén, me respondió que ambos servían para cocinar, una respuesta perfecta y de abstracción correcta. Luego pareció entrar en pánico y soltó abruptamente : "¡No! ¡Ignore lo que acabo de decir! ¡Ambos son de metal!" Así pasó de haber obtenido dos puntos gracias a una respuesta perfecta, a quedarse sin nada. La generalización era muy incómoda para el pequeño y estrecho mundo en el que ella se sentía cómoda. De modo similar, cuando le preguntamos a una persona PCV qué tienen en común la "derecha" y la "izquierda,", usualmente se voltean a vernos con una mirada obviamente molesta, y aclaran que son opuestos. La idea de que los opuestos tengan algo en común resulta incómodo para las personas que piensan en blanco y negro.

Los rasgos PCV pueden afectar cada aspecto de su vida. Por ejemplo, puede tener la fuerte necesidad de ser necesitado, porque eso lo valida como persona y contrarresta su profunda sensación de no ser valioso. Sin embargo, en una relación sana, ambas partes deberían necesitar y ser necesitadas. En una relación a todos les gusta contribuir, ser valorados y sentirse competentes. Si usted es de aquellas personas que siempre dan, entonces quizá se haya dado cuenta de que sus seres amados, ya sean amigos o su pareja, a menudo no parecen apreciarlo; lo ven como muy controlador o se sienten irritados con usted. Esto se debe a que sus ansias de ser necesitado aplastan la necesidad que sienten los demás de sentirse competentes, de aportar sus propias contribuciones, e incluso el anhelo que usted tiene de necesitar. En mi experiencia, las personas PCV son extremadamente bondadosas y atentas. El problema es que esta dinámica no deja mucho espacio para la bondad o la amabilidad de la otra persona (y abordaremos esto más en detalle en el capítulo acerca de las relaciones).

Es probable que si usted está leyendo este libro, sea bueno al momento de dar, pero no tanto cuando se trata de dejar que los demás le den. Una vez tuve un paciente (que **no** era del tipo PCV) que se quejaba de que su novia era demasiado perfecta y quería hacerse cargo de todo. Lo hacía todo tan excelentemente que él sentía que ella no lo necesitaba. No entendía que ella actuaba de ese modo en un intento desesperado por mantenerlo a su lado, para hacerle ver que era una buena persona, y porque no veía que él también necesitaba sentir satisfacción personal. En realidad nadie quiere a alguien perfecto, sino a alguien con quien uno pueda sentirse bien. Como sabe, sin embargo, la ansiedad puede controlarlo, incluso cuando ve que lo que está haciendo está dañando una relación que usted valora. ¿Acaso su necesidad de ser perfecto y necesitado está impidiendo que alguien más crezca, contribuya y se sienta como un igual valioso?

En ocasiones en las que he tenido que cancelar una cita debido a una enfermedad o emergencia, mis clientes PCV siempre han hecho prueba de una sincera consideración, y me han asegurado que estarían bien. Sin duda, también usted es una persona amable y atenta, y nadie desearía que dejara de serlo. Sin embargo, como he dicho, los rasgos tienen aspectos positivos y negativos; mi enfoque se basa en mantener los positivos y no dejarse atormentar por los negativos. El desafío yace en encontrar el equilibro; bien que los demás aprecien mucho su naturaleza generosa, necesita dejar que ellos le ofrezcan algo también, y aceptar recibirlo. El mundo necesita personas éticas y compasivas, pero lo que debe ser erradicado es este tormento que se inflige a sí misma la personalidad PCV, y no su carácter. Usted puede mantener sus maravillosos rasgos y al mismo tiempo dejar de autoflagelarse; esta es nuestra meta.

También existen muchas otras personas que no son del tipo PCV, pero que son rígidas, obsesivas con el orden o abusivas. Muchas personas manifiestan **algunos** rasgos PCV (después de todo, estamos hablando de problemas muy humanos) pero tienen problemas con un Yo fragmentado. Le ruego recuerde y comprenda algo crucial: la persona PCV **no** es simplemente una personalidad con esos rasgos, sino que también es un individuo ético que se preocupa por lo bueno y lo malo, por el trato que reciben los demás, y que posee un excelente control de sí mismo. Una persona PCV no abusa ni abusaría de nadie. Si usted tiene problemas graves de ira o de violencia, o tomas malas decisiones que lo lastiman y alejan a los demás, entonces no es una persona PCV. Si bien este libro puede aclararle algunos de estos asuntos, usted no lleva dentro el mismo tipo de abismo del cual es cuestión en este libro.

El abismo

¿Por qué son así las personas del tipo PCV? Me he dado cuenta de que, a un nivel profundo, las personas con una dinámica PCV sufren de lo que denomino un *miedo al abismo*. Temen que si aflojan su rígido control, una persona muy mala que hoy se esconde dentro de su lado oscuro, o abismo, se libere y domine su personalidad. A menudo sienten temor de convertirse en alguien más, normalmente un familiar u otra persona que haya desempeñado un papel muy importante en su infancia, cuyos hábitos o personalidad aborrecen y sienten albergar dentro de sí mismos. No es de sorprender que las personas PCV se quejen de una baja autoestima. Tener la sensación de ser habitado por una especie de monstruo no se presta a un sentimiento de bienestar, sino a todo lo contrario.

Mis pacientes con problemas PCV siempre tienen este abismo. Por ejemplo, el trabajador compulsivo que tiene miedo de ser perezoso, o la persona que siente el deber de aferrarse siempre a la pura verdad, aun cuando corre el riesgo de ofender a los demás, ya que teme convertirse en un mentiroso. Este miedo al abismo tiene sus raíces en la creencia errónea de que uno debe, a toda costa, esconder una parte de sí mismo para no destapar su realidad. Es un gasto de energía constante ir por la vida defendiéndose a sí mismo de estos sentimientos dolorosos y aterradores. Es mucho mejor confrontarlos y vivir plenamente.

No puedo expresar con palabras la felicidad que me produce escuchar a pacientes que enfrentaron este abismo, contarme cómo ciertas situaciones que en el pasado les provocaban ansiedad o dolor, ahora les resultan más neutras y más fáciles de enfrentar con calma. Una paciente, que siempre se había esforzado por quedar entre los primeros de su clase en la universidad, me contó que había obtenido una B en un examen, y que al llegar a casa notó que ni siquiera se había tomado la molestia de averiguar quién había obtenido una A. No le importaba ni estaba deprimida. Había dejado de temer a esa persona falible e imperfecta pero normal que era. Otra paciente, adicta al trabajo, me dijo que cuando su jefe le había impuesto otra tarea poco razonable, ella le había respondido que estaría encantada de cumplir siempre y cuando él volviera a priorizar las otras tareas que ya le había dado, y le otorgara más tiempo... ¡y agregó que había sido fácil decirlo! Ya no le preocupaba ser considerada perezosa, o tener ella misma la impresión de serlo, cada vez que no se plegara a todas las exigencias de su jefe.

Estos pacientes me dijeron que la ausencia de culpa y de vergüenza en esas situaciones era como si les hubieran quitado un gran peso de encima. No se habían esforzado directamente en aprender a decir "no" o en no ser perfectos, sino que habían procesado las heridas subyacentes. Enfrentaron el abismo. Cuando las personas son capaces de, y están dispuestas a hacerlo, caen las defensas que les impedían antes conocerse a sí mismas; esa es la señal de un verdadero cambio.

Entonces, lo que yo denomino "abismo" se refiere a una creencia acerca del Ser, a los miedos relacionados con esta, y a los pensamientos que no están integrados y que requieren de una enorme cantidad de energía para permanecer contenidos. Los jungianos llaman ese abismo la "sombra", y es importante comprender que puede ser integrada y asimilada dentro de la personalidad. ¿Quién es usted cuando no está constantemente probando que no es malo, de una u otra manera?

Las personas con esta personalidad tienen ideas muy específicas, si bien inconscientes, sobre esa parte de su Ser de la que temen y huyen; las características PCV evitan que el Ser alcance ese conocimiento. Intentar contrarrestar esos sentimientos de ansiedad, pánico y tristeza cuando sus verdaderos sentimientos tratan de conectarse con usted, es la antítesis de una sanación verdadera. Aceptar los así llamados sentimientos "negativos" y apropiárselos dentro del Usted Completo es la forma de sanar. Cuando las emociones positivas y negativas no están separadas, sino que se modulan mutuamente, uno puede llegar a una aceptación madura de los problemas que aún quedan por resolver, sin tener que sentirse tan abatido.

Lecciones de vida

Estimo en gran medida la creencia de que existe una verdadera conexión entre nuestra mente, cuerpo y espíritu, y que todos debemos atravesar ciertas lecciones de vida para ganar sabiduría y alcanzar un nivel de consciencia más elevado. No me refiero a que estemos aquí para ser perfectos, sino para progresar en nuestra consciencia y nuestras acciones, y avanzar más allá de donde comenzamos al nacer. La vida es como una escuela, y si supiéramos todo desde el principio no tendría sentido estar aquí. Opino que la consciencia de sí es el vínculo con la espiritualidad, porque, irónicamente, enfocarnos en nosotros mismos y ganar comprensión nos lleva a ver que no todo gira en torno a nosotros. Es ahí cuando estamos en libertad de notar y disfrutar algunas de las maravillas del mundo con las que no estábamos en contacto anteriormente.

He conocido a muchas personas a quienes, mientras luchaban con una lección de vida en particular durante su terapia, de repente se les presentó una situación difícil, directamente relacionada con su problema, como si algo les estuviese diciendo : "Ha llegado la hora de lidiar con esto de una vez por todas". Por ejemplo, un paciente joven, cuya madre prefería a su hermana menor, se enfrentó a una situación en su trabajo en la que una mujer más joven y recién contratada había obtenido un ascenso que él estimaba haber merecido. Aquello le resultó familiar debido a su propia historia. Otro paciente, que tenía un trabajo muy bien remunerado pero que siempre se preocupaba por sus finanzas, comenzó a ver cómo el dinero representaba amor y seguridad para él. Una semana después de haber notado esa conexión, hizo un viaje de negocios y le robaron 200 dólares. He perdido la cuenta de todas las veces en que se produjo ese tipo de coincidencias, no porque la persona en cuestión las hubiera provocado, sino porque la vida intervino en su problema, prácticamente gritando : "¡Aquí tienes una lección !"

Mientras que aliviar el sufrimiento constituye la meta principal de una terapia, en el proceso buscamos a menudo la razón que lo originó, y qué lección de vida nos está enseñando. Por tanto, además de comprender nuestros sentimientos, sean estos conscientes o inconscientes, y cómo se relacionan con nuestras vivencias, debemos entender su **significado**. Este ubica nuestro sufrimiento pasado en un contexto más amplio, nos reconforta y nos ofrece una dirección para el futuro. Ver la vida como un viaje me ha permitido tener y compartir esta esperanza con terceros.

La esperanza de sanar

Dada mi amplia experiencia con personas como Lois, quienes pasaron años aprendiendo a vivir con sus problemas y a quienes una y otra vez se les dijo que no tenían cura, estoy totalmente convencida de que la dinámica de las personas PCV necesita ser atendida. ¡Son seres humanos cuya vida importa ! Tal vez usted diga : "Sí, entiendo su argumento, ¿pero acaso no es importante primero manejar el pánico, hasta que la persona esté en condiciones de tratar los problemas subyacentes ?" Y estaría en lo correcto. Se **necesita** controlarlo si es un caso agudo, mediante técnicas de ajuste, quizás con medicamentos, o ambos. Pero ahí no se acaba la historia. Sobrellevar la situación y tomar medicamentos no sana las heridas que causaron el problema. Parecemos haber olvidado que curar es posible, y que no es tan difícil sacar a la luz los problemas y facilitar el proceso de la verdadera sanación.

Si usted sufre de un trastorno de pánico o de ansiedad, pregúntese cuándo comenzó a tener estos problemas, dónde estaba, qué hacía y qué lo provocó. Recuerde la época en que no tenía ataques de pánico y pregúntese qué cambió y qué ocurrió en su vida para que le haya afectado tanto. Como en el caso de Lois, a menudo se trata de emociones o pensamientos que producen culpa y que uno procura evitar a toda costa. Una vez afrontados, no causan dolor y culpa insoportables. Pero mientras tanto sigan presentes a nivel inconsciente, esos pensamientos o emociones pueden tener un potencial infinito para causar terror. Como sucede con muchos miedos, lo desconocido es lo que genera el mayor sufrimiento y dolor.

Tal vez a usted le conciernan todos o algunos de los problemas que he mencionado. Tal y como hemos visto, las etiquetas de diagnóstico pueden variar. Más adelante abordaré muchos de los problemas a los que se enfrentan los PCV. Dado que muchas personas han sido diagnosticadas con trastornos de pánico, ansiedad o depresión, es importante subrayar la necesidad de pensar en la **persona** que recibe este diagnóstico. Por ejemplo, lo importante no es la depresión, sino **quién** está deprimido y **por qué**. Esta es una visión psicodinámica y holística. ¿Alguien desarrolla un trastorno de pánico tras un evento que amenazó con derribar todos sus mecanismos de defensa, o con traer a la superficie emociones con las que no estaba preparado para lidiar? ¿O acaso se trata de una persona que siempre ha sido extremadamente ansiosa? No estoy afirmando que sea imposible ayudar al segundo tipo de persona, pero sí **estoy diciendo** que estas son personas muy, muy diferentes, y que la etiqueta que comparten puede ser y **ha sido** engañosa.

¿Qué pasa si la vida obliga a una persona PCV a verse repentinamente confrontada al fracaso? Todo el sistema de defensa puede desmoronarse, y el resultado será una persona muy deprimida. Esto es muy diferente de una persona que está deprimida a causa de alguna pérdida o pena. Cuando un trastorno es el producto de pensamientos rehuidos o reprimidos que emergen sin haber recibido previamente un trabajo terapéutico adecuado, no solamente es posible obtener ayuda para sobrellevar la crisis en cuestión, sino además para desarrollar una estructura más fuerte y auténtica que antes. Una persona PCV deprimida puede superar tanto la necesidad de sentirse perfecta como la depresión. A esto me refiero cuando propongo que una crisis puede ser una bendición, una oportunidad de crecimiento. Luego de sentirse mejor, muchas personas con las que he trabajado han dicho frecuentemente que están agradecidas de haber atravesado una crisis, porque su vida se ha mejorado gracias a que han ampliado la consciencia de sí mismos.

Las estrategias de adaptación son muy importantes en la vida, y todos tenemos mucho a qué adaptarnos. Sin embargo, sobrellevar una situación no es lo mismo que sanar. Una de mis pacientes siempre había sabido adaptarse de una forma maravillosa, hasta que vivió una crisis que la llevó a desarrollar muy rápidamente un trastorno de pánico. Había ido a la universidad y se había graduado de una carrera que sus padres habían escogido para ella. Como la mayoría de las personas PCV, tenía pavor de desilusionar a alguien, así que consiguió un trabajo dentro de la profesión predilecta de sus padres. Se desenvolvía bien pero se sentía miserable. Ya no le era posible vivir el sueño de sus padres y pretender ser feliz. Como parte de su perfeccionismo, había idealizado a sus padres y negaba que existiera un problema en su relación con ellos. Pero tenía una crisis de pánico cada día al disponerse a ir al trabajo.

En el momento en que tomó consciencia de que esa carrera que no había escogido la volvía infeliz, el pánico desapareció casi por completo. Bajó las defensas. Había estado viviendo los sueños de sus padres, pretendiendo ser feliz mientras que no lo era, y todo su sistema de defensa se derrumbó. Si bien aquella toma de consciencia le resultó muy dolorosa, también la benefició, porque sanó precisamente aquellos sentimientos que, en primera instancia, le habían hecho temer decepcionar a sus padres. No habría podido lograr eso si sus estrategias de adaptación hubieran funcionado como de costumbre. La sanación ocurre cuando realmente se enfrentan los problemas desde la raíz. Este libro es una fuente de ánimo para volverse más consciente de sí mismo, y embarcarse en el proceso de sanación.

Si usted acude a terapia debido a una depresión, pánico o ansiedad y tiene una dinámica PCV, asegúrese de encontrar a un terapeuta capaz de ayudarle a trabajar en sus problemas, de modo a poder alcanzar su máximo nivel de sanación. Muchas personas me llamaron afirmando tener rasgos obsesivo-compulsivos y trastornos de ansiedad. Habían investigado el tema por su cuenta y aprendido que no existía cura posible, y que la terapia cognitivo-conductual era lo más recomendable. Cuando les mencioné el tipo de terapia que propongo, algunos decidieron buscar en otro sitio. Sin embargo, muchos de ellos regresaron, sintiéndose insatisfechos con los sentimientos que aún se suponía debían "sobrellevar". Yo creo que la experiencia humana es demasiado vasta y sutil como para poder ser examinada en su totalidad en el marco de investigaciones empíricas. La vida y la mente humana comportan fenómenos abstractos y maravillosos que no es posible medir con precisión, tales como la felicidad de poder relacionarse con los demás sin hacerse crueles comparaciones con uno mismo.

Una y otra vez he visto sanar a personas ; es muy poderoso abordar la dinámica y enfrentar verdades que llevaban años reprimidas o negadas. Yo entiendo que tal vez usted sólo desee que su ansiedad desaparezca ; sin embargo, es muy importante recordar que no se trata de una entidad externa, y que le convendría escuchar lo que está intentando decirle. Después de todo, es sólo una parte de usted mismo que pide ser reconocida y formar parte de su personalidad global. Puede incluso pensar que la ansiedad es un llamado a una mejor salud mental, porque cuando preste atención a lo que le está diciendo, ya no temerá que esos pensamientos y sentimientos salgan a la superficie.

En el quinto capítulo veremos por qué la gente sufre de estos problemas y cómo se desarrolla psicológicamente. Abordaré distintos problemas PCV en cada capítulo. Estos rasgos no tienen ninguna estructura jerárquica, y le ruego que recuerde mi analogía de la rueda, con su buje y los rayos. Trataremos con los rayos, que sin duda le parecerán una extensa lista de problemas, pero que en realidad comparten el mismo núcleo. Cuando el "buje" está más equilibrado, también lo están los rayos, o síntomas.

Ejercicio

En este libro le sugeriré realizar una serie de ejercicios, comenzando por el que se encuentra más abajo, y que puede continuar haciendo conforme vaya leyendo cada capítulo, ya que requieren mucho trabajo y no aportan resultados inmediatos. Esto es positivo. Siempre les digo a mis pacientes que es bueno que el cambio resulte difícil. Cuando me voy a dormir, sé que a la mañana siguiente no despertaré siendo una criminal, que tengo un núcleo real y sólido. Usted también. Si cambiara demasiado rápido, no existiría un proceso y no crecería —simplemente se convertiría en alguien diferente— y yo quiero que obtenga el beneficio de su propia dura labor. Intente hacer estos ejercicios y descubrirá que su mente se amplía, brindándole más opciones y expandiendo su consciencia.

Componga una lista de los problemas que más le inquietan. Después liste la dinámica, el comportamiento que usted está más propenso a adoptar, y las consecuencias. La idea no es tener una lista exhaustiva, sino comenzar a procesar el sentirse cómodo con tener problemas y reconocerlos con compasión y respeto. Simplemente tome consciencia de ellos. Está leyendo este libro, por lo que ha decidido conocerse mejor, y entienda que esto forma parte del proceso. No debe culparse por sus sentimientos o por cómo surgieron, pero sí puede empezar a observar cómo sus sentimientos afectan su comportamiento, lo cual a su vez puede impedirle progresar.

El cuadro de más arriba contiene un ejemplo. Quizás le sirva o necesite uno diferente, pero lo esencial es reconocer que usted es una persona que busca sanar y adquirir un mayor grado de consciencia. Así se sentirá cada vez más cómodo al observar las dinámicas que desearía cambiar. Trate de no juzgarlas. Todos las tenemos; simplemente usted ha decidido dejar de lado la negación.

Problema	Dinámica	Comportamiento	Consecuencia
Control y predictibilidad	Le temo a lo desconocido	Planeo por demás las vacaciones	Peleas con mi pareja sobre la falta de tiempo libre
Perfección y vergüenza	Le temo a ser criticado/a	Hago demasiado	Estoy cansado/a
Moralidad rígida	Le temo a equivocarme de un modo u otro	Me quedo en una relación abusiva porque prometí que me comprometería para siempre	Soy infeliz

Chapitre 2

Vergüenza y perfeccionismo

Lamentablemente, casi todo el mundo ha sufrido humillación en algún momento de su vida. La vergüenza duele tanto que nos resulta difícil siquiera pensar en ella, por lo que hacemos grandes esfuerzos por asegurarnos de nunca volver a sentirla. La vergüenza y las situaciones embarazosas inspiran muchas de las comedias que miramos, y reímos al sentirnos identificados con el personaje, al mismo tiempo que nos alegramos de que lo

mismo no nos haya ocurrido a nosotros. Todos hemos vivido situaciones que nos resultaron muy dolorosas y nos generaron vergüenza. En mi experiencia, la mejor forma de superar la vergüenza es enfrentándola, y deshaciéndonos del terror y del poder que acarrea el recuerdo en cuestión. Hacerlo no es nada agradable, pero la recompensa es muy grande. La vergüenza es una emoción extraña : el secreto la nutre, pero apenas queda expuesta, tiende a disminuir y a desaparecer.

Muchas personas con una personalidad PCV sienten una gran vergüenza. Esta es incluso tan poderosa que no alcanzan a expresar con palabras por qué algo les resultaría tan devastador. Muchos de nosotros hemos atravesado momentos bastante dolorosos en los que hemos visto atacada nuestra dignidad, y es crucial hacer frente a esos recuerdos para dar vuelta la página. De hecho, la vergüenza es el terrible sentimiento que experimentamos cuando nuestra dignidad se ve amenazada y creemos que nos ha sido arrebatada. Sin embargo, tanto mi experiencia personal como la profesional me han enseñado que es imposible arrebatarle la dignidad a alguien.

Creo firmemente que la dignidad nos es intrínseca, y un derecho de nacimiento. He trabajado con personas que soportaron terribles abusos. Y algo que descubrí hace muchos años es que aunque alguien haya sido lastimado psicológicamente, su dignidad se mantiene intacta. En todos mis años de experiencia con personas que han sufrido diferentes tipos de abuso, he visto la dignidad emanar de ellos, y me he dado cuenta de que aunque los recuerdos sean atroces, su dignidad no ha sido destruida. La dignidad es algo que nos obliga y responsabiliza en el modo en que nos tratamos a nosotros mismos y a los demás. Tal vez usted sienta que ha perdido su dignidad o que esta le ha sido arrebatada, pero sigue ahí, tan presente como los latidos de su corazón. Se le ha dado vida y está destinado a estar aquí. Sin importar cómo haya sido tratado, qué tan atemorizado se sienta o cuánto dolor albergue, usted **merece** respeto y dignidad. Entender esto es sumamente importante.

La crueldad nos hace creer que nos han robado la dignidad, pero sólo uno mismo puede agredir la propia dignidad. La gente que lastima, usualmente se siente desconectada de su propia dignidad, y quiere herir a alguien más. Por ejemplo, muchos de mis pacientes fueron víctimas de abuso sexual, lo cual lleva consigo terribles efectos psicológicos. Sin embargo, deben tomar consciencia de que, a pesar de lo terrible que haya sido la experiencia y de todos los problemas que deberán tratar, no han sido despojados de su honradez. La fealdad le pertenece al culpable, no a la víctima. Este es un concepto espiritual importante.

Haber sufrido vergüenza no significa haberse vuelto deshonrado, sino que quien abusó de usted sí lo era. Usted merece respeto porque tiene dignidad. El alma, el Ser, la esencia, o como quiera llamarle, vive dentro de su cuerpo y está intacta. Es **usted** quien debe empezar a reconocer y respetar esa dignidad día a día. Puede corromperse a sí mismo o decidir que no desea tener dignidad cuando abusa de otros, pero nadie puede **robársela**. Usted está intacto en el sentido estricto de la palabra. Esto es lo primero que debe tener en cuenta al enfrentar la vergüenza. Es nuestro deber respetar la dignidad de otros seres vivos, pero no somos nosotros quienes la otorgamos o la quitamos. Haber tenido una infancia en la que nuestra dignidad fue respetada es un regalo de la vida —un obsequio que muchos padres no saben ofrecer— pero los padres no pueden darnos dignidad, porque nacimos con ella. Lo que nos falta es entenderlo y separar nuestros sentimientos heridos de una **verdadera** pérdida de dignidad.

Un capítulo sobre la vergüenza no estaría completo sin abordar la fisiología corporal. Todos tenemos un cuerpo y todo cuerpo cumple funciones fisiológicas. Vivimos en una sociedad en la que estas necesidades se ocultan, y existen miles de productos que nos ayudan a disimularlas; sin embargo, todos continuamos poseyendo esas funciones. Cuando se le enseña a los niños a hacer sus necesidades, algunos padres los avergüenzan para forzarlos. Los hacen sentir sucios, repugnantes y, por supuesto, avergonzados. Otros usan la vergüenza en contextos diferentes, pero yo lo invito a mirar profundamente dentro de sí, y a tomar consciencia de que su dignidad reside en el interior y que está intacta. No importa el trauma por el que haya pasado, ni el daño psicológico que haya sufrido. Debe reconocer que **usted**, su esencia o su alma, si así lo prefiere, o su Ser verdadero, está intacto.

Creo que los médicos y las enfermeras que trabajan con personas muy enfermas ya lo saben. Ven la dignidad en cada una de ellas y son conscientes de que a pesar de que el cuerpo no funcione correctamente, su verdadera dignidad se encuentra intacta. Ya sea debido a una enfermedad, un accidente o algún abuso psicológico, usted debe admitir que, sea lo que sea que le haya sucedido y que le generó vergüenza, pudo ocurrirle a cualquier otra persona. Y aunque alguien haya intentado atacar despiadadamente su dignidad, y haya podido hacerle sentir muy mal, su dignidad es un derecho innato que nadie le otorgó ni le robó. Debe comprender que aun en presencia de alguna disfunción fisiológica o psicológica, la esencia o la persona real permanece intacta.

En una época trabajé como terapeuta en un hogar de ancianos. Ahí conocí a una mujer paralizada desde hacía muchos años, pero aguda de mente y muy bien informada. No sólo estaba aburrida de deber permanecer recostada todo el tiempo, ya que no tenía familiares ni amigos que la visitaran, sino que además necesitaba asistencia en todo aspecto de su rutina íntima. En ocasiones pasaba momentos dolorosos, cuando alguna enfermera o algún auxiliar de enfermería se mostraban impacientes y bruscos con esta mujer orgullosa. Sin embargo, me contó que en muchos momentos del día intentaba elevar sus pensamientos y recordar que su existencia no se limitaba al cuerpo físico en el que residía, y que aunque resultara invisible para algunos y fuera incapaz de cuidar de sí misma, era un ser humano honrado y valioso. Esta mujer sufría terriblemente, pero estaba en contacto con su dignidad. Aun con todo su sufrimiento, no padecía vergüenza.

En otra oportunidad tuve a una paciente que había sido violada y golpeada por un grupo de hombres en su camino de regreso a casa. Como si eso fuera poco, aquellos hombres le habían hablado con verdadera crueldad, diciéndole que era fea mientras la golpeaban y le destrozaban la cara. Se había sometido a varias cirugías para volver a tener un rostro presentable. Acudió a terapia conmigo para tratar su estrés postraumático, y expresó su deseo de olvidar esas agresiones a fin de dejar de sentir miedo al salir de su casa. También me dijo : "He oído hablar de casos similares al mío, y de víctimas que se sienten avergonzadas. Yo no me siento avergonzada. No hice nada malo."

Si bien esta paciente tenía un largo camino por recorrer, era consciente de que su dignidad estaba intacta. He trabajado con personas que han sufrido toda clase de experiencias terribles —ser objeto de burlas puede lastimar tanto como el abuso físico— y mi primer deber terapéutico **siempre** ha sido ayudarlas a entender que, aunque su mente y su cuerpo estén muy lastimados, la dignidad de su esencia siempre sigue limpia e intacta. La dignidad siempre está presente y debería ser respetada. Cuando otros le faltan el respeto a su dignidad, en realidad están atacando la de ellos mismos, por voluntad propia, pero no pueden atacar la que a usted le pertenece. Sea cual sea la razón de su sufrimiento, otros también han sufrido y usted nunca los consideraría como faltos de dignidad. La forma de vencer la vergüenza es haciendo frente a los recuerdos dolorosos, y aferrándose a su propia dignidad, por invisible que le parezca, porque es tan fuerte como la de los demás.

Es probable que al recordar sucesos vergonzosos no sienta ganas de reír, sino más bien de llorar. Llorar es honesto, y puede permitirle comenzar a sanar enviándole el mensaje de que usted no opina que su experiencia haya sido graciosa. En muchas ocasiones mis pacientes me cuentan, en medio de risas, crueldades que padecieron. Yo no me río. Usualmente se voltean a verme y comienzan a llorar. Notan que puedo ver su dignidad, y al verse reflejados en ese espejo que a menudo represento para ellos, lloran de dolor porque toman consciencia de que son merecedores de lágrimas. Piense en la dignidad de un recién nacido, un cachorro, un enfermo, un anciano; dejando de lado lo que uno sienta respecto de otra persona, la chispa de la vida vive dentro de ella y merece respeto, al igual que la de usted. A eso me refiero cuando hablo de dignidad.

Lo he repetido una y otra vez porque es muy importante. No tiene nada de malo tener sentido del humor o reírse un poco de uno mismo, siempre y cuando eso no implique desprecio. Por ejemplo, tal y como lo mencioné en la introducción, puede parecerle natural reírse de sí mismo al descubrir algunos "secretos oscuros" que, al fin y al cabo, no lo son tanto. Pero he conocido a personas que siempre hacían payasadas y que se referían a sí mismos como "metedores de pata", o que empleaban otros calificativos crueles para describirse. Creo que actúan de esta manera en un intento por anticiparse a una afrenta a su propia dignidad. Cuando verdaderamente nos tenemos respeto y compasión, podemos reírnos de nosotros mismos y de la fragilidad humana en general, y este es un gesto positivo. Pero hasta llegar a ese punto, más vale un esfuerzo por conectarnos con, y respetar la dignidad que tenemos.

He titulado este capítulo "Vergüenza y perfeccionismo" porque, aunque todos los problemas de los que hablo en este libro están relacionados, estos dos se vinculan especialmente. El perfeccionismo es una defensa agotadora contra la vergüenza. Si usted es perfecto todo el tiempo, o se convence de que debe serlo, no se sentirá vulnerable ante la vergüenza. Pero nuestra meta en la vida no es ser perfectos, sino aprender a utilizar las lecciones de vida para volvernos más sabios y mejores. No podemos ser perfectos. Si lo fuéramos, ¿entonces qué sentido tendría vivir? El verdadero problema es nuestra tan temida vergüenza de no ser perfectos.

Muchas personas fueron objeto de humillación y de vergüenza al no cumplir con las expectativas de sus padres. Una de las mayores dificultades en la vida consiste en aceptar que nuestros padres son sólo personas. Durante nuestra infancia, tienen mucho poder. Cuando mi hija estaba cursando el primer grado, golpeó a una compañera. No es extraño que eso ocurra a esa edad, ya que siempre hay algún niño que golpea a otro. Llegó a casa y me relató lo que había sucedido, y cubriéndose la cara con las manos, comenzó a sollozar mientras me contaba que su maestra la había enviado al rincón. Había golpeado a la otra niña en el brazo. Yo le dije : "Todos hemos hecho cosas similares y no por eso eres una niña mala ; eres como los demás niños y ahora has actuado como cualquiera de ellos." Luego le pedí detalles acerca del golpe, preguntándole si había tratado de picarle el ojo a la otra niña con un lápiz, o de pegarle con algo pesado que pudiera haberla lastimado mucho. Primero se sorprendió y dijo : "¡No !" Después se rio y le dije : "Nunca harías algo así, ¿verdad ?" A lo que respondió : "¡Yo **nunca** haría eso !" Continuó diciéndome que había golpeado a su compañera en el brazo porque esta había estado golpeándola a ella constantemente. Me explicó que la maestra estaba enojada con ella y le dije que, por supuesto, en la escuela no podía permitirse que se produjera una batalla campal, con todos los niños golpeándose los unos a los otros. Pero no por eso era una mala niña y no había hecho nada que otra persona no hubiera hecho antes. Le advertí que cometería seguramente otros errores de juicio en el transcurso de su crecimiento.

Mi hija nunca volvió a actuar así, pero me agradeció, años después del incidente, el haberle dicho que no era una mala niña. Fue evidente que hacerle saber que era una buena persona le generó un gran impacto y la ayudó a entender que una única acción no la convertía en una mala persona. Ese mensaje la devolvió al regazo de la humanidad.

Incluso un incidente como este puede llevar a un niño a sentirse terriblemente mal. Cuando mi hija llegó a nuestro hogar, ya acarreaba mucha vergüenza. Originaria de Sudamérica, la adoptamos cuando tenía cinco años y medio, y mi esposo y yo estábamos determinados a hacer todo lo posible por ayudarla a sanar su sentimiento de vergüenza y por no alimentarlo. Sin embargo, he conocido a muchas personas que se criaron al lado de sus padres biológicos sin perturbaciones, pero a quienes se les hizo sentir pésimo por alguna transgresión normal de la infancia, y que aún hoy continúan pagando el precio de esa vergüenza.

Sea lo que sea que a usted le haya ocurrido, puede sentirse indignado por el niño pequeño que alguna vez fue. No es necesario que sea perfecto para evitar encarar el sentimiento de vergüenza que vive en su interior. Está leyendo este libro y, por tanto, creo que tiene la fuerza suficiente para hacerle frente. Una vez que lo haya hecho, el perfeccionismo disminuirá considerablemente, o desaparecerá.

"Lennie" me contó que pensaba que todo lo que hacía era una extensión de sí mismo, y que si no lo hacía perfectamente se sentía un ser humano abominable. Debajo de todo ese miedo "espantoso" se encuentra el abismo que abordaremos en el último capítulo, pero por ahora es importante subrayar que Lennie no era capaz de separarse de nada que estuviera conectado con él. Si se disponía a recibir visitas, se veía impulsado a limpiar a fondo su casa. Nunca se le había cruzado por la mente que si alguien lo juzgaba por tener una casa desordenada, entonces tal vez no quisiera que la persona en cuestión formase parte de su vida. No podía pensar en términos de grados de importancia.

Tenía maneras públicas y privadas de tratar de ser perfecto. Si bien conscientemente Lennie se preocupaba por las críticas ajenas, se dio cuenta de que no necesitaba a nadie externo para evocar ese mismo sentimiento. Esa voz crítica interna que usted escucha puede ser la de su madre, padre, profesor o quien sea, sólo que ahora le pertenece. A Lennie le llevó tiempo tomar consciencia de que él no era su trabajo, su casa o sus tareas, sino que todo eso era lo que poseía o realizaba. Durante una sesión me preguntó : "¿Pero acaso nuestras acciones no son un reflejo de quiénes somos?" Le contesté que los reflejos no son más que eso, y que algunos resultan bastante insignificantes. Le expliqué que su emparedado favorito también era un reflejo de su persona, pero que yo no le daría demasiada importancia.

Como hemos visto, el miedo a la crítica se relaciona estrechamente con la vergüenza y el perfeccionismo. A nivel consciente, muchos le tienen pavor a la crítica ajena, pero olvidan que no necesitan de otros para evocar ese mismo sentimiento doloroso. Han interiorizado a esa persona que en su momento los cubrió de vergüenza, y ahora son perfectamente capaces de hacerlo ellos mismos. Pregúntese por qué la crítica, si es verdadera y bien intencionada, tiene que ser tan terrible. Si cuando está conduciendo toma la ruta equivocada, y su pasajero se lo hace notar, ¿es una tragedia? ¿No es más bien la autocrítica en la que se sumerge la que le es tan problemática? Simplemente tomar consciencia de esto ya es un paso enorme. La gente que ha emprendido el camino del autoconocimiento me dice : "Si no hago lo que tenía planeado, me lo recriminaré a mí mismo". Si bien el hecho de que hagan comentarios semejantes significa que aún les queda bastante trabajo pendiente, ya han logrado mucho porque reconocen que el "humillador" vive en su interior.

Si alguien lo critica y usted no está de acuerdo, no le duele. Mientras yo cursaba mi posgrado, conocí a una joven que solía pedir ayuda para todo tipo de cosas. Un día me pidió que la ayudara con su currículum justo antes de unos exámenes importantes, y se enojó porque le dije que no podría darle una mano sino después de estos. Más adelante tuvo un bebé y le contó irritada a una de mis amigas : "¡Tengo tanto que hacer, y nadie me ayuda con nada!" Mi amiga, que tenía problemas de vergüenza, pero que sabía que ese sentimiento de privilegio y enojo eran absurdos, le contestó : "Fue tu elección tener un bebé ahora, y todos tenemos cosas que hacer. Algunos de nosotros tenemos hijos, padres, trabajo, problemas de dinero y mucho por estudiar... ¿Por qué sientes que todo el mundo debe asumir tus responsabilidades cuando los demás también atravesamos un momento estresante en la vida?"

Esta amiga se rio al relatarme lo sucedido, y agregó : "Sé que muchas veces soy dura conmigo misma, pero aquello era tan estúpido que me dieron ganas de reír." Esa mujer le había pedido favores grandes e imposibles, que básicamente requerían que dejara de lado su propia vida con tal de ayudarla, lo cual estaba fuera de cuestión. Con este ejemplo vemos pues que cuando quien nos critica no atiza un problema que ya tenemos, no nos duele. Es cuando la crítica resuena en nuestro interior que se genera sufrimiento.

En mi antigua sala de espera solía tener un tazón con dulces para mis pacientes. A veces, cuando me encontraba sola en el consultorio, solía abrir la puerta que daba a la sala de espera para recibir a un recién llegado, y veía a un paciente con la mano suspendida en el aire, dispuesto a tomar un dulce. Invariablemente, los pacientes pedían disculpas y se sentían avergonzados. Yo les decía que para eso estaban ahí los dulces, para **ellos**, y que no tenían por qué disculparse. Eso me condujo a discusiones con muchos de ellos acerca de la impresión de volver a ser un niño y de ser sorprendido con las manos en la masa.

¿Cuántas veces avergüenzan los padres a un niño por querer tomar algo que disfrutarían? Esto no es siempre malicioso, pero debido a su propia vergüenza, algunos padres encuentran embarazoso que alguien más esté disfrutando algo, e inadvertidamente transfieren esa actitud a sus hijos. Los pacientes que solían tener esa reacción fueron capaces de ver cómo se recriminaban y sentían que estaban haciendo algo que no debían. Sin duda aquel era un sentimiento antiguo, porque intelectualmente sabían perfectamente que los dulces les estaban destinados.

No me refiero a aquellas ocasiones en que alguien le habla de una forma horrible y lo hace sentir avergonzado delante de un tercero. Pero si alguien cercano le señala un error, o le pregunta algo de manera constructiva, ¿por qué tendría que doler? Tal vez la crítica sea una simple pregunta, hecha con buena intención. Pero incluso si alguien intenta colocarlo sobre la defensiva, si usted se niega, no llegará muy lejos. Si está de acuerdo y dice algo como : "Sí, cometí una estupidez y lo siento", no hay mucho que la otra persona pueda decir. Aun si agrega algo, usted puede responder con más fuerza, pero cuando esa persona note que usted asume su responsabilidad, no podrá decir nada más.

¿Qué tiene de malo cometer un error, hacer algo estúpido o no entender algo? Todos hemos pasado por eso. Poder decirse eso a sí mismo es muy beneficioso. Al igual que mi hija, usted simplemente es parte del redil humano. Yo he cometido probablemente millones de errores y cometeré aún más; eso forma parte de la vida.

Esto nos lleva a abordar la cuestión de lo que realmente es importante, en contraste con las áreas que llamo moralmente neutras. Una de mis pacientes, llamada "Ali", vivía sola y se sentía increíblemente culpable y avergonzada si no limpiaba su departamento para consagrar su tiempo a alguna actividad más placentera. Le pregunté por qué le afectaba tanto, y me respondió que no podía tener visitas en el estado en que se encontraba su departamento. Le expliqué que esa era una consecuencia natural de la decisión de no limpiar su departamento, pero volví a preguntarle por qué la hacía sentirse tal **mal**. Por cierto, Ali era inteligente y bien educada, pero como solía decirme mi propio analista hace muchos años : "El intelecto desempeña un papel insignificante en la mayoría de nuestros sentimientos y acciones." Le pregunté cómo cuidaba de sus mascotas, y me respondió que yo sabía exactamente que era responsable, los amaba y los trataba muy bien, así como ellos lo hacían con ella. Entonces le pregunté si no limpiar su departamento entraba dentro de la misma categoría que la crueldad hacia un animal, una criatura consciente. Pareció impactada, y me respondió que obviamente no era lo mismo, pero que nunca lo había visto de esa manera.

Esta mujer reconoció que ella misma se humillaba, y que veía toda decisión como una posible transgresión mayor, a pesar de que no limpiar su departamento no le hiciera daño a nadie, sino que sólo tenía como consecuencia el verse obligada a tolerar el desorden hasta tener un rato libre para dedicarse a los quehaceres. Lo mismo se aplica a dejar el papeleo para más tarde. Con esto estoy familiarizada, porque odio las tareas administrativas, pero tras haberme atrasado una vez por varias semanas y haber tenido luego que pasar horas poniéndome al día — labor aún más desagradable— aprendí la lección y ahora me encargo de los papeles a tiempo. Aquella vez procrastiné por tres semanas ; lo tuve en mente constantemente hasta que luego en serio **fue** atroz. Aun así, esto no me convierte en una mala persona y sé muy bien que no soy perfecta. Si hubiera hecho una promesa a alguien y no la hubiese cumplido, entonces habría afectado a esa persona y el caso habría sido diferente.

Muchos de mis pacientes que han sufrido de humillaciones y maltrato extremos durante la infancia, me han dicho que no les agrada verse como víctimas, porque no desean sentirse vulnerables. Tal vez a nadie le guste sentirse vulnerable, pero lo cierto es que todos lo somos. Durante el proceso de sanación, es esencial aceptar que hemos recibido malos tratos, si así fue. Negarse a recordar la vergüenza y la sensación de vulnerabilidad profundas es comprensible, pero el precio que pagamos por no reconocer la verdad es muy alto. ¿Quién quiere ir por la vida sintiéndose ultrasensible a la vergüenza y experimentando vergüenza extrema sobre situaciones que no necesariamente son tan importantes? ¿Acaso usted preferiría limitar sus pensamientos, deseos y aspiraciones con tal de evitar la vergüenza y todo sentimiento relacionado con esta?

Recuerde que todos hemos sido humillados en algún momento. Es muy importante reconocer la verdad de su pasado, en vez de temerle a esa misma emoción en todo tipo de situaciones presentes y futuras. Recuerde también que es posible rememorar dichas situaciones sin perder la dignidad. Tome consciencia de que las personas crueles en realidad agreden su propia dignidad, como si estuvieran diciéndole al universo que se la lleve, que no la quieren.

¿Es lo mismo no desempolvar su casa que herir a alguien o no cumplir con su palabra cuando alguien necesitaba con desesperación que lo hiciera? ¿Es lo mismo tomarse libertades para ir más rápido cuando prepara la cena, que menospreciar a alguien, generándole una herida emocional? ¿Es lo mismo no hacer la cama por las mañanas que servirse de un secreto que alguien le confesó, como arma contra esa persona simplemente porque lo ha fastidiado? Como puede ver, es de suma importancia para su tranquilidad mental dejar de enloquecerse y comenzar a ver la diferencia entre problemas morales neutros, y aquellos que realmente contienen un peso moral.

¿Cómo puede usted ser perfecto? ¿No es mejor tratar de ser esa persona buena y decente que es, y establecer prioridades? Sé que esto es difícil y que la sensación de vergüenza, de ser malo, acecha justo por debajo de la superficie, pero este es un buen comienzo. ¿No quisiera distinguir entre el carácter de una persona y las minucias realmente insignificantes?

Ejercicios

Ejercicio 1

Imagine que tiene mucho dinero, es famoso, y todo el mundo se desvive por tratarle bien y pedirle su opinión. Suponga que nadie le entiende realmente ni se preocupa por usted, sino que se dejan llevar por circunstancias superficiales. Ahora imagine que, siendo la misma persona, lo ha perdido todo y todos lo ignoran, y se ha vuelto "invisible" para sus viejos amigos. Concéntrese en sus emociones y reconozca que sigue siendo la misma persona. Ahora, haga lo mismo pero concéntrese en la educación que ha recibido, en su ambiente de origen, en su apariencia física. Siga reconociendo lo que permanece intacto en su interior. Trate de conectarse con su esencia.

Tome en cuenta que nuestra sociedad no se fía en la esencia sino en los aspectos superficiales, y lo que estoy pidiéndole es que vaya más allá de eso. Visualice a otras personas cuya personalidad (o esencia) usted aprecia, o no, y ubíquelas en diferentes contextos. Vea cómo su esencia permanece intacta. Necesitará realizar este ejercicio por un largo tiempo, incluso años, pero los resultados gratificantes que ofrece valen realmente la pena.

Ejercicio 2

Piense en una persona enferma o herida que haya conocido. Obsérvela mentalmente, sienta compasión y sepa que, sin importar el estado en que se encuentre su cuerpo, su esencia está intacta. Ahora piense en usted mismo, en su cuerpo, en la chispa divina de su esencia. Continúe visualizándose con dignidad, compasión, amor y respeto.

Ejercicio 3

Piense en una situación en la que se haya sentido avergonzado por algo que hizo o dejó de hacer cuando era niño, y escríbalo. Ahora imagine la misma escena como si estuviese observando a otro niño. Sienta compasión y tal vez incluso indignación por ese niño, y reconfórtelo. Luego regrese a su propio recuerdo, e imagine la escena una vez más, llenando de compasión y de consuelo al niño que alguna vez fue. Concéntrese en cómo ha interiorizado a quien lo avergonzó en aquel entonces, y hasta qué punto ahora usted lo hace por su cuenta, y cómo le agradaría dejar de hacerlo. Dese la misma compasión que le ofrecería a alguien más.

Ejercicio 4

Piense en un error que haya cometido en su vida adulta o algo en lo que haya fallado, y escríbalo. ¿Fue algo neutro desde el punto de vista moral, como limpiar su departamento, o se trató de algo que lastimó los sentimientos de otra persona? De vez en cuando, autorícese a no ser perfecto, especialmente en áreas moralmente neutras. Piense en las consecuencias de su comportamiento.

Ejercicio 5

Piense en una pelea que haya tenido con un ser querido, y en la que haya estado al menos parcialmente equivocado. Imagínese disculpándose humildemente y con absoluta sinceridad, admitiendo a esa otra persona que se equivocó, y que lo siente mucho. ¿Cómo se siente al imaginar esto?

Ejercicio 6

Imagine algunos errores que cometió o podría llegar a cometer frente a otra persona. Note al crítico en su interior. Ahora, piense en otras personas a quienes les es más fácil admitir que han hecho algo "estúpido", personas que usted admira y respeta. Vuelva a imaginar su propio error y trate de sentirse cómodo con algunos de los errores que realmente cometió en el pasado. Imagine que alguien lo critica y que usted "confiesa" el error antes de que la persona pueda formular su crítica. Sienta el poder liberador de admitir sus errores.

Ejercicio 7

Formule algunas frases que se dirá a sí mismo todos los días. He aquí algunos ejemplos :

- Está bien que a veces me entristezca cuando recuerdo un momento en el que me sentí avergonzado. Prefiero darle espacio a esa tristeza, a sentir vergüenza constantemente por varios otros motivos.

- Aún veo y respeto la dignidad de otros que han sido humillados o lastimados, o que están enfermos. Tengo compasión y empatía por ellos y por mi mismo, así como por las veces en que me he sentido avergonzado.

Chapitre 3

Pensamiento en blanco y negro

La rigidez y el pensamiento en blanco y negro están relacionados con el perfeccionismo y forman parte de los rayos de la rueda PCV. Aunque estos rasgos parezcan diferentes, todos reflejan el mismo dolor —las dinámicas al centro de la rueda— y es posible que se superpongan. Para las personas PCV, contemplar matices de gris puede resultar extremadamente difícil. En el capítulo anterior, evocamos el contraste entre las acciones

moralmente neutras y aquellas que pueden lastimar a los demás. En este trataremos cuestiones de grados y la "gama de grises" de la que dependen muchas decisiones.

En primer lugar debo decir que en determinadas situaciones, el pensamiento en blanco y negro es perfectamente adecuado. Asesinar, robar un banco, allanar una casa o violar los derechos ajenos no son cuestiones moralmente neutras. Están mal. Cuando hablo de "grados", no estoy sugiriendo en absoluto que los actos psicopáticos sean aceptables. Pero **sí** me refiero a que la vida a menudo nos presenta situaciones en una gama de grises, y es importante tenerlo en cuenta a fin de tomar decisiones maduras. Nadie es un santo, y la buena gente según los criterios estándar también manifiesta rasgos negativos. Por ende, al abordar la rigidez y el pensamiento en blanco y negro, siempre debemos tener en cuenta que existen criterios universales acerca de lo que es sencillamente inaceptable. Sin embargo, todos necesitamos establecer límites personales sobre lo que **sí** es perdonable, y en esto no todos estaremos de acuerdo, porque a cada quien le molestan cosas diferentes.

Por ejemplo, para algunos la impuntualidad es completamente inadmisible. Yo siempre trato de ser puntual y normalmente llego con cierta antelación a mis citas. Sé que no todos son así, pero a mí me hace sentir más cómoda. Una vez una mujer que conocía desde hacía varios años me dijo que le molestaba bastante la impuntualidad, que siempre era algo **malo** y que reflejaba una falta de respeto hacia los demás. Un día acordamos reunirnos a almorzar, pero a mí me fue imposible dejar mi oficina a tiempo. Uno u otro contratiempo me detenían. Sonó el teléfono y contesté, por temor a que fuera una emergencia, y después me quedé atorada en el tráfico. Llamé a mi amiga para explicarle que iba con veinte minutos de retraso. Se enfadó muchísimo conmigo, y aunque le di explicaciones y le pedí disculpas, permaneció enojada y no pudo perdonarme.

Me di cuenta de que, ante sus ojos, llegar tarde me convertía en una mala persona. Tenía firmemente clavada en su mente la asociación entre "las personas que llegan tarde" y la falta de respeto y consideración por los demás. De perdonarme, ¿entonces qué le impediría a ella misma ser impuntual? Lo correcto era correcto y lo incorrecto era incorrecto, y yo claramente caí en la categoría de lo "incorrecto". Con dificultad compartimos la hora de la comida, durante la cual me trató con indiferencia, mientras que yo pensaba con tristeza que probablemente dejaríamos de vernos, lo que de hecho ocurrió. No me molestaba pedirle disculpas, pero sí me importaban su furia y su incapacidad de perdonar. Reconocí que había roto una **ley** y que las circunstancias no importaban.

Tiene mucho sentido distanciarse de quien realmente quiere lastimarnos, pero ese no había sido el caso. Si usted impone reglas estrictas para todo, incluso para aquello que, en esencia, es neutral o no tan grave, acabará viviendo en soledad. Yo partí de aquel almuerzo de muy mal humor, y aquel fue el final de nuestra amistad. Aunque de vez en cuando extraño a esa mujer, y sin duda el sentimiento ha sido mutuo, era sólo cuestión de tiempo antes de que se produjeran circunstancias que llevaran a quebrantar una de sus reglas.

Debo añadir que las creencias religiosas tradicionales también pueden alimentar este tipo de pensamiento. A muchas personas en nuestra sociedad, y a algunos de mis pacientes, les enseñaron en catecismo que una transgresión, por mínima que sea, abre la puerta a una mayor; en el peor de los casos a "los siete pecados capitales". Para ser justa con los fundadores del cristianismo, digamos que tal vez sólo querían que prestáramos mayor atención a nuestro comportamiento. Eso es bueno. Pero a lo largo de los siglos, esta forma de pensar se ha llevado al extremo. Algunas confesiones advierten que el mero hecho de **sentir** una emoción en particular es tan malo como cometer el pecado al que podría potencialmente conducirnos. Como muestra, recordemos aquella famosa confesión de Jimmy Carter de haber cometido adulterio repetidamente, porque había mirado a muchas mujeres con lujuria. Si bien el pensamiento rígido en blanco y negro del que estoy hablando puede ser estimulado o reforzado por este tipo de enseñanzas, su fuente yace en otro lugar.

A menudo esta rigidez surge del miedo hacia uno mismo. Mi antigua amiga no era una mala persona, ni yo tampoco. Pero evidentemente ella temía dejar de regirse por sus propios criterios y promesas, y sentía que, sin excepción, tenía que ser tan severa consigo misma como lo era con los demás. Sin duda había tenido un problema a causa de un retraso en el pasado; o más probablemente, asociaba la impuntualidad con algo profundamente arraigado en su interior. Aun así, cuando tememos algo en nuestro interior, solemos evitarlo al condenar exageradamente a los demás, lo cual nos da la impresión de estar preservando la agradable imagen que deseamos tener de nosotros mismos. Pero esto denota una falta de consciencia y no puede resultar en nada bueno. Puedo asegurarle que esta amiga se juzgaba y condenaba más duramente a sí misma que a mí, y que eso era lo que motivaba su comportamiento.

La cuestión de los matices no es fácil de comprender. ¿Qué hay de quienes son impuntuales **todo** el tiempo? Tengo amigos así y, aunque sea molesto, valoro su amistad y puedo pasarlo por alto; otros no lo tolerarían. ¿Qué hay de quienes alardean para sentirse importantes? ¿Podemos pasarlo por alto si el resto de la relación es positiva? Una vez más, no estoy hablando de manipulación o de juegos psicológicos —una disfunción severa que es inaceptable o debería serlo— sino de comportamientos más normales. Si una persona es muy ordenada y la otra todo lo contrario, definitivamente no deberían compartir un departamento, ¿pero rechazaría usted a alguien si eso no le afectara de manera importante?

Recuerdo a una paciente que había comenzado a frecuentar un estricto grupo religioso que resultó extremadamente cerrado y controlador, lo cual la llevó a sufrir mucho. Me contó que al darse cuenta de que no estaba de acuerdo con el grupo, y a pesar de querer marcharse, no se había atrevido a enfrentar las consecuencias, y a cambio se había vuelto más fanática y había comenzado a criticar a otros miembros por no ser lo suficiente fervientes. Eventualmente logró alejarse, pero la fase que atravesó previamente es un claro ejemplo de cómo la rigidez y el extremismo tienen que ver con uno mismo. Esta mujer se había aferrado cada vez con más fuerza a algo para evitar un cambio muy temido.

Usted necesita aceptar que a todos nos atraen distintos rasgos, algunas veces similares a los nuestros, y otras, aquellos que nos complementan. Si usted es muy tolerante corre el riesgo de ser maltratado, y si ataca cada pequeño defecto inocente de los demás, terminará sin amigos. Necesita trazar sus propios límites entre lo aceptable y lo inaceptable. Una vez conocí a una mujer noble y de buen corazón, pero que siempre gritaba, se emocionaba mucho y gustaba de dar sermones. Era muy inteligente, y tal vez su trabajo de profesora había ejercido bastante influencia en la forma en que se relacionaba con la gente. Después de todo, estaba acostumbrada a dar discursos en voz alta.

Tras varios encuentros, reconocí nuestra incompatibilidad, porque a mí me desagrada ese nivel de intensidad y de alto volumen, ya que me resulta agresivo. Ella era una buena persona y la recuerdo positivamente; sin embargo, no disfrutaba de su compañía. De manera similar, también conocí a una persona muy bromista y graciosa, pero en nuestros breves almuerzos juntas, yo habría preferido discutir temas profundos en lugar de divertirme. Una mezcla de los dos habría sido ideal para mí. Una vez más, no albergo resentimiento alguno, pero creo que las dos percibimos nuestra incompatibilidad.

A menudo, las personas con rasgos PCV hallan difícil admitir que alguien les es incompatible. Se sienten culpables si les incomoda alguien, e incluso tal vez sientan la necesidad de encontrar un defecto más significativo para alejarse. A fin de cuentas, ¿acaso no nos deben gustar las personas agradables? No necesariamente, y en realidad no tiene nada de malo no ser compatible con todo el mundo. No es necesario odiar o sentir disgusto por alguien para alejarse. De hecho, es importante distinguir entre los rasgos que no toleramos, y los que efectivamente son malos. Asimismo, cuando algo que nos molesta es realmente malo, puede tener matices.

Todos tenemos defectos y seguiremos teniéndolos. Cuando nos condenamos a nosotros mismos, nos es más difícil, si no imposible, perdonar a los demás. Usted debe decidir qué tipo de personas quiere en su vida. Pero recuerde que ellas no son usted. Tal vez usted no sea espontáneo; eso puede molestarle a cierta gente que se desenvuelve principalmente de esa forma. Usted podría relacionarse con una persona así si permanece abierto, expresa lo difícil que le resulta no hacer planes, explica que sencillamente usted es así, y que le gustaría organizarse de vez en cuando. De cualquier modo, necesita reflexionar acerca de lo que le resulta conveniente o no, y hasta qué grado, y después estimar el grado de compatibilidad personal.

A todos nos atraen diferentes tipos de personas, lo cual es normal y justo. Está bien no ser compatible con alguien, y no debería de existir ninguna culpa ni vergüenza al respecto. Todos encontramos ciertas cosas intolerables. Pero cuando las evaluamos en términos de lo que es correcto o incorrecto, el pensamiento en blanco y negro nos limita, al igual que la rigidez. Por ejemplo, una paciente me contó que había llamado varias veces a una amiga para invitarla a salir, pero que esta última le había respondido que planeaba trabajar en casa y que estaba ocupada. Más tarde, mi paciente se topó con alguien que había visto a su amiga paseando por la calle, y se dio cuenta de que le había mentido. Exclamó: "¡Odio las mentiras y eso estuvo **mal**!"

Le expliqué a mi paciente que tal vez había invitado a su amiga con demasiada insistencia y que a ella, al no querer herir sus sentimientos, le había resultado más fácil decir una mentira piadosa con tal de preservar su amistad, y a fin de no hacerla enfadar ni lastimarla. Mi paciente primero repitió que odiaba las mentiras y a los mentirosos, y que aquella mentira convertía a su amiga en una mentirosa. Estaba tentada a romper una amistad que realmente apreciaba. He aquí un ejemplo de pensamiento en blanco y negro. Una mentira piadosa con el fin de evitar herir a alguien no convierte a nadie en mentiroso; es decir, en alguien que miente casi permanentemente. Quizás usted piense de esta forma y sin duda lo ha hecho en el pasado. Es un pensamiento rígido, en blanco y negro, estrechamente relacionado con su miedo a transformarse en alguien o algo que no es en verdad : su miedo al abismo. Este tipo de pensamiento descarta totalmente el perdón y las áreas grises, que constituyen la mayor parte de la vida.

"Nina" era una joven con reglas rígidas, en blanco y negro, que le dictaban siempre ser justa. Me pidió ayuda para terminar su relación de apenas un par de meses con un joven, al parecer bastante trastornado. Apenas se conocían, pero él era manipulador, controlador y muy deshonesto. En nombre de la justicia, ella creía ciegamente todo lo que él le decía, aunque fuera deshonesto y manipulador. En una oportunidad él deseaba salir a pasear, y ella le dijo que iba a visitar a una amiga. Al final decidió no salir y quiso simplemente tomarse tiempo para estar sola. El joven había estado vigilando su departamento y notó que no había salido. Tras aquel incidente, comenzó a hacerle rabietas por teléfono y a tacharla de mentirosa. Su comportamiento era escalofriante y alarmante, pero la forma en que él siempre la culpaba por todo la hacía sentirse obligada a escucharlo y a intentar demostrar que estaba siendo justa. Por supuesto, el muchacho trastornado contaba con eso. Ocurrieron varios incidentes similares y yo sabía que Nina tenía que terminar con esa relación de inmediato, por su propia seguridad.

La gota que derramó el vaso y que la llevó a decidir venir a verme, fue cuando el joven le pidió que conociera a sus padres. Ella no deseaba hacerlo aún y le recordó que acababan apenas de conocerse, no tenían una relación formal y era demasiado pronto. Él continuó insistiendo, y como se las había arreglado para convencerla de que ella estaba "en deuda" con él (porque ella pensaba que no podía ser "injusta" bajo ninguna circunstancia), acabó conociendo a los padres del muchacho. Una semana más tarde, trató de romper la relación y él reaccionó con tal furia que la asustó. Usando en su contra precisamente aquello que la había convencido de hacer, le dijo que acababa de conocer a sus padres y que le había dado falsas esperanzas. Este hombre estaba extremadamente trastornado y era peligroso. Quisiera subrayar aquí que Nina nunca antes había estado en una relación abusiva, y era una persona altamente funcional.

Este joven trastornado y peligroso se había aprovechado de la rígida y absurda idea que Nina tenía de la justicia, llevada ahora a un nivel extremo, amenazando su propia seguridad. Vino a pedirme ayuda y me dijo que aquel era un evento aislado, que no estaba loca y que la situación no reflejaba nada que hubiese sido constante en su vida. Lo entendí y le expliqué rápidamente las dinámicas PCV, aclarándole que ella **sí** tenía problemas. Aunque estaba claro que no estaba loca, había conocido a alguien que había llevado su pensamiento en blanco y negro a extremos peligrosos. Este es un punto importante, ya que una persona competente y generalmente racional, que claramente no está "loca", puede encontrarse en situaciones peligrosas si no resuelve estos problemas. De hecho, existen individuos trastornados capaces de "leer" muy bien a otras personas, y de generarles temor y culpa por lo que resulta ser su abismo.

Le expliqué a Nina que yo entendía que la justicia significaba mucho para ella, pero que cuando uno se encuentra en peligro o es infeliz con alguien, es hora de marcharse. No existe nada justo o injusto en eso. Citó al joven en un lugar público, para no estar a solas con él, y terminó lo que para ella ni siquiera era una relación. El joven empezó a gritar, algo bastante vergonzoso para ella, pero la muchacha comenzó a alejarse como lo habíamos planeado. Él empujó la puerta del restaurante para salir antes que ella, y se acabó la historia.

Si bien Nina nunca había atravesado una situación semejante, tomó consciencia de cómo la dinámica PCV la lastimaba y la llevaba constantemente a reprobarse a sí misma, y cuánto intentaba ser perfecta de formas que simplemente no funcionaban. Se había limitado a seguir una lista mental de lo que supuestamente era una buena persona, a fin de cuentas para ganar la aprobación de un padre difícil de complacer. Su padre la amaba, pero él mismo tenía una personalidad PCV y pretendía que todos a su alrededor fueran perfectos. Nina decidió continuar con terapia y entendió cuáles dinámicas le habían generado el problema. A término, ese incidente extraordinario la ayudó a cambiar la imagen de sí misma, y su propia vida.

Nina también dio otros grandes pasos. Ya no se acerca a los demás tratando de complacerlos y para probarse a sí misma que es buena. Hace cosas por los demás porque **es** noble y lo disfruta genuinamente, pero no necesita probar nada. Sabe que es una buena persona e interactúa de manera auténtica y saludable con los demás. Sus propios sentimientos y necesidades obtienen así el respeto que merecen. Se ha dado cuenta de que el estándar que se había impuesto a sí misma no era razonable y ha retomado las riendas de su vida. En verdad, aunque su padre no era dado a elogiar, nunca había querido que su hija sufriera como lo hizo. El abismo de Nina consistía en ser una persona egoísta e injusta. Su temor la volvió extremadamente vulnerable, pero ahora su personalidad está integrada y ha dejado de poseer esa vulnerabilidad de la que otros podrían buscar sacar ventaja.

Algunas personas piensan que si siempre se esfuerzan por actuar de la mejor manera posible, algo bueno les llegará de forma natural. Es indudable que debemos esforzarnos por hacer lo mejor posible, de modo a aumentar la probabilidad de que **algunas** cosas buenas nos ocurran, y existen otros motivos para dar lo mejor de sí. Sin embargo, como todos sabemos, a veces suceden cosas malas. Uno puede gritar : "¡No es justo !" todo lo que quiera, pero la vida a menudo es injusta. Hay quienes se deprimen profundamente no sólo porque algo negativo les ha ocurrido, sino porque a pesar de haber actuado según las reglas, la vida hizo lo contrario. Si bien usted debe mantener su ética personal —y todos tenemos responsabilidades morales— esta debe adaptarse a los matices de la vida. No todo es tan sencillo, y para vivir plenamente a veces debemos enfrentarnos a estas áreas grises como todos los demás. Yo sé que si piensa en blanco y negro, no sólo será muy duro consigo mismo, sino también con los demás, y se perderá de mucho.

La vida puede ser extremadamente difícil y yo sería la última persona en decir que es justa. Sin embargo, afrontar una tragedia ya es suficientemente duro como para además enfurecerse con el universo ante la injusticia ; eso no hace más que empeorar el dolor y volverlo más difícil de soportar.

Cuando trabajaba a medio tiempo como terapeuta en un hogar de ancianos, conocí a "Harriet", una mujer de más de 70 años de edad que había vivido con su hermana antes de ser ingresada. Su historia era horrible. Ella y su hermana casi habían terminado de pagar su casa, pero aún debían cuatrocientos cincuenta dólares. Su hermana, de casi 80 años, había sido recepcionista pero se enfermó y ya no podía trabajar. Harriet no había trabajado por años debido a algunos problemas de salud, pero había cuidado de la casa por ambas. Como no había logrado pagar, el banco embargó la casa. Fue una historia que me rompió el corazón y de la que nuestra sociedad debería sentirse avergonzada.

Harriet me relató entre llantos cómo todas sus pertenencias habían sido arrojadas a la calle y la angustiaba especialmente haber perdido su diario íntimo. Guardaba todo lo que le había quedado en diferentes bolsas y lo revisaba todos los días, motivo por el cual me pidieron que fuera a verla. Empacaba y desempacaba una y otra vez. Al principio le ayudé a hacerlo mientras examinábamos sus objetos personales y charlábamos acerca de los recuerdos que asociaba con cada uno de ellos.

Harriet había perdido todo lo que poseía, incluyendo a su hermana que estaba en otro hogar para ancianos. Ahora lo único que le quedaba a ambas era la asistencia social. Harriet estaba en pleno episodio obsesivo compulsivo agudo. Definitivamente la aflicción era intensa, pero no lograba superarla ni ajustarse a los cambios en su vida, habiendo llegado a un punto en que, siendo realistas, no tendría otra oportunidad de recuperarse y de regresar a la vida que había tenido en el pasado. Estaba enfurecida contra el mundo en el que había trabajado como una persona honrada, y no dejaba de repetir que simplemente ya no entendía las reglas.

Yo compartía su rabia y, a decir verdad, ¿quién no se hubiera enfurecido? Pero Harriet no podía sentir el dolor y continuaba empacando y desempacando sus pertenencias hasta que su habitación llegó a correr el riesgo de incendiarse de tantas bolsas, pilas y pilas de papeles, cartas y revistas. Si bien yo compartía su enojo y le dije que su historia me destrozaba el corazón, le repetía que sólo tenemos control sobre nosotros mismos y que ella **sí** era una buena persona, pero que la "regla" que dictaba que jamás ocurriría algo malo, simplemente no existía.

Harriet me contó que nunca se había casado porque había cuidado de sus padres enfermos, a quienes siempre había tratado de complacer sin conseguirlo realmente. Realizamos cierto trabajo de introspección y tomó consciencia de que aunque tratar de ser perfecta y complacer a los demás no siempre llevaba a buenos resultados, ella había vivido como una buena persona. Sus sobrinos la visitaban gracias al amor que siempre les había brindado. Cayó en cuenta de que si bien algunas de sus reglas y asociaciones estaban equivocadas, también había vivido una buena vida con amor, y sólo era cuestión de ajustar su comprensión de algunas reglas.

En mi presencia y delante de una enfermera que le agradaba, Harriet logró deshacerse de algunas revistas viejas y de ropa que ya no usaba, y se quedó sólo con lo que más le importaba. Lloró por el despojo de la casa que había compartido con su hermana y por lo que había vivido como la pérdida de su dignidad. Conseguí hacerle entender que a pesar de haber sido tratada de modo espantoso, aún preservaba su dignidad. Le escribió una carta al banco expresando lo que sentía; un texto lleno de enojo y sí, de dignidad. Esa carta era maravillosa. Lloró por la vida que una vez le había pertenecido y por haber llegado a una etapa en la que, francamente, esperaba con ansias su propia muerte. Sin embargo, un día me confesó que antes de perder la casa, solía ya cansarse mucho de los quehaceres, las compras y la cocina, y que ella y su hermana no se llevaban muy bien. Ahora, gracias a la ayuda de sus sobrinos, se visitaban mutuamente cada semana, lo que significa mucho para ambas.

Discutimos qué reglas conservaría y Harriet decidió que seguiría siendo la buena persona que siempre había sido, con o sin su casa. Siempre le habían gustado el orden y la limpieza, y diariamente ayudaba al personal del hogar de ancianos a limpiar las áreas comunes, por lo que estaban muy agradecidos con ella. Vivía para ser una persona bondadosa y por el amor que había recibido en su vida.

Desde mi punto de vista, lo que le sucedió a Harriet y a su hermana es un reflejo de muy graves problemas de fondo en nuestra sociedad. Al principio, no pude dejar de pensar en cómo habría recaudado los 450 dólares que hacían falta para que conservaran la casa, pero la había conocido demasiado tarde para eso. En mi papel de psicóloga necesitaba ayudar a Harriet a hacer frente a la realidad y a rescatar algo positivo, en lugar de atormentarse con el ritual de empacar y desempacar mientras repetía a quien escuchara : "Ya no sé cuáles son las reglas." Las enfermeras y otros residentes creían que Harriet era psicótica. Es cierto que atravesaba por un episodio agudo de trastorno obsesivo compulsivo, pero cuando logró atenuar su pensamiento rígido, su mente se esclareció de inmediato y continuó viviendo una vida llena de sentido.

La forma en que algunas personas perciben la autoridad es otro ejemplo común del pensamiento en blanco y negro. Vivimos en una civilización, y toda civilización requiere reglas, y a su vez que estas sean respetadas. Pero nuevamente, los límites no siempre son tan claros. Si en su trabajo ve que alguien se va diez minutos más temprano cada tarde, ¿puede dejarlo pasar, o siente que debe reportarlo al jefe? ¿Y qué tal si usted está abrumado de tanto trabajo? Si la situación no tiene remedio, ¿tomaría atajos que no hieren a nadie, o consideraría reprobable actuar de ese modo? Una de mis pacientes no se había tomado un solo día por enfermedad durante años, se presentaba a trabajar aun estando enferma. Trabajaba hasta medianoche y estaba exhausta y estresada, pero se sentía demasiado culpable como para tomarse unos días a pesar de estar al borde de la muerte. El pensamiento en blanco y negro puede anteponerse al sentido común. Debemos respetar las reglas pero también ser responsables hacia nosotros mismos.

Otra paciente tenía una compañera de cuarto que era bastante desordenada y no hacía la limpieza. En vez de reconocer la incompatibilidad y la necesidad de no vivir más juntas tras varios intentos por solucionar el asunto, sentía que no podía marcharse a menos que su compañera fuera una persona espantosa. Su rígido sentido de la justicia y la incapacidad de su compañera de reconocer la incompatibilidad, la colocaron en una situación imposible. Eventualmente relajó la rigidez y admitió que su compañera era una buena persona pero no alguien con quien pudiera vivir. No necesitó odiarla y continuaron siendo amigas después de haber encontrado alojamientos separados. El pensamiento rígido conduce a la pérdida, mientras que aventurarse en las áreas grises abre la puerta a muchas posibilidades diferentes.

Un paciente al que me referí en el primer capítulo comentó con tristeza que probablemente siempre perdería amistades de vez en cuando, porque no les decía lo que querían oír. Por el contrario, era despiadadamente honesto. Cuando intenté mostrarle una forma de ser diferente, dijo de modo desgarrador : "¡No me **gusta** ser así! Lo hago porque no puedo evitarlo." Cuando le pregunté si temía decir siquiera una pequeña mentira, contestó que sí. Esto nos trae de regreso al miedo al abismo : una imagen de nosotros mismos muy negativa y parcial, algo que una persona teme ser si abandona la rigidez.

Como lo intuía este joven perspicaz, el pensamiento rígido no es una decisión racional, sino que se basa en el miedo. Tras años ayudando a personas con problemas PCV, sé que sienten como si estuvieran balanceándose frente a un precipicio ; una mínima transgresión los haría caer al vacío. Esto es lo que llamo abismo.

El pensamiento en blanco y negro sólo da cabida a dos posibilidades en cualquier situación : amigo o enemigo, justicia o injusticia, sí o no. Dejar de lado la rigidez abre la puerta a muchas más opciones entre las cuales escoger. "Anita" tenía una relación muy estrecha con su hermana menor, a quien protegía mucho a pesar de que ya era adulta. Trabajaba mucho y ansiaba tener tiempo para ella misma, pero se sentía obligada a pasar tiempo con su hermana varias veces a la semana. Al salir del trabajo, solía ir a verla a su departamento en otro vecindario, cenaba con ella y luego regresaba a su casa, exhausta y sin tiempo de hacer los quehaceres de la casa o de relajarse. Le pregunté por qué tenía que hacer tanto, y me contestó que toda buena hermana debía preocuparse por su hermana menor. Como su hermana era muy irresponsable, a menudo Anita le daba dinero, le compraba comida y la sacaba de aprietos. Esa era la regla : para ser una buena hermana, una tenía que hacer todo aquello.

Debido a su sistema rígido, Anita no tenía espacio para nada más. Finalmente fue capaz de darse un tiempo para ella misma y su hermana tuvo que aceptarlo. Sin embargo, Anita dijo que si bien sabía que no debía simplificar de más y pensar en blanco y negro, aún se sentía incómoda atendiendo sus propias necesidades en contraste con la idea de ser una buena hermana. Ambas habían sido desatendidas de pequeñas, y Anita había cuidado mucho de su hermana menor, por lo que hoy sentía descuidar a su hermana si no pasaba el suficiente tiempo con ella. No obstante, era su propia inflexibilidad la que la atrapaba, no los sentimientos protectores para con su hermana. Le aterrorizaba ser como su madre, a quien asociaba con ser negligente. Pudo salir adelante y rápidamente constató que el problema y la ansiedad estaban en su interior, no en su hermana. El abismo de Anita era convertirse en una persona trastornada y muy irresponsable. Satisfacer cada necesidad de su hermana mantenía el abismo alejado de su consciencia.

Con la historia de Anita nos acercamos más al abismo. Hemos visto cómo la gente se libra al pensamiento rígido y al razonamiento en blanco y negro para evitar el miedo a ser mentirosa, negligente, colérica o una víctima. Pensar en la rigidez resulta incómodo debido a los temores subyacentes, y quizá usted también sienta que un desliz, una excepción o un área gris lo harán caer en el precipicio y de algún modo lo convertirán en una "mala persona", según como usted defina ese término. Es el miedo a sentimientos subyacentes o a la imagen que tenemos de nosotros mismos lo que nos hace actuar de una manera que nos es perjudicial o nos impide comportarnos como deberíamos. Servirse únicamente de la razón dificulta la tarea de eliminar la rigidez y el pensamiento en blanco y negro, ya que estos están alimentados por el miedo. Su cerebro no sufre ningún desperfecto; simplemente usted está protegiendo sus propios sentimientos. Las asociaciones que creó fueron diseñadas para reforzar las reglas en las que ha creído hasta ahora, y mantenerlo a salvo de "caer en el abismo".

En este capítulo examinamos lo que la gente teme de sí misma y aquello que asocian con el hecho de ser más intransigentes. Analizamos el miedo a decir una mentira piadosa por temor a ser **mentirosos**, como si por eso fuésemos a asemejarnos a alguien que en el pasado fue un alcohólico violento. Hacemos uso de reglas, y tenemos temores y asociaciones de los cuales el pensamiento en blanco y negro está diseñado para defendernos. A pesar de ello, usted sabe que ha ido más allá de un razonamiento rígido. Ha visto que en lugar de mantenerlo a salvo, el sistema PCV lo mantiene ansioso, en un estado de disgusto consigo mismo, y con menos opciones.

Ejercicios

Los siguientes ejercicios tienen como objetivo ayudarle a acostumbrarse a reconocer la rigidez y el pensamiento en blanco y negro, tanto en usted mismo como en los demás; a tenerse compasión y conocerse mejor sin juzgar. También buscan acercarlo al eje de la rueda del abismo, la fuente de los miedos específicos.

Recuerde llevar un diario íntimo y hacer los ejercicios mentalmente desde el comienzo del libro, hasta que ya no sienta la necesidad de algún ejercicio en particular, y lo haya asimilado. Insisto, estos capítulos y ejercicios **no** deben utilizarse para criticarse a sí mismo. En este marco de trabajo, admitir que uno tiene problemas requiere de coraje y conduce al cambio. Le ruego entonces que reconozca la valentía y la honestidad que ha demostrado tener hasta ahora.

Ejercicio 1

Recuerde y escriba algunos ejemplos de épocas vergonzosas en nuestra historia y la historia de otros países, en las que la gente cumplió con las reglas sin cuestionarlas. Note que si bien respetar reglas es algo positivo en general, no puede hacerse ciegamente y cada cual es responsable de sus propias acciones. Piense en, y escriba acerca de una situación real o hipotética en la que tendría que decirle "no" a una figura de autoridad. ¿Cómo se sentiría? Use su imaginación y explore lo que vaya sintiendo. ¿Cómo se sentiría al ser la primera o única persona en notar que algo estaba mal? Piense en personas que conozca e imagine cómo se comportarían.

El propósito de este ejercicio no es obtener todas las respuestas, sino sentirse más cómodo con la ambigüedad : una tarea importante para su crecimiento. En otras palabras, paradójicamente, necesita sentirse más cómodo con estar incómodo.

Ejercicio 2

Reflexione y escriba acerca de algo que hizo u omitió hacer cuando era pequeño, para lo cual no obtuvo perdón, y que le hizo parecer "malo". Recuerde cómo se sintió. Si usted hubiera sido su propio padre o madre, ¿cómo habría manejado la situación para criar a un niño con menor culpa y rigidez? Reconozca que así es como hubiera deseado ser tratado. Ahora imagine ser alguno de sus padres, y piense en una situación en la que su padre o madre haya tomado un "atajo" al responder a su mal comportamiento o, tal vez peor aún, haya respondido con enojo, haciéndolo sentirse avergonzado a usted. ¿Puede encontrar compasión dentro de su corazón para el comportamiento de **ese padre o esa madre**?

Ejercicio 3

Existen grados para lo bueno y lo malo. En una escala del 1 al 10, en la que 1 es totalmente bueno y 10 lo malo en su extremo, ¿cómo calificaría las siguientes situaciones? ¿Y cómo **desearía** poder calificarlas? ¿Nota alguna diferencia entre las dos? Si es así, ¿admite que la causa es el miedo?

- Decirle a su jefe que no se siente bien cuando necesita urgentemente un día para descansar o para su salud mental.

- Estudiar lo suficiente para obtener una B en alguna materia que no es crucial para cumplir con sus metas, pero no hacer un mayor esfuerzo por obtener una A.

- Contarle a un tercero un secreto muy íntimo que alguien le ha confiado.

- Mentir acerca de otra persona.

- Burlarse de alguien y alentar a otros a que hagan lo mismo.

- Escribir un informe para el trabajo la noche anterior a la fecha límite porque sabe que puede terminarlo y que estará bien hecho.

- Herir los sentimientos de alguien más o ser injusto, y no pedir disculpas.

- Negarse a hacer algún favor porque simplemente no tiene tiempo.

Ejercicio 4

Piense y escriba tres ejemplos de algo que le resulta fastidioso, y tres ejemplos de algo que considere malo desde un punto de vista moral.

Ejercicio 5

Evoque y escriba por lo menos un tipo de situación en la que usted es rígido. ¿Qué miedo se esconde detrás? Mejor aún, escriba varios ejemplos e identifique el miedo detrás de cada uno de ellos. Sepa que está enfrentando sus problemas y que se requiere de mucho coraje para liberarse de sus miedos.

Ejercicio 6

Piense en dos oportunidades en las que haya sentido la necesidad de perdonar a alguien, y dos en las que hubiera necesitado ser perdonado, ya sea que dichas necesidades se hayan verbalizado o no. ¿Cómo se siente con respecto a esas situaciones? ¿Puede perdonarse a sí mismo? ¿Ha cambiado su visión del asunto desde que comenzó a leer este libro?

Chapitre 4

Decepción

La decepción es uno de los mayores problemas para quienes presentan una dinámica PCV. ¿Por qué? Una de las razones es su tendencia a idolatrar a los demás y la impresión de que ellos mismos deben vivir según criterios idealizados. Quizá porque hace estallar mitos, la decepción representa un obstáculo importante para algunos, ya sea que hablemos del hecho de **ser** decepcionado o de decepcionar a otra persona. No obstante,

la decepción es un elemento muy importante y necesario de la vida.

Está de más precisar que resulta más fácil aceptar las fantasías que la realidad. La fantasía tiene un propósito importante en la vida, y por ello le dedicaré un capítulo más adelante. Nuestras fantasías pueden motivarnos a cumplir nuestros sueños y esperanzas, y brindarnos alivio cuando atravesamos momentos difíciles. De la fantasía han brotado ideas excelentes. El problema surge cuando creemos que nosotros mismos o los demás debemos vivir a la altura de las fantasías. La decepción está relacionada con falsas ideas relativas a la idealización de uno mismo y de los demás. La necesidad de que todos luzcan perfecto hace que la decepción sea inevitable. Si bien la decepción está relacionada con el perfeccionismo, el pavor a ser decepcionado o decepcionar es lo suficientemente importante como para que la abordemos como un problema aparte.

Cualquier situación en la vida incluye e incluirá siempre imperfecciones. Siempre albergamos fantasías sobre situaciones nuevas, y somos susceptibles de desilusionarnos cuando nos enfrentamos con la realidad. Este tipo de decepción natural e inevitable es muy diferente de aquella que surge de una gran incompatibilidad entre nuestras expectativas —basadas en reglas rígidas— y cómo resultan ser las personas en realidad. Adicionalmente, existe la decepción ocasionada por comportamientos que van más allá de los límites de lo admisible. Es muy importante analizar estos diferentes tipos de decepción y determinar en cada caso de dónde proviene nuestra decepción.

En el capítulo precedente abordamos los límites que cada cual establece entre el comportamiento aceptable y el inaceptable, así como la compatibilidad personal. Dichos límites están estrechamente relacionados con la cuestión de la decepción. Dado que nada es perfecto, usted debe determinar en todo momento —ya sea al aceptar un puesto de trabajo, alquilar un apartamento, o en cualquier relación o situación de la vida— si los defectos que observa caen dentro de los límites de lo aceptable, y si existe al menos cierta compatibilidad de base. Necesita definir adecuadamente sus prioridades para no caer o permanecer en situaciones que sencillamente son tóxicas para usted.

Por ejemplo, algunos de mis pacientes, muy trabajadores, me describieron jornadas de trabajo que comenzaban a las ocho de la mañana y no se acababan sino hasta después de las siete de la tarde. A esos pacientes no les importaba trabajar horas extras de vez en cuando o para proyectos específicos; sin embargo, querían un nuevo empleo en el que no fuera necesario quedarse hasta tarde para hacer prueba de su carácter voluntarioso. Aceptar un trabajo nuevo sin averiguar si exige algo similar podría conducir a una gran decepción que, aunque normal, arruinaría el empleo mismo.

Al entrevistarse para un nuevo puesto, tenían que preguntar si las horas extras constituían la norma, aunque estuvieran aterrados de dar una mala impresión. Un paciente dijo que su entrevistador le había respondido que estaba "tratando" de dejar salir a los empleados a las seis de la tarde, dando a entender que mi paciente sería percibido como un perezoso si se marchaba a las cinco. En menor medida, tener un trabajo que le guste a uno excepto por algunas tareas poco placenteras, como el papeleo, podría también resultar decepcionante.

Sin embargo, estas desilusiones normales son diferentes de aquellas con base en expectativas completamente utópicas e irreales en contraste con la experiencia humana normal, y que suelen ser devastadoras. Estas últimas se fundamentan en el perfeccionismo : el sentimiento de que algo, alguien o **usted mismo** debe ser perfecto. Es con este tipo de decepción que las personalidades PCV deben reconciliarse. Todos nos debemos consideración y respeto unos a otros, y nadie tiene derecho a vivir sus fantasías a través de los demás.

Hace muchos años una amiga mía se comprometió con un médico. Me contó que a él le había surgido la idea del suicidio ; nunca había querido ser doctor, sólo lo había hecho por sus padres y en realidad le habría gustado ser periodista. Rompieron su compromiso amistosamente y él comenzó una psicoterapia para aprender a vivir su vida, sus propios sueños y deseos. La profundidad de su depresión les demostró a sus padres lo errado y egoísta que había sido escoger una carrera para su hijo y vivir sus fantasías a través de él.

Mis pacientes me explican con frecuencia que eligieron su carrera o sus estudios para complacer a sus padres. Yo les digo que si bien pueden estar complaciendo a sus padres ahora, trabajarán durante muchos años y si continúan en una carrera o trabajo que odian, serán desdichados por mucho tiempo después de que sus padres hayan fallecido. Tal vez a los padres les agrade el hecho de que los hijos sigan sus pasos, pero el rol de un hijo no consiste en cumplir esos sueños. El joven de quien hablé en el párrafo anterior sufrió intensamente durante una buena parte de su vida con el fin de no decepcionar a sus padres.

Mi padre era un hombre de negocios, y a menudo me decía que le gustaría que me dedicara a los negocios, una carrera que no me interesaba y para la cual no tenía aptitudes. Él no entendía por qué alguien querría ser psicólogo, y me lo dejó muy en claro. Finalmente le respondí : "Yo sé que te habría gustado tener una hija que siguiera tus pasos y con la que pudieras compartir tu carrera y tus intereses. No puedo vivir una vida que no me agrade, pero entiendo que estés decepcionado y respeto tu sentimiento. Por otra parte, no me siento culpable en lo absoluto y preferiría que no intentaras hacerme sentir así. No va a funcionar, ya que este es mi camino, y eso tampoco es bueno para ti." Y ahí básicamente se acabó la historia, hasta más adelante.

Mientras cursaba en la escuela terciaria, me ofrecieron hacer una práctica de la que él había escuchado hablar y que estuve a punto de aceptar. Tras algo de investigación y de reflexión, decidí que una práctica diferente me sería más adecuada —lo que después resultó ser lo correcto— y me aportaría el conocimiento y la experiencia necesarios para la vocación que planeaba ejercer. Cuando se lo conté a mi padre, dijo que había estado hablando con gente acerca de la primera oferta, y de lo orgulloso que lo hacía sentir. Creo que, al igual que muchos otros padres, no había notado lo egoísta que era eso. Burlonamente le contesté que, si lo hacía sentirse mejor, aún podía decir a sus conocidos que yo había aceptado el otro trabajo, pero que no iba a tomar la decisión equivocada basándome en lo que a él le agradaba contarle a la gente. Cuando hablamos por teléfono, le dije en tono de broma que esa era su única oportunidad para expresar su decepción, pero que luego tendríamos que pasar a otra cosa. Tomó consciencia de la absurdidad de la situación, y cambió de actitud.

¡Qué tonto de mi parte hubiera sido aceptar una práctica con el potencial de afectar negativamente mi carrera, sólo con tal de que él se "sintiera orgulloso" contándoselo a los demás! Fui capaz de negarme porque mi madre me había brindado el amor y la aceptación incondicionales que un niño necesita. No obtenerlos de uno de mis padres no fue tan devastador como habría sido no haberlo recibido de ninguno. Sabía que permitir que alguien más decidiera mi profesión no me aportaría nada favorable.

Algunos padres enseñan implícitamente a sus hijos que desilusionarlos es algo terrible e inmoral, y que el hijo infante o adulto debe evitarlo a toda costa. **No**. Usted puede sentir amor, empatía y respeto por sus padres, pero debe elegir su propio camino. Si sus padres desean sentirse decepcionados, están por supuesto en todo su derecho, pero usted no puede sacrificar la totalidad de su Ser por alguien más. También es posible que interpreten su propia decepción como señal de que alguien o algo es completamente malo, lo cual es sencillamente falso.

Mi padre acabó por aceptar el límite que yo había impuesto. Algunos adultos se sienten tan inseguros con respecto a sus padres que temen que renieguen de ellos si actúan de ese modo. Es realmente lamentable tener que complacer a los demás en todo momento y encarnar sus fantasías, mientras que a ellos no les interesan nuestra propia vida y nuestra felicidad. Aun así, debemos seguir nuestro propio camino. La decepción en sí misma es parte natural de la vida. Aunque a usted le hayan enseñado que es devastadora, realmente no lo es.

Muchos padres dicen sentirse decepcionados cuando sus hijos se comportan mal. Aunque es comprensible, esta manera inapropiada de expresarse fomenta que los niños se conviertan en adultos convencidos de que decepcionar a sus padres, por el motivo que sea, es muy malo e inaceptable. Equiparan la decepción de sus padres con haber cometido una falta completamente intolerable desde el punto de vista moral. Por consiguiente, usted debe no sólo distinguir entre una decepción normal y una desilusión devastadora como consecuencia de su perfeccionismo, sino también saber separar la decepción de sus seres queridos. ¿Alberga usted expectativas poco realistas en relación con los demás basadas en una visión idealizada de cómo **debería** ser todo? ¿Permite que otros guarden expectativas exageradas con respecto a usted?

Los padres de niños pequeños suelen decir que están decepcionados si sus hijos pelean, son insolentes, roban, etcétera, y como consecuencia, el niño deduce equivocadamente que eso implica que **nunca** debería decepcionar a un ser querido. Esto es simplemente falso. Incluso las desilusiones mayores pueden ser más bien normales. Por ejemplo, si uno defrauda a alguien después de haber realizado una promesa, si se convierte en un criminal o si trata mal a sus padres. Describo este tipo de decepciones como "normales" porque en dichas instancias la decepción es la respuesta normal o esperada. Pero un padre decepcionado por no poder vivir la vida de su hijo adulto necesita superarlo. Ya sea que sus padres puedan distinguir o no entre una decepción normal y la que se basa en expectativas más bien desproporcionadas, **usted** necesita hacerlo por su propia salud mental. Tiene derecho a llevar la vida que le sienta bien.

He perdido la cuenta de los pacientes que he tenido, que han sufrido de una intensa depresión por la culpa de haber elegido una carrera o una pareja que no le agradaba a sus padres. Existe una diferencia gigante entre actuar con malicia para lastimar a otros —algo muy grave— y simplemente desarrollar gustos e intereses propios. Si usted decepciona a sus seres queridos por no ser exactamente como ellos, hasta el más mínimo detalle, el único remedio que le queda es esperar que superen su propia desilusión mientras usted prosigue con su vida. Si sus padres solían utilizar la palabra "decepción" cuando usted hacía algo mal, es posible que la asocie con una ofensa. No obstante, ahora depende de usted decidir cuándo algo está realmente mal, y cuándo alguien lo hace sentir así por haber elegido su propia vida.

En el ámbito de las relaciones, hay quienes desean fuertemente estar con alguien que los haga sentir bien todo el tiempo, los entienda sin juzgar, y no les señale sus puntos débiles. ¡Tal vez **todos** deseemos alguien como nosotros! Pero eso no va a ocurrir. Cuando valoramos una relación que es más positiva que negativa y que no cruza el límite de lo aceptable, tenemos que consentir las desilusiones y seguir adelante, respetando las limitaciones de la otra persona. Sólo después de ver sus imperfecciones podemos determinar si la valoramos verdaderamente o si estamos sumergidos en una fantasía. Al comienzo, siempre nos hacemos ilusiones acerca de una persona o situación nuevas, pero la persona real tendrá inseguridades y peculiaridades.

Hace algunos años un colega me contó que tenía una paciente que inicialmente pretendía haber estado teniendo relaciones sexuales con un extraterrestre, todo el día, todos los días, innumerables veces, ¡y que era fantástico! Era una mujer extremadamente infeliz por ser obesa y llevaba una vida solitaria. Mi colega le hizo ver que la aceptaba tal y como era, pero agregó : "No tengo ningún problema con **eso**, pero si usted decide alguna vez estar con un hombre de carne y hueso, se llevará una desilusión." Su acertada respuesta contenía una verdad maravillosa y fundamental : si se compara una fantasía con una persona o situación de la vida real, estas últimas parecerán muy inferiores. Aquella mujer había roto con la realidad y creado fantasías para disminuir la terrible soledad que sufría ; y quién sabe del gran dolor que había tenido que soportar previamente en su vida.

Mi colega la aceptó, pero también le hizo ver que en la vida real siempre existen desilusiones. Cuando ella le dijo que se detestaba a sí misma por ser obesa, él replicó : "No me importa lo que peses. Eres una persona encantadora, y lo que me importa es cuánto te aceptes a ti misma y tu vida." Le dejó en claro que existían otros criterios de valor, y que deseaba que cambiara por amor a sí misma, no porque se odiara. El tema de la desilusión marcó desde el principio el rumbo que tomaría su terapia. Desde luego era más fácil fabricar fantasías que esforzarse por crear una red de amigos y de apoyo, meta que finalmente alcanzó con el tiempo.

Recuerde lo emocionante que le pareció salir por primera vez con una pareja nueva. Sobre esa atractiva y misteriosa persona desconocida proyectó sus fantasías románticas, para luego descubrir que se trataba sencillamente de alguien con inseguridades y problemas, como el resto de nosotros. Un nuevo empleo puede traer fantasías de perfección semejantes mientras uno se imagina disfrutando cada minuto de la experiencia, cuando la realidad se muestra diferente. No estoy hablando de una situación en la que alguien o algo resulta ser un desastre y usted se ve obligado a cambiar de camino, sino de la desilusión natural ocasionada por la imperfección inherente a cada aspecto de la vida. Como suelo decir a mis pacientes, el amor y la felicidad verdaderos son posibles sólo cuando vemos a la persona o situación real y atravesamos la desilusión, ya que únicamente así podremos determinar si aún sentimos amor y alegría ante la persona o situación en cuestión.

Simplemente no creceríamos si la vida fuera una fantasía. Muchas parejas que han venido a terapia me han contado lo que esperaban el uno del otro. Cada uno describe una relación y vida idílicas, fantasías que no toman en cuenta las necesidades y fantasías del otro. Es sólo cuando ponemos los pies sobre la tierra, abandonamos las fantasías y volteamos a ver a la persona real, que de verdad evaluamos si se trata de amor o únicamente de una fantasía.

En realidad fantasear está bien y es incluso necesario cuando ocurre en el momento adecuado ; es esencial para una vida plena, como lo discutiré en un capítulo posterior. De hecho, una de sus funciones consiste en ayudarnos a sobrellevar desilusiones normales. Por ejemplo, podemos fantasear con el agradecimiento de un buen jefe, cuando la realidad es que nunca le agradece nada a nadie. Tal fantasía puede reconfortarnos de cara a un mundo que no es demasiado agradable que digamos. Todos tenemos nuestras propias limitaciones. La gente real puede ser egoísta, insegura, ansiosa, pesimista y tener todo tipo de defectos. Existen personas de buen corazón que harían lo que fuera por usted, si tan sólo se organizaran lo suficiente como para poder acabar lo que empiezan con esas buenas intenciones.

La fantasía es como un deseo; el deseo de que las personas con quienes compartimos nuestra vida no tengan sus defectos. Puede darnos fuerza para seguir adelante cuando nuestras necesidades no son satisfechas. Este tipo de fantasía saludable difiere de la fantasía de la mujer que tenía un amante extraterrestre, si bien incluso ella fantaseaba para sobrellevar una terrible soledad. No es bueno que la fantasía nos domine y nos impida tomar acciones necesarias ante una realidad dolorosa, pero en una situación en la que nada está en condiciones de cambiar, puede consolarnos y ayudarnos a planear el futuro.

Todos somos un "paquete con todo incluido". Las personas con dinámicas PCV tienen problemas, pero también suelen ser leales, fiables, responsables y éticas. Su atención por los detalles, aunque pueda llegar a ser molesta en ciertas circunstancias, sin duda es importante en otras; por ejemplo, durante una cirugía. Las personas chistosas y espontáneas pueden ser bondadosas, humildes, generosas y extremadamente conscientes de sí mismas, pero también pueden ser desorganizadas, impulsivas y poco fiables.

Cada tipo de personalidad —y todos pertenecemos a uno aunque seamos únicos— posee rasgos que implican fortalezas o debilidades. Tanto las unas como las otras comparten la misma raíz; en verdad, nuestras fortalezas son la otra cara de nuestras debilidades. Depende de nosotros aceptar el desafío de encontrar un equilibrio, haciendo nuestro mejor esfuerzo y sacando provecho de nuestras aptitudes innatas, mientras desarrollamos las cualidades que no nos vienen de forma natural. Todos tenemos derecho a disfrutar de los demás según la manera en que sus tipos de personalidad complementen el nuestro, y a entablar relaciones en las que nuestras virtudes beneficien a otros. Es por esto que las personas se necesitan mutuamente, y que es necesario que existan diferentes tipos de personalidades en el mundo.

En la película *Good Will Hunting* [*El indomable Will Hunting* —NdT], el terapeuta, interpretado por Robin Williams, le señala a su joven paciente que si bien su novia podría no ser perfecta, las preguntas correctas serían : "¿Es perfecta para **ti**? ¿Complementa **tu** personalidad ?" Estas son palabras sabias. Cuando el joven estuvo listo para declarar que su novia era "perfecta" y que él había destruido la relación, fue alentado a ajustarse a esa realidad, a considerar tanto los sentimientos de ella como los suyos, a hablarle con honestidad e intentar dar más de sí para recobrar lo perdido. No era una situación en blanco y negro, perfecta o destruida, sino tal vez "lo suficientemente perfecta" como para que, con esfuerzos sostenidos, pudieran permanecer juntos y ser mayormente felices como pareja.

Nadie debería permanecer al lado de alguien altamente disfuncional, violento o manipulador ; pero tampoco se puede pretender ser feliz en una relación sin esforzarse en lo más mínimo. Se sorprendería de la cantidad de personas que esperan exactamente eso. Nuestra cultura nos enseña que encontraremos la relación perfecta y que viviremos felices por siempre y para siempre, cuando la realidad es muy diferente. Las relaciones exigen trabajo, comprensión mutua y crecimiento personal. Aun si la otra persona es esencialmente bondadosa, tendrá problemas a los que usted necesitará adaptarse, porque todos tenemos sentimientos y necesidades.

La decepción se relaciona estrechamente con el pensamiento en blanco y negro y la perfección, por lo que puede pasar por alto oportunidades maravillosas al crear asociaciones falsas o rígidas. Todos necesitamos aceptación, pero debemos otorgarla también, incluso si la otra persona no tiene todos y cada uno de los rasgos que desearíamos.

Mary, una mujer soltera, se había enfrentado a circunstancias que la habían dejado un tanto aislada. Tenía la necesidad de restablecer vínculos sociales, y al conocer a Linda en una fiesta y ver que se caían muy bien, se entusiasmó y se llenó de esperanzas, creyendo que había entablado una nueva amistad. Mary y Linda descubrieron que compartían gustos y aversiones, y quizás ambas pensaron que estarían de acuerdo en todo. La amistad fue creciendo por algunas semanas. Pero un día Mary se molestó y se decepcionó mucho cuando Linda le confesó que quería teñirse el cabello de otro color. Mary no era tan convencional; prefería ser natural y estaba decidida a nunca esconderse las canas o tratar de verse más joven. Desde su punto de vista, las mujeres que se cambiaban el color del cabello se habían dejado llevar por los estereotipos sociales y habían vendido su alma al diablo. Habló de Linda con una amarga desilusión y preguntándose cómo habían podido llevarse tan bien al principio.

Cuando le pregunté a Mary por qué no podían simplemente ser diferentes y respetarse de todos modos, Mary se agitó y aseveró que ese "cuento del cabello" significaba que Linda era una persona globalmente superficial y que no podía ser la amiga que había esperado, aunque toda la evidencia apuntara a lo contrario. La cuestión del cabello, que tenía ciertas connotaciones de carácter político y psicológico para Mary, se había convertido en "un factor decisivo" para cortar la amistad. Mary había presupuesto mucho acerca de la personalidad de Linda debido al episodio del cabello.

La verdad era que Linda estaba siendo amable con Mary; tenían muchos intereses en común, incluyendo temas políticos y cuestiones de mujeres. Sin embargo, los interpretaban de manera diferente. A Linda le gustaba arreglarse el cabello, lo que para Mary significaba que "había cedido ante las sandeces de la sociedad". La decepción de Mary estaba claramente relacionada con su pensamiento en blanco y negro. Como había decidido arbitrariamente que teñirse el cabello era característico de una personalidad en su conjunto, y no sólo un aspecto de la misma, ahora estaba dispuesta a desligarse de Linda. Le llevó cierto tiempo darse cuenta de que lo que quería era que Linda fuera exactamente como ella, en lugar de una persona que pudiera entenderla y con quien poder compartir su opinión sobre una gran variedad de temas, si bien quizás no todos. A decir verdad, sospecho que Linda también se desilusionó al ver que Mary había hecho del cabello una cuestión moral, y no estaba inclinada a andar con tacto para no ofenderla, o a pedir disculpas. Si usted hace de un asunto insignificante o arbitrario una tragedia que en realidad no es, se sentirá intensamente desilusionado.

Finalmente Mary llegó a aceptar que ella y Linda no tenían un "perfecto entendimiento", pero que podían ser buenas amigas, desafiando a veces sus puntos de vista respectivos, y cuidando una de la otra sin tener que ser exactamente como la otra lo hubiera deseado en sus fantasías.

Si usted ve más aspectos positivos que negativos en una situación o en una persona, puede afrontar la decepción y aceptar la ambivalencia. Aunque resultó doloroso para Mary, fue capaz de ver que Linda carecía de rasgos o problemas realmente inaceptables, y que se estaba convirtiendo en una buena amiga. También comprendió que lo que alguien haga con su cabello pertenece a la categoría de lo moralmente neutro : no es ni bueno ni malo. Había asociado el teñirse el cabello con ser extremadamente convencional, superficial e incluso egoísta, lo cual era sencillamente falso. Entendió que con su pensamiento rígido en blanco y negro había etiquetado erróneamente algunas cualidades muy insignificantes y que les había atribuido una gran importancia, cuando en realidad representaban sólo una parte ínfima de quien era su amiga. Más adelante incluso experimentó con su propio color de cabello, riéndose y admitiendo que era divertido y que, desde luego, no había cambiado y seguía siendo la misma persona. La decepción de Mary se debió a su extrema rigidez, y aunque Linda era en efecto más convencional que Mary, pudo ayudarla en muchas situaciones en las que necesitaba más consciencia social.

La desilusión inicial de Mary la encaminó hacia una etapa superior que le permitió tener una amiga y quererla por quien era ; no porque reforzara su propio sistema demasiado simplista y rígido. A ambas les gustaba compartir sus ideas y brindarse mutuamente una perspectiva más amplia, y se convirtieron en muy buenas amigas. Esta estrecha amistad sólo fue posible después de la decepción.

Aceptar a alguien y ser aceptado sin tener que apegarse a un guion o ser perfecto es un sentimiento maravilloso. Si usted es rígido en cuanto a las preferencias que un posible amigo o conocido pueda o no tener, se llevará una decepción. Mary comprendió, para su beneficio, que este tipo de desilusión se había exacerbado debido a sus propias asociaciones falsas y a los juicios rígidos y erróneos que emitía.

En el capítulo anterior hablé sobre nuestro derecho individual de decidir cuándo una persona, aunque sea perfectamente agradable, no es adecuada para nosotros. De ahí en adelante podemos elegir mantener una relación menos estrecha o cortar el contacto. Considerando la desilusión que Mary sintió sobre el "problema del cabello", situemos las dos ideas en contexto.

Cuando usted se siente bien consigo mismo, respeta y conoce sus límites, fortalezas y expectativas, puede sentirse algo desilusionado ante una nimiedad sin permitir por tanto que arruine un posible romance o amistad maravillosos. Puede diferenciar ese sentimiento de la certeza de que una persona realmente no tiene una influencia positiva en su vida. Si se produce alguna fricción en la relación, sería buena idea examinarla para comprobar si usted está siendo rígido o defensivo. O tal vez, simplemente necesite reconocer que "esta persona es perfectamente agradable, pero hay algo que no encaja. La respeto y le deseo lo mejor, pero he decidido limitar el contacto, y esa es mi elección". Ya que este libro trata muchos problemas desde diferentes ángulos, este tipo de aprendizaje gradual continuará a medida que usted vaya progresando a través de los rayos de la rueda, acercándose a la sanación del buje, en el centro.

Otra paciente, "Ángela", trabajaba e iba a la universidad, ambas actividades de tiempo completo, y le tenía pavor a decepcionar a los demás. Como era una estudiante excelente, atrajo la atención de una profesora que quería ser su mentora y que le ofreció oportunidades especiales. Ángela llevaba una vida muy ajetreada, trabajaba, y no estaba interesada en ejercer la carrera en la que su profesora se especializaba; sólo quería realizar su mejor esfuerzo en clase y obtener buenas notas. Su trabajo de tiempo completo implicaba mucha responsabilidad, y a menudo se sentía agotada al tomar clases al mismo tiempo que intentaba mantener sus lazos con amigos y familiares. Rechazar la propuesta de su profesora no fue lo primero que se le ocurrió naturalmente a Ángela, quien tenía una dinámica PCV. En lugar de decir que no, se volvió muy ansiosa y se quejaba de que ahora "no iba a tener una vida" si aceptaba una responsabilidad extra, lo cual era cierto.

Le sugerí a Ángela que le dijera a la profesora que la escuela era muy afortunada por contar con una persona tan dedicada como ella, y que agradecía su oferta, pero que estaba muy ocupada y que de hecho buscaba una vía profesional diferente. Ángela me miró horrorizada y replicó : "¡Pero se decepcionará!" Evidentemente, Ángela asociaba "decepcionar" a alguien con **hacerle** algo sumamente malo. Le llevó cierto tiempo tomar consciencia de que aunque su instructora no tendría la oportunidad de guiar a la estudiante sobresaliente de su elección, su oferta tenía el propósito de beneficiar a Ángela —no de perjudicarla al hacerla sacrificar lo que quería en la vida— y que ya encontraría a alguien más a quien ayudar.

Durante su niñez, los padres de Ángela solían decirle que estaban "decepcionados" de ella cuando no hacía lo que ellos querían o cuando cometía transgresiones infantiles normales. Mediante el trabajo que realizamos juntas, tomó consciencia de que tanto los padres como los hijos se sienten decepcionados unos de los otros, y que eso es normal ; que a veces uno debe hacer lo que más le conviene, y si la otra persona decide sentirse decepcionada, está en su derecho. No se sentirán destrozados a menos que sufran ellos mismos de problemas propios.

Finalmente, Ángela sí le dio las gracias a la profesora y rechazó su oferta cortésmente. Estaba consciente de la posibilidad de que su profesora se enojara, pero había decidido no dar un paso atrás. Quedó felizmente sorprendida al ver que, a diferencia de sus padres, la instructora no se enfadó.

No existimos para evitar que los demás se decepcionen, para cambiar quienes somos con tal de satisfacer sus fantasías, y el papel de los demás tampoco consiste en actuar de ese modo en lo que nos respecta. Sin embargo, sí hacemos concesiones por nuestros seres queridos y las recibimos de ellos. Los pequeños compromisos, tales como cuando decidimos conjuntamente dónde cenar o de qué color pintar la cocina, forman parte de las relaciones. Por el contrario, las concesiones que infringen de algún modo el sentido intrínseco de nuestro ser o que violan nuestra sensibilidad, ética, moralidad o principios, no son "compromisos" en absoluto. Aprenda a distinguir entre ambas y a entender a qué grado el sacrificio propio le es aceptable. Esa medida no debe basarse en las expectativas de los demás.

A veces nos decepcionamos por el orden en que ocurren los acontecimientos. Lo que deseamos puede oponerse a algo incluso mejor. A lo largo de los años he tenido a muchos pacientes que luego de entrevistarse para un empleo, no fueron contratados. Se decepcionaron. Más tarde, se les presentó una mejor oportunidad y sí obtuvieron el puesto deseado. Algunos pacientes a menudo me dicen : "Por favor cruza los dedos para que me den ese trabajo". Yo les contesto que espero que consigan el mejor trabajo para ellos. A veces recordamos lo sucedido y les pregunto : "¿No estás feliz de no haber firmado el otro contrato de trabajo ?" Y siempre lo están. Si usted se enfoca en un solo resultado, cuando en realidad existe una infinidad de posibilidades de las que no está al tanto, creará su propia desilusión.

Muchas personas con una dinámica PCV tuvieron padres decepcionados con su propia vida, su trabajo, sus hijos y sobre todo consigo mismos. Algunos padres se sirven de la desilusión como arma, y para muchos esta palabra es sinónimo de "fracaso", de que han sido malos hijos y son hirientes. Sin embargo, todos tenemos el derecho de buscar la vida que sentimos nos es adecuada. Si usted tiene problemas con la desilusión en relación con la culpa por no vivir las fantasías de alguien más, lo aliento a trabajar sobre esta cuestión y a distinguir cuidadosamente entre los diferentes tipos de desilusión.

Cuando los padres están decepcionados de sí mismos, los hijos pequeños a menudo se echan la culpa. "John" se culpaba a sí mismo por la desilusión crónica de su madre, mientras trataba de seguir su propio camino en la vida. Luego se enojaba al relatar que su madre se había enfadado con él y lo había hecho sentir culpable por haberse mudado a su propio departamento, aun cuando iba a visitarla varias veces a la semana. El resto de los días, cuando se quedaba en casa, su madre lo llamaba para expresar cuánto lo extrañaba y para reclamarle que sus visitas eran demasiado cortas, y que, después de todo, ¡sólo vivía a unos cuarenta minutos de su casa! Siempre le preguntaba si iría a visitarla al día siguiente, y le comunicaba de antemano que la visita sería demasiado corta y que ya estaba extrañándolo. Cuando él hacía planes para el fin de semana, su madre se enfurecía porque no lo veía por un par de días. Ella no vivía sola, sino con el padrastro de John, un hombre agradable que parecía ser un buen esposo.

John tomó su incapacidad de curar la desilusión constante de su madre como un fracaso personal. Más seriamente, su madre no podía interiorizar las buenas experiencias, e incluso cuando estas tenían lugar, se lamentaba de lo terrible que se sentía durante el lapso que transcurría entre las visitas. Su madre tenía serios problemas, pero el de John era que le habían inculcado el deber de remediar de alguna forma la triste situación de su madre, una tarea imposible y que ella necesitaba resolver por su cuenta. No obstante, para su madre, una mujer que no estaba consciente de su propia decepción ni de cómo esta se había originado, era natural esperar que su hijo la librara de esa decepción crónica que sin duda había comenzado a experimentar durante su desdichada infancia. Luego culpaba a John por no lograr hacerlo, a pesar de que era un buen hijo y que la visitaba varias a veces a la semana.

John y yo separamos la insatisfacción de su madre con la vida, con ella misma y con él, de las creencias que él albergaba acerca de sí mismo. Se independizó, y tomó consciencia de que su madre sufría constantemente debido a sus propios problemas de la infancia. Rechazaba cualquier ayuda, y luego esperaba que su hijo le quitara ese dolor emocional y el vacío que frecuentemente sentía. Su propia crianza disfuncional no la había preparado para ser madre y para tener expectativas realistas en cuanto a su propio hijo.

John logró comprender las dificultades de su madre y aprendió a verlas como algo externo a él. Tristemente, tuvo que aceptar que, sin importar lo que hiciera o dejara de hacer, su madre probablemente seguiría siendo infeliz, y con seguridad vertería su desesperación sobre él, su único hijo. Alcanzó a comprender y a tolerar todo eso, y pudo marcar límites a su madre ; dejó de esperar que ella le dijera que era bueno o que estaba a la altura. Se deshizo de todo eso. De ahí en adelante, comenzó a visitar a su madre porque quería hacerlo, y no para probarse algo a sí mismo o parar liberarse de la culpa, y se permitió tener cierto grado de privacidad adulta normal. Aquel cambio hirió profundamente a su madre. En efecto, solía culpar a su hijo y a los demás por sus problemas emocionales, en ocasiones atribuyéndolos a que los demás no le prestaban la suficiente atención. Como consecuencia, John había adquirido el hábito de preocuparse más por prestarle atención a su madre y tratar de satisfacer sus expectativas irracionales, que por estar atento a sus propias necesidades. Su relación recalcaba las obligaciones que él guardaba hacia ella, en vez de que fuera al revés, como es normal en una dinámica entre padres e hijos.

A pesar del carácter triste de aquella situación, John aceptó su propia desilusión ante el hecho de que su madre no fuera más sana emocionalmente. Fue capaz de respetar la desilusión de su madre, y de desligarse de esta. Sabía que era un buen hijo y una buena persona, y dejó de usar a su madre como criterio para medir su grado de bondad. Esto es, por cierto, lo que hacen todos los hijos, y es totalmente normal. Pero con una madre así, John necesitó ser su propio instrumento de medida sobre qué tipo de persona era. Primero comenzó a dejar de culparse por las desilusiones de su madre; después por las de otros; y finalmente hizo las paces con las suyas propias. Tomó consciencia de que las desilusiones de los demás no reflejaban su identidad, y de que él actuaba cuanto mejor le era posible. Bien que aún amara a su madre, llegó a verla como a una mujer necesitada aunque bien intencionada, y empezó a disfrutar más de su propia vida, con decepción y todo. Como beneficio adicional, cuando le impuso límites a su madre —y aunque ella se enojó en un principio— claramente para ella también fue positivo. Él le advirtió que le contaría aquello que lo hiciera sentir cómodo y que evitaría hablarle de lo que le molestara, e incluso ella tomó consciencia de que la relación había mejorado mucho así. Ahora podían relacionarse sin enojo ni culpa.

Mis pacientes a menudo me cuentan que después de atravesar los obstáculos iniciales tras la demarcación de límites, el comportamiento de sus padres mejora de manera natural. Algunos creen que sus padres se sienten aliviados de haber abandonado esos patrones viejos y enfermizos de comportamiento. Dado que la mayoría de estas dinámicas poco saludables no son intencionales, los padres pueden sentir naturalmente una mejoría, y prefieren la sensación más agradable que les provoca esta nueva forma de relacionarse con su hijo adulto.

Me entristece especialmente ver a quienes abandonan sus sueños y esperanzas por temor a salir desilusionados. Desafortunadamente, esto es algo que noto muy seguido. Muchos tienen miedo de desear algo que quizás no obtengan, y eso los conduce a una suerte de entumecimiento emocional. Equivale en cierto modo a un tipo de suicidio emocional. Ya no sé cuántas veces he escuchado decir : "No quiero esperanzarme porque no deseo acabar decepcionado." Es terrible vivir sin esperanzas, con o sin desilusiones, pero para ciertas personas la decepción es tan devastadora que optan por evitarla a toda costa, incluso cuando para lograrlo deben aplacar por completo sus sentimientos. No tiene nada de malo anhelar y desear ; forma parte de nuestra experiencia humana. Tratar de evitar la esperanza al extremo equivale en realidad a una manera de darle la espalda a la vida. Es no vivir en lo absoluto y es muy trágico ; vale más la pena acabar decepcionado de vez en cuando, que carecer de toda esperanza o sueño. Como dice el dicho, "es mejor haber amado y perdido, que no haber amado nunca". Esta expresión ilustra la sabiduría antigua acerca de la dinámica PCV.

Otra paciente, "Cindy", salió con un joven y le gustó mucho a pesar de haber tenido una sola cita. Me hizo saber que no quería dejar que le gustara en caso de que resultara no ser tan bueno, o de que finalmente no le agradara tanto. Añadió que si se daba permiso de esperanzarse, por haber encontrado al tan anhelado compañero para toda la vida, y que si las cosas no resultaran siendo como deseaba, se decepcionaría de no ser ese el caso. Cindy vinculaba la desilusión con la vergüenza y afirmaba que sentirse decepcionada la hacía sentir estúpida. Precisó que si albergaba grandes esperanzas en vano se sentiría humillada. Le pregunté cómo podría perderse la dignidad si alguien guardaba esperanzas y gustaba de alguien, ya sea que el sentimiento fuera mutuo o no. A medida que Cindy fue entablando un contacto más profundo con su propia dignidad, tuvo la fortaleza de "escuchar" la voz interna que decía algo así como : "¿Quién eres **tú** para pensar que podrías gustarle a alguien ?"

Conforme pudo apoyarse en su dignidad y valor propios, Cindy dejó de buscar que el afecto de una pareja nueva se los proporcionara. La vergüenza dejó de formar parte de su miedo a la desilusión, y Cindy comenzó a permitirse fantasear. Ella no es la única; existen muchos más que se sienten avergonzados y humillados ante el simple hecho de desear algo.

Es muy común que quienes temen salir decepcionados estén luchando no sólo con la decepción misma, sino también con el perfeccionismo y la culpa. Cuando apartan la vergüenza y se autorizan a amasar esperanzas, la desilusión se convierte simplemente en lo que es —lejos de un sentimiento agravado por otros aún más dolorosos— y no es tan incómoda. Es importante señalar que en el caso de Cindy y de otros, el abismo también está presente. Esta imagen parcial de uno mismo está extremadamente dañada, es cruel y está casi completamente despojada de su humanidad.

Cindy salió con el joven por un tiempo y se permitió albergar fantasías esperanzadoras. Más tarde decidió que no estaban hechos el uno para el otro, pero se sintió feliz de que los dos hubieran dado lo mejor de sí mismos para tratarse bien mutuamente. Ambos acabaron decepcionados, pero Cindy sintió que la experiencia había sido positiva. No estaba a la defensiva y le encantaba notar el cambio en ella misma. Casi un año más tarde, conoció a otro joven que tenía una personalidad más cercana a lo que ella quería y necesitaba en una pareja. Con el tiempo se comprometieron.

Ejercicios

La decepción forma parte de una fase de nuestro desarrollo, y constituye un elemento fundamental de la vida. Nos es imposible ver todas las oportunidades que nos depara el destino, y a veces necesitamos desilusionarnos para estar abiertos a que se presente una mejor opción. Los siguientes ejercicios están diseñados para ayudarle a hacer las paces con la decepción e indagar más profundamente.

Ejercicio 1

Piense en una situación en la que haya temido albergar grandes esperanzas, y escriba este recuerdo en su diario. ¿Asociaba la vergüenza con dicho temor? Si fue así, ¿podría haberse tratado en realidad del temor a que los demás lo vieran como "estúpido" por desear algo y creer que tenía la oportunidad de obtenerlo? ¿O fue su propia sensación de ser "estúpido" lo que lo avergonzaba?

Ejercicio 2

Intente establecer contacto con la sensación interna que le dice : "¿Quién crees que eres para esperar que ocurra algo bueno en tu vida?" ¿Alcanza a ver que se trata de una parte negativa de la imagen que tiene de sí, y que si bien no es producto de la desilusión, se ve afectada por esta? Ahora recuerde algo que alguna vez quiso y no pudo obtener, y cómo se sintió al respecto. Recuerde también su valor intrínseco y su dignidad, y otórguese respeto por el deseo y la esperanza, aunque no se hayan cumplido. Por algún tiempo, piense en otros ejemplos hasta que pueda recordar desilusiones similares sin sentir vergüenza.

Ejercicio 3

Piense en algo que desee, ya sea posible o no. Dé rienda suelta a su imaginación. Tal vez quiera ser presidente, pero ya esté por encima de los cuarenta años de edad, y nunca haya participado en la política. Puede ser muy tarde para eso, pero el sueño no lo vuelve a usted ridículo; simplemente no está preparado. ¿Puede escribir acerca de algún deseo que le venga a la mente, para el cual de modo realista ya es muy tarde, y reconocer que es algo que siempre ha querido y aceptarlo con compasión? Visualice en su mente lo que quiere y mantenga la conexión con su dignidad. Comprenda que fuera de que le sea posible o no obtener lo que desea, usted es digno y valioso. Tal vez haya elementos en la fantasía que aún sean realizables.

Ejercicio 4

Piense en sus seres queridos y describa a dos personas a las que haya debido bajar del pedestal de la idealización. Detalle en su diario las imperfecciones y las decepciones. ¿Puede amarlas como personas imperfectas? ¿Puede amarse a sí mismo sin el pedestal?

Ejercicio 5

Recuerde una época en la que haya estado lleno de espontaneidad y de entusiasmo inocente, y que alguien se haya burlado de usted, quizá un amigo o un hermano mayor. Reviva el episodio y reconozca que la persona que se burló de usted tenía problemas de vergüenza y se sentía avergonzada ante su entusiasmo. Ahora analice el suceso en su mente, con extrema dignidad y compasión por el niño que fue alguna vez, y trate de mantener ese entusiasmo. ¿Por qué piensa que las personas se burlan de la vitalidad, el entusiasmo y la inocencia de un niño?

Ejercicio 6

Escriba tres esperanzas que albergue. Imagine que todas se cumplen, y luego que no, y reconozca que usted sigue siendo el mismo ser humano en ambos casos.

Ejercicio 7

Recuerde algún momento de su niñez en el que se haya comportado mal, y en el que sus padres le hayan dicho, tal vez con las mejores intenciones, que estaban "decepcionados" con usted, para indicarle que lo que había hecho estaba mal y tenía que ser corregido. Ahora piense en al menos una vez en que haya asociado decepcionar a alguien con haber hecho algo incorrecto o malo cuando no fue así. Piense en oportunidades en las que estuvo en lo correcto, aunque sus padres se hayan sentido decepcionados, o usted haya temido que así fuera. Rememore aquello que realmente lastimó o hizo enojar a otros, y luego considere el simple hecho de no corresponder a la fantasía de cómo los demás habrían preferido que usted fuera. Note la diferencia. ¿Puede empezar a distinguir entre la desilusión normal y el haber hecho algo realmente malo o cruel? Recuerde, si sus acciones son bien intencionadas y sin malicia, incluso si no cumplen con las expectativas de otra persona o la decepcionan, usted no está haciendo nada malo.

Chapitre 5

Dinámica de la personalidad PCV y desarrollo

En este capítulo interrumpiremos momentáneamente el examen de los demás problemas para tratar primero las dinámicas y la causa de la personalidad PCV. Espero que gracias a la lectura de este libro y a la práctica de los ejercicios, usted esté notando cómo los problemas que solía ver como temas aislados, en realidad están entrelazados. Esta constatación le ha hecho profundizar en su reflexión y en su conocimiento de sí mismo. Diseñé los ejercicios para ayudarle a

sentirse más cómodo con sus problemas y a desafiarlos, para volverlo más consciente del miedo que los alimenta y para que desarrolle amor y aceptación propios.

He insertado este capítulo aquí, en medio de los problemas individuales, por varias razones. Por empezar, el trabajo que ha realizado hasta ahora lo ha preparado para comprender algunas dinámicas, y a fin de ir más lejos, necesitará conocerlas. Con este conocimiento comprenderá mejor su pasado, así como lo que está viviendo en el presente, y cómo se siente en el fondo **ahora**. De haberse abordado este tema antes, usted no habría tenido los antecedentes ni la consciencia creciente necesarios para ubicar todo en contexto. También quisiera otorgarle el beneficio de esta información para que pueda comprender mejor los capítulos y problemas restantes. Ahora sabe que todos están relacionados y que forman una constelación, pero también merece saber por qué antes de llegar al final del libro.

Este capítulo no incluye ejercicios. Si ha realizado los ejercicios anteriores de forma diligente, seguramente merezca un pequeño descanso. Aun así, este capítulo también requiere de su gran esfuerzo. Le recomiendo continuar trabajando en su diario con los ejercicios de los capítulos anteriores.

Las personas con problemáticas PCV tienen una gran variedad de antecedentes. Algunos de mis pacientes han sufrido vidas terribles con familias disfuncionales, e incluso con padres o padrastros mentalmente enfermos. Por otro lado, muchos han tenido padres buenos, nobles y normales que tal vez hayan sido perfeccionistas y de forma involuntaria les hayan transmitido estas ideas a sus hijos. Algunas familias atravesaron crisis que no fueron culpa de nadie, pero que ciertamente afectaron el desarrollo de sus hijos. Tampoco podemos olvidar que los padres no crían solos a sus hijos, sino dentro de una sociedad inundada de mensajes televisivos o provenientes de otros medios, que nos inculcan que debemos tener una apariencia perfecta, ser delgados y perfectos en la escuela. No está claro que la sociedad recompense a las personas simplemente por su bondad. Si acaso, recibimos mensajes confusos sobre el tema : algunos nos alientan a provocar envidia en los demás, mientras que otros elogian a los filántropos ricos por ofrecer su tiempo y dinero a los necesitados.

No importa quién lo haya criado o a quién haya criado usted ; no es posible hacerlo todo a la perfección. Además, lo que sería perfecto para un niño puede ser desastroso para otro, por lo que siempre existirán problemas con sus propios padres y con sus hijos. Me temo que así es como debe ser.

Usted recordará aquel incidente en el que mi hija golpeó a otra niña en el brazo. Yo me enfoqué en retirarle la culpa y la idea de que era una mala persona. Después, le mostré con humor lo que verdaderamente habría constituido una mala acción. Mi hija se rio y contestó que ella **nunca** haría esas cosas horribles que yo había sugerido. Sabía diferenciar el bien del mal. Si se hubiera tratado de un niño con serios problemas de comportamiento, violento o sin conciencia moral, mi respuesta habría sido completamente inadecuada.

Por ende, al leer este capítulo, así como los demás, le pido que acepte que algunas personas PCV crecen en un ambiente muy desfavorable para un crecimiento mental saludable, pero otras no. Si su familia fue buena, o lo suficientemente buena, le ruego tener en cuenta que aquí no se trata de juzgarla, sino de entender por qué usted se desarrolló como lo hizo en lugar de hacerlo de una forma más tranquila y serena.

Cuando yo daba clases de desarrollo infantil, los estudiantes me preguntaban : "¿Cómo se cría a alguien para que no tenga problemas, sea trabajador y honesto ?" Yo les contestaba que sinceramente no sabía, y que no creía que fuera posible. Sin importar lo que hagan los padres, siempre existirán consecuencias negativas. Si se enfatiza la autoestima, el niño probablemente obtenga menos logros. Asimismo, algunos estudiantes brillantes sufren de serios problemas PCV.

Usted conoce el tipo de hogar en el que fue criado. Los hogares extremadamente caóticos, violentos o trastornados ilustran mejor cómo se desarrollan los problemas, y mucha gente proviene de ambientes así. Usted tal vez haya recibido una buena crianza. El propósito de este capítulo no consiste en condenar a los padres de nadie. Recuerde que todos tenemos problemas, y existen muchas razones distintas por las cuales estos se desarrollan. También tome en cuenta que no se trata sólo de cómo lo trataron sus padres, sino además de la reacción subjetiva que usted tuvo ; es posible percibir un mensaje o acción bien intencionados como amenazantes o alarmantes en mayor o menor grado. Como va el dicho : "Sabemos lo que damos, no lo que la otra persona recibe."

Por tanto, no se sienta amenazado por ejemplos de familias que, si bien serán similares a las de muchos lectores, tal vez no se asemejen a la suya. Es importante recordar también que los hermanos no comparten los mismos padres. Su madre pudo ser más indulgente con usted, el estudiante modelo, y por el otro lado, muy estricta e injusta con su hermano, el payaso de la clase. Su padre pudo haberle otorgado un trato privilegiado a él, quizá por compartir una pasión por el béisbol y el humor vulgar, mientras que se burlaba de usted por su falta de sentido del humor. Esto explica algunas de las diferencias que vemos entre hermanos, o por qué usted y sus hermanos tienen ideas tan diferentes acerca de sus padres.

Sumado a esto, los padres que usted tiene hoy no son los mismos que tuvo cuando era bebé, niño, preadolescente, adolescente o un joven adulto. Así como nosotros debemos adaptarnos constantemente a nuestro entorno, los padres deben adaptarse a los cambios en sus hijos conforme estos van creciendo. Cuando escucho a mis pacientes contarme historias de su infancia, muy seguido puedo determinar cuando la madre o el padre los cuidaron con dulzura y calidez durante su temprana infancia, y cómo se sintieron más desafiados una vez que sus hijos crecieron lo suficiente como para comenzar a hablar. Lo contrario también puede ser cierto.

Tal y como lo precisé anteriormente, usted no necesita encajar dentro de ningún diagnóstico específico para comprender el tipo de sufrimiento que generan los problemas PCV. He trabajado con muchas personas llenas de vergüenza, culpa y ansiedad extremas, y estos pacientes suelen sentirse exhaustos, se odian a sí mismos y temen cometer errores. A veces su miedo es tan grande que asfixia cualquier pensamiento creativo u original. A menudo, simplemente no saben qué quieren hacer de su vida. Después de todo, cuando reprimen tantos pensamientos, ¿cómo podrían escuchar el susurro lejano de la inspiración?

La cruel realidad es que muchos sienten que, a menos que elijan la carrera "perfecta" y se destaquen en esta, llevarán una vida infeliz y fracasada, al punto en que eso les impide tomar cualquier decisión, porque parte de su personalidad busca castigarlos gravemente por sus deficiencias. Siempre me ha resultado desgarrador escuchar a pacientes decir : "Estoy tan cansado." Realmente necesitan un descanso, pero no pueden escapar de ellos mismos.

Las personas PCV que he atendido obviamente nunca interiorizaron la idea de que eran lo suficientemente buenas para ser amadas tal cual eran, sin un enorme esfuerzo, es decir, sin ser perfectas. Los perfeccionistas rígidos no se sienten en lo absoluto perfectos por dentro. Muchos crecen evitando golpes emocionales o físicos, aterrados por el dolor y la humillación que podría suscitar cualquier vulnerabilidad. Otros sienten dominar tan poco en su caótica vida que intentan, de manera infantil, imponer algún tipo de orden a una pequeña parte de su mundo. Al menos así pueden controlar y volver predecibles ciertas cosas.

Una joven profesional me contó que cuando era niña sabía que lo único que poseía era su moralidad y su bondad, por lo que quería asegurarse de que su sistema fuera excelente. Dudo al día de hoy que esté consciente de la extraordinaria hazaña que eso representó. La mayoría de la gente que ha sido privada de amor incondicional y tratada con extrema crueldad psicológica, tratará de tomar lo que pueda de los demás, sin por tanto pretender forjarse una moralidad perfecta. Desafortunadamente, eso está fuera del alcance de un niño. Aquellos que lo intentan evalúan las situaciones en blanco y negro y tienen una conciencia moral estricta y cruel. Sin embargo, este medio de supervivencia, que a menudo les permite soportar infancias muy difíciles, ya no sirve en la edad adulta. ¡Qué agotador, triste y derrochador es vivir la infancia y después la adultez en modo defensivo! Sé que algo mejor es posible porque he visto a muchos lograrlo.

Definitivamente existen padres bien intencionados, ellos mismos perfeccionistas, que quisieron lo mejor para sus hijos, pero que no pudieron tolerar el proceso natural de aprendizaje de estos últimos, lo cual los llevó a desear resolverles todo desde el comienzo. En su deseo por proteger y enseñarles a sobrevivir, no comprendieron que negarles la oportunidad de luchar y aprender de sus errores llevaba un precio muy alto. Esos padres perfeccionistas y bien intencionados causaron un daño significativo, porque sus hijos nunca desarrollaron un sentido de amor propio, aptitud o compasión por sí mismos, ni aprendieron a contemplar las áreas grises de la vida, aquellas entre lo blanco y lo negro.

Le recuerdo a mis pacientes, y ahora a usted, que examinar la niñez no tiene el propósito de lastimar a nadie. Es un ejercicio íntimo, pero necesario para que usted pueda recuperarse de su ansiedad y deje de vivir temiéndose a sí mismo. Siempre me entristece ver a padres que lo planean todo para sus hijos, desde las actividades extracurriculares hasta sus clases, e incluso sus amigos. He conocido a padres cuyos hijos sólo tienen permiso para realizar proyectos artísticos, ir a museos o tomar parte en actividades didácticas. Nunca pueden simplemente **ser**.

Pareciera que, como cultura, hemos llegado a apreciar más los logros excepcionales que el carácter o la tranquilidad mental, y no creo que podamos culpar a los padres por ello. Incluso los niños pequeños se preocupan por entrar a la universidad, y eso no es normal. Muchos padres enseñan a sus hijos que deben sobresalir en todo, sin considerar que esa es simplemente una meta imposible para algunos. Personalmente le tengo más respeto al carácter de una persona que a cualquier otra cosa, y creo que la buena salud mental es más valiosa que un buen promedio en la escuela.

Nuestra cultura está impregnada de orgullo, y no veo por qué tendría que ser así. Todos tenemos cualidades innatas. Algunas personas son atléticas, otras hermosas, otras buenas para las matemáticas y otras están dotadas de cierta sabiduría. Algunos afortunados poseen una combinación de estas dotes. Pero las personas no sólo alardean de sus talentos naturales, que obtuvieron sin ningún esfuerzo, ¡sino además de los de sus hijos! ¡Cuando alguien nos hace un regalo, no fanfarroneamos por haberlo recibido! Lo que cuenta desde una perspectiva amplia es cómo **ponemos en uso** esas habilidades y cómo tratamos a los demás. ¿Enseñar a los hijos que deben ser los **mejores**? ¿En **todo**? Eso se pasa de egoísta y me pregunto qué queda para el resto.

Por lo tanto, al leer acerca de la dinámica, si bien algunos lectores relacionarán los ejemplos con la disfunción y la crueldad de su propia familia, o tal vez con errores bien intencionados, no se debe subestimar el factor cultural. Recuerde que si bien los padres y la vida del hogar son influencias tremendas, también lo es la cultura en la que nos criamos y que nos enseña a sobrepasar a otros, motivados por el orgullo. No minimizo la tarea de criar a hijos en una cultura semejante.

Independientemente de estos factores culturales, conozco a muchas personas que han vivido un verdadero infierno mientras crecían en casa de sus padres, y es necesario examinar más de cerca este problema, porque es mucho más común de lo que la gente preferiría creer. Algunos de estos pacientes tuvieron padres o padrastros muy tiránicos, aterradores y casi psicóticos. Algunos tuvieron una madre o un padre con trastorno límite de la personalidad, lo cual es sumamente difícil para un niño. No recibieron protección, y desde una edad muy temprana se les enseñó a estar pendientes de los sentimientos del adulto, sin poder desarrollar la idea de que sus propios sentimientos tuvieran siquiera algo de importancia. Con el fin de sobrevivir, estos niños sacrificaron sus propios sentimientos, habiendo aprendido que no eran relevantes.

El origen de la dinámica PCV

Ahora me gustaría examinar el origen de la dinámica PCV por medio de ejemplos, para luego explicar la teoría detrás de ellos.

"Alison" había tenido un padrastro violento durante su crianza. Su madre le había enseñado que siempre debía mostrarse agradecida con él cuando salían a comer, dejar que toda la conversación se centrará en él porque eso le gustaba, y estar todo el tiempo al servicio de aquel hombre. La pareja solía tener fuertes peleas, y cuando su padrastro no estaba en casa, su madre buscaba consuelo en su pequeña hija. En el transcurso de la terapia, Alison recordó cómo ordenaba siempre de cierta forma sus adornos sobre la cómoda de su cuarto, y volvía a acomodarlos repetidamente, creyendo que debía hacerlo de un modo muy específico, o de lo contrario moriría.

Es extremadamente triste pensar que una niña pequeña haya podido sufrir semejante ansiedad y que nadie lo notara ni le brindara el consuelo que tan desesperadamente necesitaba. Aun así, de algún modo pudo sobrepasarlo y sobrevivir, aunque su ansiedad fue demasiado importante como para permitirle cursar la carrera que deseaba. Al igual que la mayoría de la gente con personalidades PCV, Alison es extremadamente ética y se preocupa mucho por los demás. No obstante, nunca se le había permitido ser auténtica y sentía que nadie en su vida se preocuparía por ella si revelaba su identidad propia : un ser con una paleta de emociones, incluyendo la tristeza, el enojo y el dolor. No podía decirle "no" a nadie porque lo consideraba egoísta. Este ejemplo nos permite vislumbrar el abismo, frente al cual se adopta un extremo para contrarrestar su terrible y temido opuesto.

Estas necesidades insatisfechas dominaban tanto a Alison que sentía que el mínimo primer intento por satisfacer al menos una de estas la convertiría en una persona totalmente egocéntrica, completamente consumida por su propia avidez. Por tanto, para contrarrestar su miedo al abismo, volcó toda su energía en las necesidades de los demás, tal y como le habían enseñado. Su madre y su padrastro le habían dicho siempre que era egoísta (¡es extraordinario que se diga algo semejante a una niña pequeña!) cuando se descuidaba y accidentalmente expresaba algún deseo. Como nunca se le había permitido tener el amor propio normal y necesario que todos requerimos, ella sentía que debía existir para los demás. A fin de llegar a la raíz de sus dificultades, nos fue necesario examinar cómo había sido criada. Su apertura, coraje e inteligencia la ayudaron a aceptar lo que había vivido y a disminuir considerablemente su ansiedad. Con el tiempo logró pensar en hacer algo por ella misma y elegir una carrera.

"Nancy" describió una infancia muy caótica con una madre que padecía síntomas agudos de un trastorno límite de la personalidad. Sus padres eran personas inteligentes y daban la impresión de ser normales, lo cual aumentaba la confusión, pero ambos se relacionaban mal con la sociedad. La madre tenía tendencias controladoras y paranoicas, y era de una naturaleza extremadamente volátil. A veces quería ser afectuosa y otras explotaba de furia sin razón aparente. Oscilaba entre dejar a los niños solos y no darles espacio para respirar, y siempre les decía que se sacrificaba mucho por ellos. Su interpretación del mundo exterior era espeluznante y no les permitía a sus hijos ser competentes fuera del ámbito que ella les había impuesto. Establecía pocos límites o reglas, y sólo aplicaba esporádicamente los que sí existían. Nancy no podía tener amigos porque, como su madre solía recordarle, nadie iba a quererla o serle leal excepto ella.

Nancy era una joven extremadamente inteligente y ética, empática y atenta, muy amable y con un vivo sentido del humor. Sin embargo, vino a verme destrozada por la duda, la ansiedad, la culpa y la vergüenza; sin tener idea del camino que deseaba seguir en la vida; sin saber cuándo estaba ella u otra persona en lo correcto o equivocada. Cuando su madre iba a visitarla desde las afueras de la ciudad, le hacía escenas, daba golpazos en las puertas y gritaba, acciones que horrorizaban al esposo de Nancy. La madre llamaba constantemente y Nancy se sentía enferma si ignoraba sus llamadas, pero se enfermaba **físicamente** cuando tenía conversaciones con ella. Sentía que nunca sería libre ni capaz de llevar una vida normal, si bien todos sus esfuerzos hasta ese entonces se habían volcado en ese fin. Con su esposo sentía que nunca podía ceder a nada o estar equivocada. En lugar de hacer las paces después de una discusión, continuaba tratando de demostrarle lo "perfecta" que era. Aunque para Nancy eso significaba ser merecedora de amor, él estaba cansado de siempre tener que cargar con la culpa. Aun así, me comentó lo fatal que se sentía cuando ella misma hacía algo que le desagradaba. Para Nancy, asumir responsabilidad estaba asociado con la humillación, y con el hecho de tener serios defectos.

Durante la terapia, Nancy me contó que su madre nunca se retractaba, cambiaba de parecer ni hacía concesión alguna hacia nadie. Le había enseñado que de actuar así, perdería su propio Ser y no podría recibir amor. ¡Su madre tenía lecciones para todo, y todas eran horrendas y falsas! Nancy llegó a darse cuenta de que era más seguro que su esposo continuara queriéndola si simplemente se disculpaba cuando estaba equivocada, y que los métodos y enseñanzas de su madre eran contraproducentes para las relaciones interpersonales. Cada vez que se lanzaba en un nuevo emprendimiento en la vida, su madre predecía que "regresaría de rodillas". El temor al fracaso era intenso.

Nancy es una mujer con coraje emocional, apertura y honestidad, y eso la ayudó bastante durante la terapia. Yo sabía que temía pensar en ciertas cosas, y aún más hablar al respecto; no obstante, eso fue lo que hizo semana tras semana durante nuestras sesiones. Ha sido un placer conocer a Nancy y trabajar con ella. Hoy día está mucho mejor y es capaz de cuestionar sus sentimientos y creencias. Su potencial emocional es todavía mucho mayor, pero ha progresado bastante y gran parte de su ansiedad ha sido sustituida por tristeza como consecuencia de eventos reales de su vida. Me explicó con amargura cómo se había esforzado durante toda su vida por ser tan buena como los demás, para finalmente descubrir que mucha gente no estaba siquiera cerca de su nivel de conscientización. Aún con la soledad que esto a veces conlleva, Nancy está decidida a vivir con consciencia y honestidad consigo misma.

"Donna", una joven de casi treinta años, tomó cita conmigo y me contó que llevaba seis meses sufriendo de un trastorno de pánico. Afirmó que su vida había sido "perfecta" hasta ese momento (lo cual es siempre una señal de gran negación) y que se sentía nerviosa y avergonzada por el simple hecho de pedir ayuda. Le pregunté si tenía la impresión de nunca necesitar a nadie y de deber arreglárselas sola en toda circunstancia. Se mostró avergonzada y temerosa al admitirlo. Supe que estaba tratando con una persona del tipo PCV en plena crisis. No puedo describir completa ni adecuadamente lo asustada y triste que estaba Donna, pero sabía que superara la crisis, debía ayudarla primero con ciertas mejoras en el esquema de su personalidad PCV, o de lo contrario, el mismo sistema continuaría manifestándose. Durante una crisis interna como la de Donna, todo lo que en el pasado la había ayudado a sostener el equilibrio, había dejado de funcionar. Sus fortalezas internas estaban contraatacando y el antiguo *status quo* ya no podía reprimir los sentimientos dolorosos que habían permanecido ocultos por tanto tiempo.

En vez de ayudar a Donna a restaurar las delicadas defensas que había erguido en el pasado, o a regresar a esa vida "perfecta" que a fin de cuentas no lo era tanto, yo quería que pudiera utilizar esta crisis para escuchar lo que su voz interna o inconsciente le estaba diciendo : era hora de la verdad. Es mucho mejor ayudar a la persona entera que intentar restablecer el equilibrio que tenía antes, tan frágil que cualquier evento estresante puede derribarlo. Yo realmente quería ayudar a Donna. Ella estaba aterrada y pensaba que se había vuelto loca ; no me escuchó cuando le aseguré que no era así. Yo sabía que debíamos empezar por explorar aquello que había causado ese "nuevo" trastorno de pánico.

Le hice preguntas acerca de su empleo. Resultó que lo odiaba y que necesitaba buscar otro. "Por alguna extraña razón" le era imposible reescribir su currículum. Estaba claro que una parte de ella no **quería** esforzarse por poner al día el currículum y que ese conflicto le producía mucha ansiedad. Algo muy doloroso la había sacudido, pero estaba dándole la oportunidad de ser más libre y más sana, a pesar de tenerle pavor al cambio. Aborrecía su trabajo, pero no podía motivarse a buscar otro en la misma área. Esa información era importante. Era el **tipo** de empleo lo que estaba conectado con el dolor y el miedo.

Algo reprimido, sacrificado y negado, amenazaba con salir a la luz —con ser un "aguafiestas"— y la única forma de acabar con ese terror era precisamente ayudar a que emergiera y que fuera reconocido, procesado e integrado. La gente no se toma la molestia de reprimir y rechazar emociones positivas. Llevar el conflicto interno de Donna a la superficie indudablemente haría emerger la tristeza que se había negado a enfrentar, pero que también pondría fin al pánico.

La represión y la negación van de la mano con el perfeccionismo. Nada ni **nadie** es perfecto. Las mentiras que la gente se dice a sí misma pueden desplomarse cuando la vida presenta un desafío mayor. Muchas veces las personas viven sueños ajenos y no los suyos, y a veces llegan a un punto en que simplemente no pueden seguir fingiendo ser felices cuando en verdad están desoladas. Recuerde que antes expliqué que las personas PCV suelen ser muy bondadosas (demasiado amables, de hecho), y que se preocupan intensamente por los deseos y los sentimientos de los demás. Si bien la bondad es un rasgo grandioso, a menudo muchos se vuelven bondadosos porque aprenden que los únicos que importan son sus padres, no ellos. No pueden permitirse **decepcionarlos** después de todo lo que les han brindado.

Le insinué sutilmente a Donna que tal vez no le gustaba la profesión que ejercía. Contestó que "no le importaba" no amar su trabajo. ¡Yo me quedé impactada! ¿No le importaba que no le gustara una parte enorme de su vida? ¿Acaso su meta no era la felicidad sino "la indiferencia"? ¡Y esto viniendo de una mujer joven, inteligente y muy atractiva, con toda una vida por delante! Le pregunté a Donna si alguna vez había tenido algún deseo o sueño que se hubiera frustrado o que hubiera abandonado. Volvió a soltarse en llanto y asintió, explicándome que había deseado estudiar algo relacionado con las humanidades, no la carrera de ciencias de la que se había graduado. Se había sentido presionada a ignorar su vocación y aunque sobresalía en su profesión, no le gustaba. Había reprimido su propia intuición de la carrera correcta para ella, para seguir, en su lugar, la carrera escogida por sus padres. Uno no puede sacrificar su vocación y esperar que todo vaya a salir bien.

Donna continuó su relato, agregando que sus padres eran maravillosos y que les habían dado todo a ella y a su hermano; su sentimiento de culpa era intenso. No sólo ella debía ser perfecta, sino sus padres también. Le dije que incluso los padres más maravillosos y bien intencionados no tenían derecho a elegir la vocación o el camino de sus hijos, y que habían cometido un grave error; su culpa era señal de que ella no era libre de tomar sus propias decisiones. Lo único que no le habían ofrecido era libertad para vivir, y la oportunidad de ser ella misma.

Poco a poco surgió la imagen de un padre muy ansioso y una madre dominante con un temperamento explosivo, que exigía de su hija nada menos que la sumisión total, así como un comportamiento y calificaciones perfectos. Todo. La madre había conocido un comienzo difícil en la vida. Era una mujer que había obtenido logros impresionantes y estaba orgullosa de eso. Debido al éxito ganado a duras penas, sentía que sabía ganar en todos los aspectos de la vida y que definitivamente podía criar competentemente a su hija. Después de todo, ¿qué tan difícil podría ser? Con su enfoque en el éxito laboral y el pragmatismo, pasó por alto adaptarse al desarrollo psicológico de su hija o ayudarla a cultivar alegría y pasión por la vida. No sabía nada de emociones y sentimientos. La infancia de Donna comenzaba a no parecer tan idílica como la había hecho sonar al principio.

Donna había sigo castigada pocas veces de niña, pero las transgresiones en cuestión, que a mí me parecían menores y normales, eran algo que su madre le recordaba una y otra vez. Por ejemplo, aún se sentía culpable por una vez en que había intentado ver televisión en lugar de hacer sus deberes. Sus padres no solamente la habían castigado, sino que además le habían hecho sentir que los maltrataba horriblemente y desvalorizaba todo lo que trataban de hacer por ella. La gratitud inmensa que le había sido inculcada durante la infancia se volvió un arma en su contra. Parecía que sus padres esperaban que una niña pequeña pensara y se comportara como un adulto en lugar de crecer por etapas, tomando decisiones propias y experimentando la emoción de aprender a hacer cosas distintas y atribuírselas como logros personales.

De hecho, Donna era extremadamente obediente porque temía la tremenda culpa que la desobediencia le haría sentir. En realidad no tenía ningún poder de decisión, y se había visto forzada a estar agradecida y a mostrarse feliz y obediente constantemente. Había tenido que enterrar su verdadero Ser. Incluso los sentimientos le generaban culpa. Después, casi en susurros, Donna describió la carrera de sus sueños.

Me alegra poder contarle también que Donna alcanzó un alivio inmediato después de haber sacado a la luz esas dinámicas. La verdad tiene un poder de sanación increíble, ya que las dinámicas enfermizas se basan en mentiras que la gente se dice a sí misma, o en verdades que opta por ignorar. Donna comprendió que ya no podía mentirse a sí misma si quería ser feliz y estar bien. Les dijo a sus padres que iba a cambiar de carrera, que pagaría ella misma sus estudios, y que esperaba que le desearan lo mejor, pero que lo haría sea cual fuere su reacción. Sí lo hicieron, aunque pudo ver que estaban decepcionados. Eso no le molestó realmente porque, como ella misma dijo, estaba en juego toda su vida. Más adelante se enfrentó a lo que había representado su niñez, con una madre que creía saber exactamente cómo debía vivir su hija, pero que ignoraba todo o casi todo acerca del desarrollo emocional.

Finalmente llegó el momento de separar la gratitud del reconocimiento de sus carencias. Donna reconoció que en sus relaciones amorosas siempre quería complacer, aunque eso la hiciera sentir desesperadamente infeliz. Estaba tan ocupada tratando de complacer que ignoraba si realmente le importaba su pareja o no.

Nunca existe un solo problema con una persona. En nuestra cualidad de seres humanos, los conflictos y problemas que tenemos se extienden a todos los ámbitos de nuestra vida. Si bien las crisis son extremadamente dolorosas, también conllevan una oportunidad para sanar y fortalecerse en general. Es como si la crisis existiera para al fin otorgar la palabra a esa parte oculta de la mente.

Donna llegó a reconocer que tenía derecho a sus sentimientos, sus errores y su camino en la vida. Les dijo a sus padres que los amaba y valoraba su relación con ellos, pero que no dejaría que nadie viviera su vida en su lugar. Regresó a estudiar e incluso aprendió que sus deberes no tenían por qué ser perfectos, siempre y cuando volcara su mejor esfuerzo. Dejó de sentirse culpable por saber que no conservaría el empleo de aquel entonces por siempre. Pudo mirar hacia atrás y ver cómo se había sentido extremadamente culpable, simplemente por desear una vida propia. Había recibido el suficiente amor y validación por parte de su padre para atravesar rápidamente las etapas necesarias, contrariamente a la suerte de otros pacientes que no habían recibido apoyo alguno. Su madre también la quería pero tenía sus propios problemas. Me alegra mucho que haya buscado ayuda porque descubrió que, de hecho, existían más opciones que la de seguir siendo "perfecta" para sus padres, sacrificando su propia vida sin una buena razón.

Donna tenía una personalidad PCV. En el pasado se había adaptado muy bien y había escondido su propia infelicidad hasta que ya no soportó su trabajo. Ni siquiera podía concebir la idea de un empleo diferente en el mismo rubro. Eso explicaba por qué, "por alguna razón" le era imposible poner al día su currículum. Su pánico le decía que de no tomar las riendas de su vida, no sería feliz. Si esa crisis no hubiera ocurrido, Donna habría continuado como antes, tolerando las inseguridades que afectaban todos los aspectos de su vida, engañándose a sí misma, manteniéndose ocupada y evitando la reflexión.

Sí, Donna tenía un trastorno de pánico, pero de haber recibido sólo ese diagnóstico y un tratamiento enfocado en aprender a sobrellevarlo, nunca habría comprendido aquellas verdades importantes que le permitieron tomar las riendas de su vida, y tampoco nunca habría estado en condiciones de alcanzar la verdadera felicidad. En otras palabras, su pánico le salvó la vida, y en vez de limitarnos a técnicas de ajuste, nosotras escuchamos el **porqué** de dicho trastorno, y qué estaba intentando decirle. Su vida mejoró notablemente comparada a cómo había sido antes de aquel doloroso episodio.

Suele decirse que una crisis constituye una oportunidad para el crecimiento, y este es un ejemplo perfecto de lo que eso significa. También muestra por qué es crucial no examinar sólo el diagnóstico aislado, sino **quién** se oculta debajo de este. Donna habría podido ser por años una persona con un trastorno de pánico, por un motivo enterrado y olvidado.

En efecto, con muchos de mis pacientes busco la causa subyacente del pánico para ayudarlos realmente. Esta es la razón por la cual desapruebo fuertemente a quienes opinan acerca del "mejor" tratamiento para el trastorno de pánico. ¿Cómo puede existir "el mejor" tratamiento si no tenemos en cuenta a la persona que se ve afectada?

¿Ha notado que en los ejemplos que he dado hasta ahora, subrayé lo inteligentes que eran mis pacientes? Eso se debe a que quienes forman parte del grupo PCV a menudo son brillantes, reflexivos, buenos estudiantes y lectores ávidos; han desarrollado sus talentos naturales. Sería maravilloso aprender a hacerlo sin autocrítica y ansiedad. En el caso de Donna, fue sin duda un paso adelante dejar atrás la idea de deber obtener las mejores calificaciones a toda costa al retomar sus estudios, aunque por supuesto obtuvo buenas notas.

Usted también habrá notado que halago repetidamente a estos pacientes por sus rasgos excepcionales, como la empatía, la compasión, la bondad y su espíritu generoso. Por favor considere que aunque no lo conozca personalmente ni me esté refiriendo directamente a usted, estos rasgos **suyos** son igualmente reales y merecen el mismo respeto. Puedo imaginar a algunos lectores leyendo estos halagos sobre mis pacientes una y otra vez, para luego concluir que seguramente yo no tendría observaciones tan buenas que hacer acerca de **ellos** si los conociera personalmente.

Repito, si bien es cierto que no lo conozco en persona, le aseguro lo mismo : usted ya es una persona maravillosa. Es posible aceptarse a sí mismo tal cual es y tomar eso como punto de partida. Ser imperfecto nunca cambiará, pero sí **puede** cambiar el modo en que se ve a sí mismo y se acepta con imperfecciones y todo. En cada uno de estos ejemplos, mis pacientes no creían ser las personas maravillosas que yo sabía que eran. Si esto lo describe a usted también, por favor tome coraje y otórguese la misma generosidad que les ha brindado a otros.

"Kevin" era un joven sumamente inteligente y atractivo. Su dominio del lenguaje era extraordinario, y con atención minuciosa a los detalles describió la intensa ansiedad y la infelicidad que lo abrumaban. Le preocupaba mucho asegurarse de que yo conociera "todos" sus problemas, si bien era fácil observar que el mismo patrón se repetía en cada uno de ellos. Compartió conmigo un episodio muy agudo de trastorno obsesivo compulsivo (TOC) durante su niñez, por el cual no había recibido ayuda, apoyo ni atención alguna, pero que había logrado superar de todos modos. Era una persona de una fortaleza increíble. Describió relaciones tumultuosas, tenía el hábito de compararse con los demás y era extremadamente ansioso. Me quedó claro que no podía distinguir entre hacer su trabajo adecuadamente y tratar cada mínimo detalle con la misma importancia, y que se sentía permanentemente culpable. Cuando le agradaba a otros, sentía que tenían poco juicio. Sus creencias rígidas lo acorralaban.

Kevin narró una niñez con padres divorciados. Su madre nunca había vuelto a casarse y se apoyaba mucho en Kevin. Él iba y venía entre dos hogares, escuelas y estilos de vida. Su padre se casó con una mujer extremadamente enferma que a menudo le decía, siendo muy pequeño, que era feo, sucio, malo y asqueroso. Más adelante le aseguró incluso que su madre biológica lo había hecho enfermar deliberadamente para llamar la atención, que no lo amaba y que estaba loca. A pesar de todo, este niño había tenido que soportar una vida en alternancia entre ambos hogares. Kevin se sentía culpable por tratar de llevarse bien con su madrastra, mientras que su madre biológica le hacía reclamos por pasar tiempo con su padre y su pareja, como si hubiera sido decisión del niño. El padre nunca puso un alto al abuso de su esposa. Gracias a sus excelentes resultados académicos, a Kevin se le ofreció la oportunidad de estudiar y trabajar en el extranjero, pero la madrastra impidió que aceptara al no transmitirle la convocación. Honestamente, yo siempre sentía ganas de llorar al escuchar la intensa crueldad que aquel excelente joven había soportado.

En una ocasión, Kevin llegó a casa de su padre vistiendo un suéter que su madre biológica le había comprado. La madrastra hizo un gran escándalo y tachó la prenda de espantosa, exigiéndole que se la quitara. Durante la cena la conversación se centró en el "feo" suéter y el padre incluso le dijo que ya no tenía por qué volver a ponérselo. Tras aquella humillación, el mensaje estaba claro : Kevin y su madre biológica eran feos. Los objetos que Kevin traía consigo de casa de su madre le eran confiscados, aunque fueran la única conexión que tenía con su madre y le aportaran consuelo y una sensación de seguridad.

Incluso a un adulto le sería difícil soportar semejantes palabras crueles, y honestamente no sé cómo Kevin sobrevivió a ese monstruoso maltrato. Sufría de una terrible ansiedad, vergüenza y culpa ; en pocas palabras, de todos los problemas que tratamos en este libro. Aún no veía que sus tantos problemas reflejaban un núcleo herido. Kevin me confesó más tarde que sólo tras haberme preguntado si podía ayudarlo, si un cambio era posible, y al escucharme decir "por supuesto", se había permitido esperar que aquel fuera un punto de inflexión en su vida.

Debo insistir sobre el hecho de que Kevin es un joven profesional muy exitoso, competente y atractivo. Le costó muchísimo reconocer el abuso que había sufrido, pero ese obstáculo no se debía en lo absoluto a un déficit intelectual. Naturalmente le atemorizaba verse a sí mismo como un niño vulnerable y víctima del maltrato, y no cabe duda de que también temía ver a sus tres padres con objetividad. Sin embargo, la verdad y la consciencia de sí son lo requerido para sanar las heridas, y Kevin llevó a cabo esta dura labor. Había creado un sistema muy rígido con el fin de aferrarse a sus valores, porque visiblemente los adultos en su vida no eran capaces de transmitirle estos últimos. Aun así, su sistema era infantil, y al igual que ocurre con todos los niños sin importar cuán perspicaces sean, era rígido y tenía valores muy en blanco y negro. Kevin sospechaba en cierta medida cuál era su "abismo" o su temida imagen de sí mismo. Decía : "Pero **no quiero** verme como una víctima." Yo le contestaba : "**Fuiste** una víctima, pero ya no lo eres. Fue en parte así como adquiriste tus fortalezas y tus complejos."

Con el paso del tiempo, Kevin llegó a ver que su madrastra sufría una enfermedad mental muy grave y que proyectaba sobre él el odio que sentía hacia ella misma. Comenzó a entender de dónde provenían las voces crueles y críticas entre los componentes internos de su propia personalidad, y pudo integrar cada vez más su Ser. Kevin pasó de criticarse a sí mismo por cada pensamiento o sentimiento que no le parecían lo suficientemente "puros", a aceptarse con mayor facilidad. Es una persona con una increíble capacidad de clemencia, y ha logrado perdonar a su madrastra, quien ahora se encuentra bajo tratamiento médico y le ha pedido perdón repetidamente. Sus peores ansiedades, producto del perfeccionismo, compulsiones y vergüenza, hoy pertenecen al pasado y actualmente trabajamos en lo que llamamos los "detalles más finos". Está muy consciente de sus rasgos positivos y los disfruta; también puede disfrutar de las fortalezas de los demás sin por tanto sentirse deficiente. Kevin es ahora una persona mucho más integrada, con un sólido sentido de sí mismo, y continúa aportando mucho al mundo.

A "Jennifer" le avergonzaba terriblemente su familia de origen, y consideraba que su vergüenza formaba una parte integral de su Ser, a pesar de ser una joven brillante y sobresaliente. Cuando era niña, su padre, quien hasta ese entonces había sido muy atento, comenzó a beber. Más tarde empezó a drogarse, perdió su trabajo, se volvió abusivo y parecía una persona totalmente diferente. Se abocó a esas actividades con el hermano preadolescente de Jennifer, quien le siguió los pasos. La pérdida del padre que había conocido y su reemplazo por una versión violenta que sumió a la familia en la pobreza, fueron sumamente dolorosos. Si bien nada de aquello era su culpa, Jennifer tenía una imagen de sí misma muy mediocre y cargaba con una gran vergüenza. La aterrorizaba volverse como su padre y su hermano. Tenía la sensación de que la gente podía cambiar para peor muy fácilmente, y caminaba en línea recta dentro de un infierno repleto de perfeccionismo y ansiedad. Jennifer había sobrevivido creando un sistema de moralidad muy estricto que prácticamente la asfixiaba.

Hoy día Jennifer está mucho mejor, y le resta muy poca labor terapéutica que realizar. Está trabajando sobre su abismo, el último paso para todos. Las otras personas sobre quienes he escrito también han progresado mucho, y espero que sus historias le sirvan como fuente de inspiración y le otorguen fuerza para afrontar sus propios miedos. Ninguna de estas personas admirables tuvo un camino rápido y sencillo. Entendieron que el perfeccionismo extremo que las llenaba de ansiedad y les provocaba pánico era un síntoma de sentimientos ocultos implorando su atención, y estuvieron dispuestas a enfrentar esas emociones amargas. Lograron admitir que, para protegerse, se habían negado a reconocer el maltrato que habían recibido, porque de cierta manera era más sencillo echarse la culpa que ver a sus seres queridos tal y como eran. Para algunos ha sido duro reconocer la vulnerabilidad del niño que una vez fueron, pero todos han seguido adelante de manera muy positiva.

Al trabajar juntos no sólo luchamos contra el perfeccionismo, la vergüenza, la duda y la ansiedad, sino que también constatamos cómo estos síntomas se relacionan con otras emociones muy dolorosas. Una vez reconocidas estas últimas, queda tristeza, pero no ansiedad. Nunca es fácil ni placentero reconocer sentimientos dolorosos, razón por la cual los reprimimos en primer lugar. Recordar que lo peor ya pasó es de gran ayuda.

Habiendo considerado a algunos seres humanos valientes en sus batallas a lo largo de la ardua evolución hacia la adultez, examinemos ahora el proceso de desarrollo mismo.

Ninguna familia es perfecta, pero una familia sana puede facilitar ciertos peldaños de desarrollo en la vida de un niño pequeño. Desafortunadamente, ciertas estructuras familiares no sólo no facilitan estos pasos, sino que además obstaculizan su llegada. Existen muchas formas de considerar el desarrollo humano, pero abordaré sólo dos. Una se enfoca en cómo nos desenvolvemos en el mundo, y la otra en estados emocionales internos. Ambas contienen verdad y sabiduría.

Melanie Klein, una psicoanalista de renombre, planteó una teoría del desarrollo (1957b) compuesta por dos etapas principales. Si bien dos etapas no alcanzan para explicar todas las maneras en que los individuos desarrollan problemas cuando las situaciones toman un mal giro, sí cubren y explican bastante. El niño pequeño necesita sentirse en seguridad, y que sus necesidades se vean satisfechas, tanto las físicas como las afectivas y aquellas que tiene que ver con la interacción, la consistencia, la estructura, el amor y el ajuste emocional. Un infante procede a lo que llamamos una "escisión", es decir que experimenta placer y dolor, lo malo y lo bueno, pero sin puntos intermedios. Incluso la mejor madre del mundo puede tardar minutos antes de responder al llanto de su bebé, causándole así frustración. En ese momento el infante la percibe como "malvada".

Donald W. Winnicott (1953), un psicoanalista británico, agregó una nueva dimensión a la teoría de Klein. Acuñó el término "madre lo suficientemente buena", o sea, una madre lo bastante dedicada como para hacer posible la siguiente etapa de desarrollo. Este tipo de madre (o padre, o cualquier otro tutor) no puede ser perfecta, pero permite que su hijo experimente más de lo bueno que de lo malo. De ese modo, el infante entiende que la misma persona maravillosa que satisface sus necesidades es también la "mala" que lo frustra y que a veces llega tarde. Esta constatación anuncia una nueva etapa de desarrollo durante la cual el infante entiende que sus seres queridos no son perfectos, que a veces pueden decepcionarlo y que él mismo es imperfecto, pero "bastante bueno". En otras palabras, atender las necesidades físicas y emocionales del niño le permite apreciar que su protector es mucho más bueno que malo, lo que lleva a que él mismo se sienta así.

Conforme el infante va creciendo y comienza a participar en la vida, esto se extiende hacia el mundo y hacia otras personas, de modo que percibe el entorno como más bueno que malo. Todo esto es primitivo, pero en los problemas de los adultos vemos que pocos alcanzan la segunda etapa o la atraviesan con éxito hasta el final. Por supuesto, la otra alternativa es verse a sí mismo, a la madre y al mundo como más malos que buenos. Este resultado es muy lamentable y sin duda conducirá a la depresión, la ansiedad y demás sentimientos dolorosos. También llevará a la escisión y al pensamiento en blanco y negro, y explica muchos de los problemas centrales abordados en este libro.

Esta segunda etapa marca el inicio de la culpa y la preocupación : culpa por estar enfadado con un ser querido, y preocupación ante la posibilidad de que esos pensamientos coléricos puedan realmente lastimar a la madre. Para llegar a esta segunda etapa, o intentar atravesarla hasta su fin y formar una personalidad integrada, las necesidades del infante necesitan ser cubiertas "lo suficientemente bien". Un enfoque consistente, cálido, enriquecedor y receptivo es todo lo que se necesita.

Desafortunadamente, vemos en niños mayores y en muchos adultos que no se dio lugar a que esto sucediera.

Sin esta constante de empatía, aquellas partes frustradas y enojadas del Ser pueden escindirse, separándose del resto, pasando a representar una entidad aterradora; un monstruo interno, reprimido a toda costa. Aquí podemos apreciar a qué grado son profundas las raíces del abismo que cada cual lleva dentro, y por qué es tan difícil, incluso para personas brillantes e inteligentes, acceder a las causas subyacentes de sus comportamientos, pensamientos y emociones.

Es importante entender que el perfeccionismo y la idealización extrema son de naturaleza defensiva; protegen emociones tan frágiles que incluso lo mínimamente negativo representa una amenaza. Quienes están apegados sólidamente a sus padres son capaces de mencionar cándidamente lo que les desagrada de ellos y viceversa, lo que en ocasiones da pie al humor y a las bromas familiares. Por ejemplo, alguien puede ser objeto de burlas inocentes por preocuparse demasiado, ser incapaz de mantener un secreto o no entender ciertos asuntos.

Sin embargo, para los individuos con rasgos PCV, hacer esto es sumamente difícil. Necesitan desesperadamente ver a todos (tanto a ellos mismos como a los demás) como absolutamente buenos o malos. Por eso idealizan o colocan sobre un pedestal a los padres y tutores influyentes. Encuentran excusas incluso para justificar menores defectos humanos : "Sí, es verdad que tuve que cuidar de mí mismo a los cinco años, y de mi hermano pequeño también, pero mi madre tenía que trabajar." Esta necesidad de idealizar y fingir que alguien es perfecto se remite a la etapa de la escisión.

Recuerde la necesidad de percibir a la madre, el entorno y la vida en general como mayormente buenos en lugar de malos, para sentar las bases de una buena salud mental. Esto confiere la valentía para reconocer las imperfecciones y las decepciones. Cuando alguien no logra hacer esto, su incapacidad a la hora de integrar la visión de sí mismo y de los demás es un indicio de que alberga mucho miedo y dolor. Uno teme enormemente perder la falsa imagen interiorizada cuyo peso en su vida es tan grande como un mito, pero que es la fuente de una ansiedad abrumadora.

Para muchos perfeccionistas la desilusión es devastadora. Este pensamiento en blanco y negro, según el cual uno es absolutamente bueno o completamente malo, se origina en la infancia. Los individuos estancados en esta fase, quienes no pudieron progresar hacia la segunda en que la integración es posible, se topan con desilusión por esta misma razón.

En un camino evolutivo normal, la aceptación y la integración surgen naturalmente después de una decepción. Los modos rígidos de pensamiento en blanco y negro frenan este tipo de crecimiento emocional. Como hemos reconocido anteriormente, las personalidades del tipo PCV son éticas; su necesidad de proteger a los demás refuerza esa estricta escisión de la realidad circundante. Conforme van creciendo su temor al abismo también aumenta. Debido a ello, las defensas que han erigido para protegerse de reconocer su abismo —los rayos de la rueda— se cimientan más y más. Trabajar sobre los rayos de la rueda posibilita sanar el buje central, permitiéndonos ver que ya no se justifica el temor al abismo; comienza a debilitarse el poder que ejerce sobre nosotros.

Mientras que algunas de estas personas están atoradas en la primera etapa, y otras han pasado a la segunda sin haberla culminado, observamos aquí la tendencia hacia el perfeccionismo. No existen áreas moralmente neutras; sólo existe lo bueno y lo malo. Ser imperfecto equivale a ser malo. Lamentablemente, también significa que nunca sintieron que su entorno fuese más bueno que malo, y que no fueron capaces de reconocer las imperfecciones en ellos mismos y en los demás. Estos niños se convierten en adultos para quienes la desilusión, una parte normal y necesaria del desarrollo en la vida, debe ser evitada a toda costa, aun si para ello deben sacrificar a un Ser auténtico y en paz.

He aquí aquello que denomino "el abismo": la falsa creencia de que si uno no es perfecto ni se sale nunca de la raya, entonces es una persona muy, muy mala. Estos niños nunca aprenden a navegar por aguas moralmente neutras.

Una paciente que mencioné con anterioridad se castigaba severamente a sí misma si no limpiaba su departamento, donde vivía sola. A pesar de ser excepcionalmente inteligente, le era imposible concebir las áreas moralmente neutras, y no limpiar su departamento entraba dentro de casi la misma categoría que el asesinato. El pensamiento en blanco y negro y el miedo al abismo despojan la vida de sus magníficos matices grises. La gente patalea para no hundirse, sin darse cuenta de que puede hacer pie y descansar. El dolor es muy real.

Observamos este pensamiento en blanco y negro en el fanatismo : mi religión está siempre en lo correcto y la tuya debe estar completamente equivocada. No se da cabida a la sabiduría de otras tradiciones. No es posible negociar el estilo de vida. Este tipo de pensamiento afecta toda clase de situaciones, incluyendo algunas importantes como nuestras relaciones con los demás, que suman ellos mismos sus propios problemas.

¿Recuerda a mi querida amiga contra quien cometí la grave falta de llegar tarde para al almuerzo? Consideremos su extrema reacción a mi impuntualidad dentro del contexto de lo que aprendimos de Melanie Klein.

En el sistema rígido de mi amiga no cabía mi impuntualidad. La rigidez es un componente importante de la escisión o necesidad de separar claramente las cualidades buenas de las malas. Yo había entrado en la categoría de "lo absolutamente malo" por haber llegado tarde una sola vez. Ella no contaba con las herramientas necesarias para continuar viéndome como una buena persona después de aquella oportunidad. Lo entendí, e incluso sentí compasión por ella, pero no tenía la intención de dejarme encerrar dentro de su rígido sistema. En verdad, si me hubiera perdonado —y el perdón pertenece a la segunda etapa, junto con la aceptación de la desilusión provocada por un ser querido— mi amiga habría deducido que **ella** tampoco era una buena persona. Eso le habría generado demasiado estrés.

En este tipo de sistemas rígidos, las áreas grises deben evitarse a cualquier precio. Por eso a veces vemos cómo algunas personas brillantes, pero con temor al abismo, súbitamente se vuelven muy específicas y literales, muy por debajo del nivel de inteligencia del que sabemos son capaces. Recuerde las sabias palabras de mi maravilloso analista : el intelecto desempeña un pequeño papel en lo que sentimos y hacemos. Suelo aconsejar a mis pacientes que tomen nota cuando experimentan esta caída en su inteligencia ; significa que alguna estructura emocional está interfiriendo con su capacidad de reflexión.

Sin embargo, quiero subrayar que muchas personas que considero extremadamente perfeccionistas pueden ser muy indulgentes con los demás. Deben aprender a perdonarse también a sí mismas. Cuando un padre es estricto, rígido y rencoroso, el hijo tiene pocas oportunidades de aprender el perdón por su cuenta. Pero el adulto sí puede hacerlo. Sólo se necesita coraje para enfrentar las emociones ocultas que generan la angustia.

Volviendo a las etapas propuestas por Klein (1975a), la última parte de la segunda etapa concierne la enmienda. Esto implica reparar la situación, perdonarse a uno mismo y a los demás. Tal y como lo señalé antes, mi antigua amiga no llegó tan lejos, al contrario de la mayoría de mis pacientes, incluso cuando aún conservan un pensamiento en blanco y negro. Muchas personas completan parcialmente la primera etapa, y luego partes de la segunda, lo que las deja atrapadas en algún punto intermedio. Desafortunadamente es frecuente escuchar a niños disculparse por transgresiones infantiles, tras lo cual los padres contestan : "No te disculpes; eso no cambiará nada." Esto le indica al niño que sólo la perfección es aceptable, y no existe expiación posible. El adulto incorpora esta lección e interpreta cualquier imperfección propia como señal de algo casi maligno.

En las sesiones de terapia trabajo en conjunto con cada uno de mis pacientes para remendar esta escisión, el pensamiento en blanco y negro, y para enseñarles que **sí** es posible hacer enmiendas por esos pequeños e inadvertidos errores que todos cometemos. Por supuesto, el nivel de gravedad es importante en cada situación, pero muchos individuos con pensamiento rígido y perfeccionista tienen dificultad con las cuestiones de grado, debido a que sienten que cualquier transgresión es imperdonable. Todos estamos de acuerdo con que existen cosas inaceptables y otras deseables. Sin embargo, tenemos diferentes límites de tolerancia.

En ocasiones esto resulta difícil para los perfeccionistas. Imaginan que el "pecado" de ser una persona nerviosa va a la par de actuar de modo indiferente o dañino con pleno conocimiento de causa. Temen que si no lo toleran todo, la única otra opción es no tolerar nada. Esto también es representativo de la escisión y del pensamiento en blanco y negro.

Si bien comprendo el dolor subyacente al deseo de simplificar la vida y de tener reglas claras y sencillas, un adulto no puede vivir una vida normal y sana sin sumergirse en esas áreas grises y navegar a través de estas. Como si eso no fuera ya lo suficientemente complicado, nuestras áreas grises personales cambian a lo largo de la vida a medida que crecemos y vivimos distintas experiencias, por lo que es necesario hacer ajustes. Esto no significa que antes nos hayamos equivocado, sino que las fórmulas de antes se han quedado obsoletas.

Recuerde que estas rígidas reglas en blanco y negro fueron creadas por un infante que necesitaba paz, tranquilidad y cierta estructura y estabilidad; pero lo que funciona a los siete años ya no es realmente útil para un adulto.

Una vez tuve un paciente llamado "Joe", con un rígido perfeccionismo, que deseaba cambiar de carrera. Eso implicaba tomar más cursos de matemáticas de los que ya había seguido en la universidad. Estaba muy molesto y expresó cuánto odiaba cursar una materia en la que no pudiera obtener una A, la mejor calificación posible. Resultó ser lo mejor para él, ya que se asesoró con un tutor y obtuvo buenas notas (Bs y Cs) en matemáticas, sobresalió en su elección de carrera y es brillante en su profesión. Joe se quitó el peso que cargaba sobre los hombros, desarrollando amor propio y humildad.

Usted debería saber cuáles son sus talentos, cuáles no lo son y el lugar que ocupa en el medio. El miedo paraliza a muchos. Realmente, ¿cuál sería el propósito de los difíciles caminos que atravesamos en la vida si ya fuéramos perfectos y lo supiéramos todo? No se me ocurre una sola razón que explique nuestra presencia en este mundo si ya hubiéramos llegado a la cima.

Las personas con dinámicas PCV escinden, niegan y esconden partes de su Ser. Apenas hemos aludido al precio que pagan por ello, o al grado en que afecta prácticamente cada aspecto de su vida. A pesar de ser inteligentes, quienes sufren de estos problemas están desconectados de su intuición. Desaprovechan las dificultades normales y las áreas grises de la vida, y son incapaces de explorar ideas con calma, sin la ansiedad que nada tiene que ver con la situación en cuestión, y ni que hablar de su miedo omnipresente ante las imperfecciones menores.

Las dinámicas PCV tienen su razón de ser : protegen al individuo del abismo. Sin embargo, como le animo a ver en este libro, **no** protegen del **miedo** al abismo. La terrible ansiedad que genera ese temor se halla en la raíz de cada uno de los rayos de la rueda, cada una de las dinámicas PCV. Si uno no es perfecto, es posible que invierta cada momento en compensar esta tendencia "criminal" hacia la imperfección. El monstruo imaginario exige que se mantengan escrupulosamente estas salvaguardias. Mientras tanto, no queda espacio para respirar.

Existe una gran variedad de creencias falsas : si no soy un adicto al trabajo, entonces quizás termine por dejar mi empleo y por levantarme tarde todos los días, porque soy perezoso. Si digo una mentira piadosa para no herir susceptibilidades, entonces soy un mentiroso que no puede hacerse responsable por sus acciones. Si voy a una fiesta y tomo una copa, me convertiré en un alcohólico empedernido. Si admito que no me agrada alguien, aunque más no sea en mi fuero interno, soy una persona atroz llena de rabia. Si alguna vez me enojo, sin importar la razón, seré una persona espantosa. Ninguno de estos mitos permite que el individuo sea una persona total y completa, y mucho menos auténtica. Estos ejemplos no dan cabida a la expresión : "Todo con moderación, incluyendo la moderación."

Una de las personas más dulces que conozco cree ser violenta, aun cuando eso no pueda estar más alejado de la verdad, porque su madre le dijo que lo era si sentía resentimiento ante cualquier cosa. He ahí el miedo al abismo, que debe ser afrontado y no únicamente manejado y controlado. Desde mi punto de vista, el proceso de recuperación y sanación es lo más importante, en lugar de aprender más maneras de sobrellevar una cantidad de dolor de por sí insoportable.

Si sabemos dónde buscar, podemos encontrar ejemplos del abismo en todos los ámbitos de la vida. A veces, escuchar historias ajenas y analizar las experiencias y sentimientos de los demás es más fácil que examinar las propias. Considerar el dolor de otras personas le puede ayudar a reflexionar acerca de su propia vida con más soltura, y a acostumbrarse a una nueva forma de pensar y de verse a sí mismo. Muchos escritores y artistas comprenden intuitivamente este miedo tan frecuente en la naturaleza humana, y podemos leer novelas o ver películas en donde esta sabiduría se comparte con el público.

En la novela de Peter Høeg, **Smilla's Sense of Snow** (1993)[^01 478], Smilla, el personaje principal, intenta a lo largo del libro convencer al lector —y tal vez a ella misma— de que es una persona dura, insensible, invulnerable, completamente carente de corazón y preocupada únicamente por ella misma. La Smilla que llegamos a conocer es todo lo opuesto : está llena de amor, compasión y deseo por ayudar a los demás, aunque su miedo a ser lastimada hace que construya muros a su alrededor para mantener a todos alejados. Para Smilla, es más fácil lidiar con el hecho de ser rechazada porque **ella** ha planeado dicho rechazo de antemano. Esto le brinda una sensación ilusoria de poder y control, y le permite creer que es mejor y más fuerte que los demás, y que no necesita a nadie.

La verdad es que Smilla tiene sed de intimidad humana y desea más que nada ser comprendida por otro ser humano. Pero teme tanto que la conozcan, que la juzguen o rechacen, y se preocupa tanto por proteger a ese monstruo imaginario en su interior, que mantiene a los demás a distancia con esa falsa personalidad.

El psicoanalista Erik Erikson (1950) propuso ocho etapas psicosociales que la gente debe atravesar desde el nacimiento hasta la vejez. Completar con éxito cada una de estas etapas garantiza una buena adaptación. Son etapas psico-**sociales** y describen muy bien cómo la gente se relaciona entre sí y con el mundo. Por eso son muy útiles. No reemplazan la riqueza de las etapas de Melanie Klein, ni sus descripciones sobre el funcionamiento interno de nuestra mente, sino que las complementan con otra perspectiva extremadamente útil. Ambas teorías tienen puntos fuertes y débiles, y no otorgo más importancia a una que a la otra. El uso de dos sistemas diferentes nos ayuda a explicar y a examinar la condición humana de una manera más rica y compleja.

Comenzaré enumerando esas etapas y sus franjas de edad correspondientes. Cuando usted analice los tipos de disfunciones familiares, así como sus problemas personales, las etapas le ayudarán a determinar cuándo se agudizaron los problemas y por qué. No estoy sugiriendo que todos tengamos pasados marcados por el abuso, ni es mi objetivo asignar culpas, pero es importante tener un marco de referencia para examinar cuándo surgió la ansiedad. Nuestra **experiencia** del entorno propio, nuestra constitución y nuestra interpretación subjetiva de los eventos, crean el resultado final. No obstante, la mayoría de la gente ha atravesado momentos de verdadera infelicidad. A veces no es uno de los padres, sino un padrastro, una novia o un novio con quien uno pudo haber sufrido más. Otras veces existe alguna otra influencia externa. Usted debe determinar lo que corresponde en su caso.

Las ocho etapas de Erikson son las siguientes :

1 *Confianza básica vs. desconfianza* — del nacimiento al año y medio

2 *Autonomía vs. vergüenza y duda* — del primer al tercer año

3 *Iniciativa vs. culpa* — de los 3 a los 6 años

4 *Laboriosidad vs. inferioridad* — de los 6 a los 12 años

5 *Búsqueda de identidad vs. confusión de identidad* — de los 12 a los 20 años

6 *Intimidad vs. aislamiento* — joven adulto

7 *Generatividad vs. estancamiento* — adulto de mediana edad

8 *Integridad vs. desesperación* — adulto de tercera edad, hasta la muerte

Como hemos visto, desde la perspectiva de Melanie Klein y su definición de la escisión, el infante necesita un entorno tranquilo y predecible. Erikson estaría de acuerdo, aunque con su primera etapa subraya el desarrollo de la confianza básica en lugar de la integración. Es fácil observar si el cuidado materno del infante generó confianza o no, si el niño aprende por experiencia que sus necesidades serán satisfechas y que puede confiar en que continuarán siéndolo; en otras palabras, que el entorno es bueno y seguro.

Todos hemos oído hablar de "los terribles dos años". Es normal que durante la edad comprendida entre 1 y 3 años el niño entable una lucha de poder con su madre. Es necesario que esto se produzca para un desarrollo normal y sano, aunque implique momentos difíciles para las madres, y más aún para aquellas que no recibieron una buena crianza propia. Esta es una etapa importante porque, al oponerse a la madre, el niño se demuestra a sí mismo que es una persona distinta e independiente de la madre. Esto debe ser manejado de tal manera que el infante aprenda que es autónomo y que puede desenvolverse solo en ciertas situaciones. A menudo vemos a buenas madres alabar a sus hijos por logros concordes a su edad. Si la familia es disfuncional, o si la madre no soporta que su niño no la necesite para todo, el infante dudará de su capacidad para ser él mismo o alcanzar la autonomía. El niño que no recibe un trato adecuado o que es humillado, aprenderá a sentir vergüenza por extender su campo de acción o embarcarse en nuevos emprendimientos.

Recuerdo haber leído en la escuela terciaria sobre los diferentes estilos de crianza, desde el normal hasta el abusivo. Para describir el tipo abusivo, se citaba el ejemplo de una madre que se enojaba cuando su hijo trataba de hacer algo por sí solo. Cuando el niño entonces le pedía ayuda, ella se burlaba y decía : "Pensé que **podías** hacerlo solo, pero no es cierto, ¿verdad?" Esa madre sentía una gran humillación ante el hecho de que su hijo creciera y se desarrollara, por lo que reaccionaba de manera tal que era imposible no generar dolor y sufrimiento en el niño.

Como lo mencioné anteriormente, esta etapa es muy importante para aquellos con dinámicas PCV y extremos de perfeccionismo. La autonomía y la vergüenza constituyen para ellos sentimientos muy intensos y dolorosos. Tienen pavor a recibir instrucciones. Por lo general albergan hostilidad hacia las figuras de autoridad, por temor a ceder, y pueden fingir algunas veces obedecer a su jefe, maestro o cónyuge, mientras sabotean silenciosamente lo que se les pide. Lo que motiva este comportamiento no es el deseo de ser malvados, sino el yo autónomo que se siente muy frágil y fácilmente amenazado.

"Ellen" sufría de una ansiedad aguda y del miedo a estar equivocada o ser imperfecta, problemas que en el caso de su madre eran aún más extremos. Incluso frente a una hija ya adulta, su madre no modificó su comportamiento inapropiado. Hería y mortificaba a su hija adulta argumentando que ella era como era, que no cambiaría, y que como la había traído al mundo, tenía el derecho de tratarla como quisiera. Hizo sufrir muchísimo a Ellen. Como era de esperar, Ellen, al igual que tantos otros que comparten estos problemas, le tenía horror a necesitar a alguien o a ser dependiente. El temor de buscar algo nuevo y el miedo a la dependencia —ya fuera la suya o la de alguien más— la aislaron terriblemente.

Al nacimiento y durante nuestra primera infancia, somos dependientes de quienes nos cuidan, lo cual es normal y apropiado. Pero conforme vamos creciendo, pasamos a una etapa en la que necesitamos aprender a ser independientes y a desenvolvernos por cuenta propia. Una vez que hemos disfrutado la independencia por un tiempo, y si decidimos establecer una relación adulta sana, entonces nos volvemos **inter**-dependientes, es decir que aceptamos hasta cierto punto ser dependientes de nuestra pareja, y viceversa. Ese es el curso normal y sano de las relaciones adultas.

Al iniciar una relación, ciertos individuos con dinámicas PCV buscan mantener una independencia absoluta y niegan depender de su pareja en cualquier situación; otros se vuelven totalmente dependientes y, en el proceso, pierden su sentido de individualidad y autonomía. Todas las relaciones requieren un equilibrio. A eso me refiero al hablar de interdependencia.

Cuando un niño recibe mensajes contradictorios con respecto a la dependencia, de adulto también se sentirá confundido sobre el tema. Lo mejor es no apegarse a ninguno de los dos extremos; no ser totalmente independiente ni totalmente dependiente, sino hallar la justa medida. Necesitar de los demás en nuestra vida no tiene nada de vergonzoso; significa que somos humanos. Todos necesitamos que nuestros seres queridos nos ayuden, así como también podemos brindarles ayuda.

Eso es normal, reconfortante y contribuye a que la vida sea tolerable. Abordaremos estos problemas más adelante en el capítulo acerca de las relaciones.

La vergüenza también representa un gran problema para quienes padecen de perfeccionismo ansioso. Algunos padres humillan a sus hijos al enseñarles a ir al sanitario, haciéndolos sentir avergonzados y sucios de por vida. Si las necesidades básicas no son satisfechas, la vergüenza surge por muchas razones.

"Darlene" me contó que una vez, cuando era pequeña, su madre había servido una cena deliciosa. Darlene sonreía mientras comía, disfrutando aquel manjar. Su madre ridiculizó su "gula" en frente de demás miembros de la familia y Darlene nunca más volvió a permitirse disfrutar algo a tal grado. Temía mostrar que disfrutaba de **cualquier cosa**. Por supuesto, la comida pasó a desempeñar un papel importante dentro de esta dinámica y aprendió a privarse a sí misma.

La madre de "Sammie" era esquizofrénica y su casa era un desastre. Sammie cuidó esencialmente de sí misma y de su hermano menor desde muy temprano, pero era demasiado pequeña como para limpiar toda la casa o cambiar su entorno de modo significativo. A veces comían pan con ketchup porque no había nada más. Sammie reía con un dejo de autocrítica y culpa cuando me contó lo que solían comer. Conforme fue creciendo, la suciedad de la casa y el comportamiento de su madre la avergonzaban al grado de no poder invitar a amigos a su casa.

Ahora que Sammie es adulta, su casa está impecable y siempre bien provista. De hecho está **tan** ordenada y **tan** limpia que sus amigos siempre se asombran. Es así cómo contrarresta su vergüenza. En relación con sus hijos, le atribuye una tremenda importancia a nunca permitir que se sientan avergonzados. Si bien es un objetivo noble, es su propia vergüenza lo que la lleva a hacer tanto hincapié en esta cuestión. Cuando reacciona de forma "inapropiada" se siente terriblemente apenada; su vergüenza permanece constantemente justo por debajo de la superficie, a pesar de que es una persona maravillosa.

Muchos pacientes me han confesado la gran vergüenza que experimentaron por haber cometido algún pequeño error. Una de mis pacientes siente que debe limpiar su vivienda en profundidad antes de que lleguen invitados, porque teme recordar cómo su madre la tachaba de cochina cuando su cuarto estaba desordenado. Su madre le enseñó a no ceder ante nadie, no escuchar a nadie y nunca estar equivocada, pero sí a hacer una limpieza profunda antes de que alguien fuera a visitarla. Necesitó mucho coraje, tiempo y esfuerzos para pasar por el tamiz todas las ideas falsas que su madre le había inculcado.

Durante la etapa de *iniciativa vs. culpa*, que tiene lugar entre los 3 y 6 años de edad, el entorno de un niño debería fomentar su reflexión y sus ideas. Este aprende a confiar en su propio juicio al dirigirse hacia lo que le parece bueno, emprender nuevas actividades y tomárselo con calma si falla en algo que resulta ser demasiado difícil. Aprende a confiar en sus pensamientos, sabiéndolos importantes, y se convierte en un niño feliz y activo.

Cuando las ideas y preguntas de un infante son objeto de burla o de indiferencia, el resultado es un niño con fantasías inhibidas y un vago sentimiento de culpa relacionado con ser feliz, despreocupado o imaginativo. Entonces no es de sorprender que muchos individuos con una personalidad PCV digan que no fantasean. No es de extrañar que no sepan qué quieren hacer de su vida, porque sin la fantasía, ¿cómo podemos experimentar con cosas diferentes? ¿Cómo imaginar lo que nos harían sentir diferentes experiencias?

Me resulta muy triste escuchar a gran cantidad de mis pacientes decir que no tienen idea de si les gustaría algo mientras tanto no lo hayan intentado. Siempre los animo a que tomen en cuenta lo que ya les gusta y disgusta para determinarlo, y se sorprenden y deleitan de ya saberlo y de disponer de esta información. Un poco más tarde caen en la cuenta de que no habían perdido esa habilidad que les correspondía por derecho desde su nacimiento. Erikson diría que se sienten culpables por fantasear, una facultad vital para la vida.

En la etapa de *laboriosidad vs. inferioridad*, que transcurre de los 6 a los 12 años de edad, la familia sana y solidaria alienta al niño a sentirse orgulloso y a tener una alta autoestima respecto de sus logros en la escuela, en los deportes y en sus interacciones interpersonales. Un niño que logre un buen dominio de las otras etapas tendrá una buena relación con sus pares, mientras que uno que no lo haya hecho se sentirá como un extraño y preferirá aislarse o buscar la compañía de otros niños apartados.

En esta etapa, los niños están muy conscientes de sentirse fracasados o exitosos, y en el peor de los casos se mostrarán indiferentes ante las actividades sociales y didácticas. Las personas excepcionales con las que he tratado son admirables por el hecho de que, a pesar de sus familias altamente disfuncionales, y habiendo sido a menudo víctimas de la crueldad, se hayan dado cuenta de que podían y debían aprender, y hayan encontrado el tan necesitado apoyo de maestros y compañeros. Generalmente son muy exitosos y nadie sospecharía de la terrible ansiedad, las dudas y la sensación de ser impostores con las que viven.

Si bien las primeras cuatro etapas de Erikson son las más relevantes para quienes sufren de un doloroso perfeccionismo y de miedo al abismo, brevemente describiré las restantes. Dado que cada etapa se fundamenta en la anterior, esto subraya todo lo que nos perdemos cuando no confrontamos los problemas.

En la etapa de *búsqueda de identidad vs. confusión de identidad*, que transcurre desde la adolescencia hasta la temprana adultez, el individuo se forja una identidad adulta a partir de sus experiencias, al hallar placer en aprender cosas nuevas, probándolas y determinando si le son apropiadas o no. Cuando la familia no ha brindado apoyo durante las etapas anteriores, aquellos con los problemas descritos en este libro se mantendrán alejados de nuevos pensamientos que desafíen sus rígidas ideas. Quienes tengan otro tipo de problemas se librarán a excesos dañinos. Una persona con miedo al abismo sentirá su identidad tan frágil que a menudo temerá las ideas que entran en conflicto con las creencias a las que se aferra, porque necesita que el mundo conserve su carácter rígido y simple, en blanco y negro.

En la etapa *intimidad vs. aislamiento*, el joven adulto debería ser capaz de establecer relaciones cercanas, amistades íntimas y amor de pareja. Muchas personas que sufren de las dinámicas PCV pueden obtener todo eso, pero llevan su perfeccionismo a sus relaciones amistosas y amorosas. Impulsados por su necesidad de ser validados y de merecer amor una y otra vez, intentan demostrar a los demás cuán perfectos son. Pero el problema es que les cuesta recibir de los demás. En su necesidad de validación y su sufrimiento ansioso, pueden olvidar que los demás también ansían sentirse necesitados y útiles.

Quienes son así se complacen en ser necesitados, y a veces buscan a personas disfuncionales frente a quienes poder sentirse los más fuertes e indispensables. En su esfuerzo por crear un entorno seguro y predecible, tienen dificultades a la hora de necesitar, depender de alguien y dejar de controlar. A menudo resultan muy lastimados cuando otros no sólo no aprecian, sino que además resienten sus esfuerzos, debido a que estos no permiten que la otra persona tenga la oportunidad de desarrollarse.

La etapa de *generatividad vs. estancamiento* pertenece a los adultos de mediana edad y se relaciona con el deseo y la habilidad de educar a la siguiente generación. Tal vez se impliquen más en la vida de sus hijos o nietos; o ayuden a otras personas o incluso a los animales. También puede expresarse mediante otras formas de creatividad o productividad.

La etapa de *integridad vs. desesperación* pertenece a los adultos más llegados en edad que se enfrentan a la muerte. Si uno siente que la vida ha sido satisfactoria, entonces no le es problemático enfrentar la muerte. Pero cuando uno cree que se ha perdido de mucho, entonces teme morir. En esta etapa, es primordial tener la sensación de que la vida ha valido la pena.

Si bien las primeras cuatro etapas son las más relevantes para las personas con rasgos o dinámicas PCV, las dos últimas también merecen reflexión. Podemos apreciar que cuanto más avanzada sea la etapa, más importantes serán los pensamientos, las ideas y las emociones. Conforme envejecemos, consideramos lo que hemos aprendido y extendemos una mano a los demás para ayudarlos. Nos embarcamos menos en **acciones** directas, al mismo tiempo que reflexionamos y asimilamos más, lo cual conduce a la sabiduría.

Hemos examinado los grandes problemas de desarrollo dentro de los marcos teóricos de Klein y de Erikson. Dichas teorías describen lo que cada individuo necesita para desarrollarse y convertirse en un adulto sano. En el siguiente capítulo, abordaremos distintos tipos de disfunciones. Como puede ver, no estoy enseñando aquí a sobrellevar o simplemente manejar los síntomas, sino que lo estoy invitando a buscar debajo de la superficie y a observar a esa persona única, compleja y emocionalmente rica que es usted.

Chapitre 6

Control y predictibilidad

Las personas con dinámicas PCV suelen decir que les gusta planear todo a fin de que la vida sea predecible y esté bajo su control. A veces se les llama "fanáticos del control" porque su afán por dirigir genera roces con los demás. Dicha necesidad de controlar no esconde malas intenciones, sino que simplemente refleja el miedo a lo desconocido. Lo desconocido representa temores específicos para diferentes personas, ya que cada quien posee

su propio abismo, que le es único. Muchos de mis pacientes han dicho en broma, pero con lágrimas en los ojos, que quisieran que sus vidas fueran completamente predecibles, aun a sabiendas de que se perderían de mucho si ese deseo se cumpliera.

¿Por qué le agrada a usted el control y la predictibilidad? Una razón obvia es que, en cierta época, **no** sintió tener control en absoluto. Tengo pacientes que de pequeños vivieron sumergidos en un caos total, y que con ahínco buscaron mantener el control y el orden de algo que, a menudo y por necesidad, era producto de su propia mente. En ocasiones se trataba de un ritual, y en otras de poseer un juguete o adueñarse de un juego, o de alguna otra regla rígida que les permitiera tener la certeza de dominar algo. Con el fin de no sentirse constantemente frustrados, ciertos individuos sobrevivieron a su niñez convenciéndose a sí mismos de que no deseaban absolutamente nada.

La madre de "Elaine" padecía de un trastorno límite de la personalidad. Abusó de Elaine y de su hermano menor mientras que su padre hacía la vista gorda. Cuando su madre explotaba de ira, se deshacía de los juguetes de los niños, y a ellos les era imposible predecir cuándo se produciría el siguiente ataque de rabia. Recibían nuevos juguetes para sus cumpleaños y para Navidad, pero temían apegarse a lo que fuera. Dado que la madre de Elaine también solía arrancar los afiches de sus habitaciones cuando se enojaba, tampoco podían aferrarse a su propio espacio.

Ahora, la incapacidad de apegarse a los demás le confería a Elaine una sensación de control. A pesar de lo injusto que pueda ser, después de todas sus pérdidas y del desamparo que sufrió como víctima, tuvo que enfrentar una vez más las posibles pérdidas y desilusiones para permitirse amar a alguien. Elaine creía que si entraba en una relación y amaba a alguien, quedaría devastada de llegar a separarse, pero que lo manejaría tan bien como cualquiera. El simple hecho de que Elaine hubiera llegado hasta ese punto en la vida era prueba de la fortaleza que había adquirido.

El único problema era que tenía miedo de necesitar o amar. Cuando comenzaba a salir con alguien, intentaba demostrarle al hombre en cuestión lo "perfecta" que era, todo lo optimista y deseable que podía ser. Sólo se comprometía en una relación cuando sentía que había logrado controlar la imagen que su pretendiente tenía de ella, pero luego no tardaba en revelar su "negatividad". Eso le generaba temor de que su novio la dejara (al fin y al cabo, ni su "perfección" ni su "negatividad" eran auténticas), lo que la volvía extremadamente ansiosa. Notaba el cambio como si estuviese observándose a distancia, mientras se volvía emocionalmente insensible.

El siguiente paso era siempre el mismo : su pareja se quejaba de la actitud indiferente de Elaine y de su deseo de controlar. El dolor de la infancia le había ocasionado tales heridas que aun cuando comprendía que tenía miedo y que su insensibilidad era un mecanismo de defensa, ese patrón dictaba una y otra vez el rumbo de sus relaciones.

La infancia de Elaine había estado llena de temor, ansiedad y humillación implacables. De niña había sentido que su único recurso era intentar evitar los golpes relacionados no con su propio comportamiento, sino con el estado de ánimo de su madre. No ejercía control alguno sobre lo que ocurría en casa. De hecho, se convenció a sí misma de que su propio comportamiento no afectaba en lo más mínimo su mundo. En la terapia, su necesidad de control le dificultaba la tarea de asimilar su experiencia; sin embargo, necesitaba hacerlo si deseaba progresar emocionalmente. Como si aquello fuese sencillo, su madre aún vivía y continuaba tratándola terriblemente mal durante sus conversaciones semanales.

Elaine necesitó armarse de toda su confianza y su coraje para repasar y digerir su vida. Poco a poco relató su historia y se dejó revivir la terrible infancia que había atravesado. Recordó haberse apegado a ciertos objetos que luego le fueron arrebatados. Eso le ayudó a ver que su capacidad de apego había sido muy normal en una época, pero que había disminuido cada vez que se encontraba bajo ataque. Aunque para Elaine fue un proceso lento, alcanzó a recordar los buenos momentos que había pasado con su padre, su emoción al recibir regalos y su aprecio por ciertos juguetes que luego le habían sido arrebatados. Se permitió revivir la felicidad del apego, aunque, en su caso, recordar la **felicidad** iba de la mano con rememorar también la **pérdida**. Logró entender que para recobrar sus emociones y abrir la puerta a nuevas experiencias, debía aceptar que algunas de estas fueran tristes.

Negar las vivencias previas y mantener sus recuerdos a distancia les había otorgado un poder excesivo sobre ella. Pero una vez que los hubo analizado, y a pesar de que eran tristes, aquellos recuerdos perdieron la capacidad de aterrorizar a Elaine. Habiéndose confrontado a aquellas experiencias tempranas, Elaine pudo superarlas y alcanzar el estado emocional que debería haber podido desarrollar como derecho de nacimiento, pero que el trauma había frenado. Nunca es demasiado tarde para avanzar a la siguiente etapa del desarrollo; el único requisito es tener la voluntad de otorgarse a uno mismo el cuidado y la aceptación que tanto necesita.

Elaine también dejó de excusar a su madre, a quien en realidad veía más como malvada que como bondadosa. Marcó límites en sus conversaciones, y con el tiempo necesitó incluso romper el contacto. Su padre había sido bueno con sus hijos en los momentos en que interactuaba directamente con ellos, pero no los había protegido. Aún defendía a la madre, si bien se habían divorciado hacía algún tiempo. Dado que su madre había sido tan mala, Elaine había idealizado a su padre como el benévolo de la pareja, pero tuvo que bajarlo del pedestal sobre el cual lo había colocado. De hecho, su padre estaba enojado con Elaine por haber dejado de hablar con su madre; decisión que ella había tomado, no por malicia, sino porque simplemente de eso dependía su recuperación.

Si bien Elaine tenía otros problemas concretos con su padre, ya que sus yerros habían sido bastante graves, decidió que aún lo amaba lo suficiente como para tratar de enmendar la relación. Tuvieron una conversación en la que ella le dijo que no la había protegido, y que aún estaba actuando como si sus sentimientos no importaran. Agregó que ahora tenía la oportunidad de demostrarle lo contrario. Por suerte para Elaine —y ya era hora— su padre se disculpó y ofreció hablar del tema cuando ella lo necesitara. Le habló de su propia infancia y de su culpa con respecto a su propia madre, mentalmente enferma. Tomó responsabilidad por haber cometido errores, y añadió que el paso que había dado Elaine al hablarle le había ayudado a aclarar sus propias emociones, a las cuales tampoco había dado demasiada importancia hasta ese momento.

El apoyo renovado de su padre le permitió a Elaine sobrellevar más fácilmente la situación. Reconoció el afecto que le tenía y por fin pudo confiar en que no la abandonaría. Nunca había sentido eso antes de aquella conversación, y realmente había temido que su padre ya no quisiera saber más nada con ella si cortaba el contacto con su madre. Independientemente de la respuesta de su padre, Elaine habría hecho lo que necesitaba hacer, pero me dio gusto por ella que algo se pudiera rescatar. Él se convirtió en una pieza fundamental para la sanación de su hija y aceptó haber contribuido a su triste historia. Elaine pudo ver que si su padre **hubiera** terminado su relación con ella, eso habría significado que no la amaba. En aquel entonces pudo ver que sí la quería, a pesar de haber desatendido seriamente sus responsabilidades como padre. Su arrepentimiento compensó en gran medida el dolor que le había provocado a Elaine.

En el contexto de sus relaciones, Elaine necesitaba conocer cualquier plan por adelantado, hasta el más mínimo detalle, y era muy controladora. No se permitía apegarse a sus empleos y pasaba de un trabajo a otro sin ningún plan a largo plazo. Procuraba controlarlo todo, lo cual le provocaba ansiedad y la empujaba a marcharse. Elaine logró valorar su capacidad para apegarse y tolerar sus emociones tristes, y pudo aceptar mejor que aquello que le inspiraba terror y que trataba de controlar —la pérdida repentina— ya había ocurrido.

Elaine entendió que lo único que podía controlar era su propia persona. Tomar consciencia de ello la fortaleció tremendamente. Finalmente encontró un trabajo y un departamento que le encantaban, y descubrió que ya no se volvía indiferente cuando forjaba una nueva amistad o salía con alguien nuevo. Elaine estaba mucho mejor. Cuando vino a verme por primera vez, sufría de depresión y de un trastorno de la ansiedad, porque se angustiaba cuando no podía controlarlo todo. Debió recorrer un largo camino, pero la ansiedad fue el primer síntoma que desapareció. Cuando comprendió que sólo podía controlarse a sí misma, decidió vivir su vida a pleno, amar con todo su corazón y dejar que los demás actuaran como mejor les pareciera. Decidió ejercer el mayor control posible sobre su propia vida, tomando decisiones sanas y viviendo plenamente. Irónicamente, dejar de controlar a otros nos otorga más control sobre **nosotros mismos** y nuestra **propia** vida; ese es el sitio que le corresponde al control.

La necesidad imperiosa de controlar y evitar sorpresas se origina en la época en que lo contrario era la norma. Los padres dominantes e inflexibles de "Susan" casi no le daban opciones. Elegían a sus amigos y sus actividades. Más tarde, incluso escogieron sus materias opcionales cuando entró al bachillerato. Su madre decidía cómo debía llevar el cabello y qué prendas vestir. Si alguna vez Susan había protestado o intentado afirmar su voluntad, ya hacía tiempo que lo había olvidado, y en lugar de ello tenía la impresión de carecer siquiera de voluntad propia. Irónicamente, intentaba controlar a personas y eventos, pero no pedía nada con respecto a su propia vida.

Susan estaba muy deprimida sin saber por qué, y apenas disfrutaba de la vida. Había comenzado a parecerle que su vida seguía su propio rumbo sin que ella ejerciera influencia alguna. Empezó a obsesionarse por el trágico destino de un amigo suyo, quien hacía ya muchos años se había suicidado con un arma de fuego. Consideraba ese acto una pérdida de control, y la aterrorizaba pensar que también pudiera sucederle a ella. Le dije que la decisión de pegarse un tiro no era el resultado de una falta de control, sino que denotaba una triste planificación y determinación que, trágicamente, **sí** requerían de mucho control.

Le pregunté a Susan si pensaba poder perder por alguna razón el control de sí misma, entrar en una especie de trance y dispararse a sí misma. Me respondió afirmativamente, diciéndome que se sentía capaz de hacer algo así. Tenía la impresión de ejercer tan poco control sobre su vida que imaginaba el acto de suicidarse como el resultado de una pérdida total del control, tanto del cuerpo como de la mente. Aquella creencia, que por supuesto no tenía ningún fundamento en la realidad, nos da una pauta del atroz panorama interno de Susan. Era capaz de ver que esa lógica era absurda, pero aseguraba temer actuar sin saber lo que hacía; en otras palabras, comportarse con base en una total pérdida de control. Esta posibilidad representaba una parte del abismo de Susan.

Educada para complacer a los demás, Susan había aprendido a aplacar sus propios deseos. No estaba en contacto con sus esperanzas y temores, y esa falta de consciencia acerca de sus emociones más profundas la había conducido a formar su abismo. Aquello a lo que más temía **era** al miedo mismo, lo cual resulta ser comúnmente el caso cuando se examina en detalle el contenido del abismo. Conforme fue adquiriendo más control sobre su vida, su ansiedad y depresión disminuyeron y se volvió mucho más honesta consigo misma. Con el tiempo identificó los pensamientos suicidas subyacentes y se alegró de asumir su vida y sus decisiones. Perdonó a sus padres por haber intentado vivir su vida en su lugar, y tomó la decisión de nunca más permitir que eso volviera a ocurrir.

Susan tenía la impresión de no poder controlar en absoluto su vida y de carecer de opciones, y temía enfrentar lo que la aterraba. No quería continuar viviendo de esa forma. Su único objetivo era tratar de complacer a los demás y estaba aterrorizada ante el odio que sentía hacia su propia vida. Ambas nos alegramos cuando logró adquirir cierto control sobre su vida, y disfrutarla. Una vez que comenzó a honrar sus propios sentimientos y necesidades, supo que estaba volviéndose más auténtica. Recuerde, controlarnos a nosotros mismos y nuestras decisiones es sano, pero no podemos controlar a nadie más. Los padres de Susan la habían hecho sentir como si no tuviera alternativas ni pudiera controlar nada, ni disfrutar de los placeres de la vida. Su abismo, aquello a lo que la habían llevado a sentir, consistía en estar muerta en vida. No es de sorprender que se haya enfocado en el suicidio de su amigo cuando su desesperación alcanzó niveles intolerables.

El fuerte deseo de control y predictibilidad también está relacionado con el perfeccionismo y la vergüenza. Si uno cree que debe ser perfecto y vive con pavor a la vergüenza, no estará abierto a situaciones que requieren de un mayor grado de espontaneidad.

"Helen" se sentía muy ansiosa cada vez que no podía planearlo todo con anticipación, incluso si se trataba de sus vacaciones, y hasta el más mínimo detalle. Por ejemplo, si planeaba "una pequeña escapada" con su esposo, ¿qué ocurriría si le faltaba la ropa adecuada? Creía que para cometer errores sólo hacía falta algo imprevisto, lo cual le generaba muchísima ansiedad. Dependiendo de la infancia que uno haya vivido, el control y la predictibilidad representan un intento por esquivar la vergüenza, la humillación y el maltrato. Aunque sea escalofriante y doloroso, debemos afrontar lo desconocido. ¡Cuánto nos perdemos por rechazar todo tipo de emociones con tal de evadir golpes sentimentales, ya sean reales o imaginarios! Existe una mejor manera de vivir.

A un nivel más profundo, podríamos decir que las personas con dinámicas PCV temen encontrarse en circunstancias en las que no puedan autocensurarse fuertemente. En contraste, para quienes se autocensuran con rigor pero inconscientemente quieren perder sus inhibiciones, el deseo de beber alcohol o fumar marihuana puede ser abrumador. Alguien así tal vez se sienta inadecuado frente a otras personas cuando **no cuenta** con este "relajador" artificial.

Si la necesidad de autocensurarse o el miedo a perder las inhibiciones son lo suficientemente fuertes, pueden llevar a estándares bastante rígidos respecto de las drogas y el alcohol, ya que tales sustancias desinhiben. En su vida diaria, estos individuos no confían en saber responder apropiadamente si no pueden anticipar cada detalle de las eventualidades futuras. Cometer errores o no prever lo suficiente les parece peligroso. La vida les ha enseñado a muchos que podrían resultar avergonzados o castigados en cualquier momento, por cualquier razón, y evitar tal peligro a toda costa constituye un potente motor en su vida.

Cuando uno se enfrenta a los problemas subyacentes y los resuelve, el deseo de controlarlo todo se disuelve. El orden interno y la sensación de seguridad reemplazan la necesidad de ordenar el mundo externo a la perfección. La voluntad de simplemente intentar dar lo mejor de sí reemplaza la idea de que uno puede controlar a los demás volviéndose perfecto para ellos. Usted puede llegar a notar que quizás existen opciones que no había anticipado, pero que no necesariamente son tan importantes como para darle un vuelco a su vida. No se trata de todo o nada, tal y como lo discutimos en el capítulo acerca del pensamiento rígido en blanco y negro. Es importante recordar que los temores más profundos conciernen situaciones pertenecientes al pasado.

He visto a muchas personas PCV atormentarse mientras planeaban una boda, al igual que lo hacen seguido quienes no comparten este perfil psicológico. Mi propia boda fue modesta, con treinta personas. Como mi esposo y yo teníamos amigos de convicciones políticas e ideas ampliamente diferentes, planeamos cuidadosamente la asignación de lugares para evitar que se sentaran juntos los invitados que creíamos no se llevarían bien. Resultó que dicho arreglo se desbarató, y el orden de los asientos asignados quedó precisamente como habíamos tratado de evitarlo. Al percatarnos nos horrorizamos, pero finalmente todos se llevaron bien e incluso la pasaron fenomenal. Fue irónico que ese detalle por el que tanto nos habíamos angustiado, fuera el que salió mal y que, a pesar de eso, todos hayan pasado una agradable velada. Es un buen principio siempre "esperar lo inesperado" de la vida, y con frecuencia lo inesperado resulta ser lo mejor.

Un último tema dentro de este capítulo es el afán de posesión característico de las personas PCV. Muchos pacientes me han contado que, debido a que nunca podían contar con nadie durante su infancia, un muñeco de peluche, una foto o un recuerdo adorados se habían vuelvo muy importantes, y representaban a la persona con la que tanto anhelaban tener una relación estable. El objeto en cuestión les brindaba consuelo, seguridad y apoyo que sus seres queridos no siempre podían ofrecer.

Si bien es frecuente y normal que los niños pequeños usen estos objetos transitorios para mantener la conexión con su madre cuando no están en su presencia, los adultos hacen lo mismo cuando nunca pudieron interiorizar una sensación fuerte y saludable de seguridad en sus relaciones más importantes. Para estos adultos, cualquier cambio o pérdida en el entorno físico representa una seria falta de control y la pérdida de una relación o estilo de vida que valoran. El terror es muy real.

"Sandy" y su esposo planeaban mudarse a otro estado [dentro de los Estados Unidos —NdT], y ella estaba absolutamente aterrorizada. Estaba a punto de dejar atrás su hogar, que representaba su matrimonio. Como si eso fuera poco, iban a tener que vivir en una residencia temporaria por algunos meses mientras buscaban la casa adecuada y se familiarizaban con la nueva ubicación.

Aquel era su abismo : la inestable familia de Sandy se había mudado con frecuencia, dejando atrás a amigos y parientes, algunas veces por años, y ella temía volver a sumir en el caos dentro del cual se había criado. Sandy me explicó que tenía la impresión de no ejercer ningún control y de estar avanzando hacia la oscuridad. La predictibilidad se había desvanecido. El hogar familiar, con todas sus pertenencias, ya no estaría ahí para recordarle que todo estaba bien. La mudanza representaba un paso hacia lo desconocido.

Sandy sabía que realmente deseaba mudarse, y comprendía la dinámica que la regía. Finalmente acompañó a su esposo con el coraje del cual siempre había hecho prueba, consciente de que debía cruzar aquel puente de miedo. Su sed de nuevas aventuras pudo más que su temor.

En este capítulo usted ha podido ver que quienes se asustan ante lo imprevisible debido a experiencias de la infancia, en realidad temen que las circunstancias den rienda suelta a un aspecto de su personalidad que sienten deber controlar. Sus esfuerzos por controlar su vida no dan cabida a lo desconocido o lo fortuito, elementos capaces de enriquecer la vida de quienes no sufren de tal miedo. Eso puede convertirse en una existencia llena de reglas inflexibles, o incluso rituales, así como de otros rayos en la rueda de rasgos de la constelación PCV. Espero que usted haya tomado consuelo y coraje en las historias de los pacientes que lograron liberarse de la necesidad de imponer su control sobre eventos e individuos externos y que, en el proceso, han adquirido un control verdadero al tomar consciencia de sus emociones y motivaciones más profundas.

Ejercicios

Los siguientes ejercicios tienen por objetivo ayudarle a ver más allá de la necesidad de controlar y examinar sus temores. ¿Cuáles de estos miedos pertenecen al pasado?

Ejercicio 1

Al despertar y durante el día, ¿en qué suele enfocarse y qué lo acompaña y lo reconforta, recordándole que las cosas van bien en su vida? ¿Qué representan esas impresiones para usted?

Ejercicio 2

Evoque una situación en la que le hayan dicho que planeaba y controlaba en exceso. ¿Qué temía que ocurriera de no hacerlo? ¿Creyó que sería culpado o responsabilizado de alguna manera si algo salía mal?

Ejercicio 3

¿Qué representa el cambio para usted? Escriba una fantasía sobre un cambio, y sobre qué significaría para usted.

Ejercicio 4

Recuerde y escriba sobre algunas pérdidas que haya experimentado en su vida, aunque hayan sido consecuencia de un crecimiento normal, como el hecho de haber dejado su hogar para cursar sus estudios. ¿Fue capaz de procesar el duelo mientras le abría la puerta a la nueva situación?

Chapitre 7

Toma de decisiones

Antes de abordar las dificultades con las que probablemente usted se topa al tomar decisiones, debemos reflexionar acerca de la teoría del desarrollo de Melanie Klein, tratada en el capítulo 5. Como este libro no es un manual teórico, nos limitaremos a las nociones que pueden serle útiles para su comprensión y su progreso emocional.

Recuerde que Klein define dos etapas fundamentales de desarrollo. Lo hermo-

so de su teoría es que cubre muchas áreas con sólo dos etapas. Para Klein, la primera etapa de desarrollo está caracterizada por la escisión y la identificación proyectiva. Esto le resultará tal vez más fácil de comprender si piensa en niños pequeños que conoce. ¿Cuándo vio por última vez a alguno de ellos no pensar en blanco y negro, en que todo es bueno o todo malo, y asumir la responsabilidad por sus acciones? No sucede muy a menudo porque en verdad no tiene por qué ser así. En lugar de ello, los niños pequeños utilizan la proyección y la identificación proyectiva al interactuar con el mundo.

La proyección consiste en atribuir ciertas emociones a los demás. Sentirnos insatisfechos con nuestro propio comportamiento se convierte en el miedo de que alguien critique nuestros actos. En la relación entre madre e hijo, la madre es el objeto de la proyección y la llamamos "receptáculo", porque permite al infante repudiar emociones fuertes hasta que su nivel de desarrollo le permita apropiarse de las mismas. Cuando a un niño pequeño se le dice que es hora de dormir, a menudo este responde afirmando que su madre es malvada, y la madre lo suficientemente buena simplemente acepta la proyección del enojo del niño.

En el marco del desarrollo, la identificación proyectiva es un proceso normal y necesario por medio del cual el niño proyecta emociones sobre la madre y las incorpora a una combinación de sus propias reacciones y proyecciones, lo que se conoce como "introyección". Un infante enojado se percibirá a sí mismo y a su madre como cada vez peores, mientras que uno que está contento se apreciará a sí mismo y a su madre más y más. Cuando la madre no responde con enojo desmedido, el niño pasa a sentir menos enfado y a verse a sí mismo y a los demás como más relajados y satisfechos. Esta contención de emociones equivale a permitir que alguien se desahogue con nosotros, lo que es adecuado al tratar con niños muy pequeños.

Al hablar de la primera etapa, pensamos en un bebé. Sin embargo, en nuestra sociedad pocos la atraviesan con éxito, tal y como lo indicó Winnicott. El niño escinde y experimenta todo como absolutamente bueno o malo. No existen matices ni ambivalencias. Según el transcurso ideal de las etapas de Klein (lo cual no siempre sucede), el infante debería descubrir desde muy temprano que la madre que lo satisface y protege es la misma que se enoja y lo frustra; después de todo, ni siquiera la mejor de las madres es perfecta.

Cuando el niño percibe a la madre como buena, también se ve a sí mismo como bueno; cuando la madre es mala, el niño se ve a sí mismo como malo. Proyecta sus sentimientos sobre la madre, para después interiorizarlos, y este ciclo refuerza y subraya constantemente los sentimientos que alberga sobre sí mismo. Si la madre está perturbada, el niño siente emociones negativas hacia ella, y hacia él mismo. Carece de la capacidad de concebirse como una entidad aparte o de reconocer que puede ser bueno incluso si la madre no lo es. En los momentos en que la madre es atenta y amorosa, al infante le resulta beneficioso sentirla parte de él. Su imagen de sí mismo se desarrolla normal y sanamente, y las emociones que proyecta sobre su madre y que después incorpora le demuestran que él mismo es bueno.

En el transcurso normal del desarrollo, el niño se enojará constantemente (por ejemplo, mientras espera a ser alimentado, a que se le cambie el pañal, etcétera). La tarea de la madre consiste en contener los sentimientos del infante. Si su llanto recibe un gesto reconfortante como respuesta, entonces puede sentir cómo su enojo se transforma en algo suave y cálido, y también comprobará que no ha lastimado a su madre con su rabia. Esto es muy importante, porque si ella respondiera con la misma moneda, él **creería** que su rabia en verdad la lastima.

Cuando el llanto de un bebé frustra y enfurece a la madre, el infante se ve obligado a soportar dos enojos : el suyo y el de su madre. En vez de sentir que una presencia reconfortante ha atemperado su propio enojo, el infante suma la rabia de su madre a la suya ; nada ha aplacado su enojo inicial. No sólo aumenta su propio enfado, sino que además cree que ha lastimado a su madre. Como respuesta, siente que ella quiere lastimarlo en represalia. Si esto se convierte en un círculo vicioso, puede ser sumamente dañino para el crecimiento emocional del infante.

A pesar de no poder recordar nuestra infancia, recuerdos más tardíos nos permiten deducir si una madre fue incapaz de contener los sentimientos de sus hijos, y si de hecho los tachó de inútiles y caprichosos, lo cual acarrea efectos devastadores. Este es el punto que más confunde a mucha gente. He oído decir en innumerables oportunidades que si no podemos recordar nuestra infancia, entonces no debe haber tenido un impacto perdurable en nosotros, para bien o para mal. Ayuda recordar el **contexto**, a fin de comprender cómo aquello que no recordamos puede tener consecuencias a largo plazo.

Cuando observamos a una madre con su hijo, comprendemos lo que ocurre. La madre trajo al mundo a ese niño y ahora es su responsabilidad satisfacer sus necesidades. Si el bebé llora, sabemos que ella debe calmarlo y proporcionarle alimento y comodidad. Pero el infante no "sabe" nada. A través de las respuestas de su madre, cada momento le "enseña" quiénes son él y ella, y en qué consiste la vida. No sabe que se supone que debe contar con ella para todo ; lo único que sabe es lo que vive de manera tangible. Cada momento con su madre le enseña un poco más acerca de sí mismo y del mundo.

Tales mensajes pueden afectar permanentemente la visión que tendrá del mundo a lo largo de su vida, dado que constituyen su introducción al mundo. Por el resto de sus días, el **contexto** de todas las experiencias posteriores será el cuidado que recibió de su madre cuando "aterrizó" por primera vez en el mundo. Es probable que no recuerde la interacción, pero su percepción del mundo habrá emergido a partir de aquellos primeros momentos juntos.

Si usted viajara a un país extranjero y recibiera un beso en cada mejilla de cada extraño que conociera, empezaría a formarse una opinión acerca de los habitantes de esa nación. Tal vez le comentaría a algún amigo : "Allí la gente es muy amistosa y siempre anda a los besos y a los abrazos". Esto le habría proporcionado un contexto para entender la cultura en cuestión.

Lo mismo sucede con el infante. Concluye que el mundo es de cierta forma, únicamente a partir de cómo es su madre. Imagine el impacto que tendrá si la madre responde a sus llantos con frustración y cólera, o cuando simplemente lo ignora. ¿Qué ideas desarrollará el infante acerca del mundo ?

Klein asegura que cuando el mundo (a fin de cuentas, ¿qué es **el mundo** para un niño ?) contiene más elementos positivos que negativos, el niño tendrá la fortaleza para dejar de escindir o de pensar en blanco y negro. Comenzará a progresar hacia la siguiente etapa de desarrollo que implica integración, lo que desde mi punto de vista constituye el objetivo de la terapia. El infante toma consciencia de que la madre buena es la misma que la mala. ¡Vaya decepción ! Y sin embargo, es mucho más sano que el infante lo entienda, porque es una respuesta a la realidad concreta. Si conservara a la madre perfecta e idealizada en un rincón de su mente, y en paralelo imaginara a una segunda madre demoníaca, ¿cómo repercutiría eso en la gente con quien interactúa más adelante en su vida ? ¿Qué consecuencias tendría sobre el modo en que el niño estima sus propias fallas y defectos ? Si el niño hace a un lado partes de sí mismo que no le agradan, y niega su existencia, es posible que construya un recoveco oscuro y profundo dentro de sí mismo para contenerlas. Conforme vaya creciendo, tales ideas y emociones se desarrollarán más ampliamente hasta convertirse en su abismo único y personal.

Puede apreciar aquí la importancia de desarrollar un panorama íntegro y aceptar que usted siempre es la misma persona, sin importar lo enojado o decepcionado que a veces se sienta. En lo que respecta a los demás, es necesario reconocer que quien lo enfada o molesta es la misma persona cuya compañía tanto disfruta otras veces. No es necesario mantener separadas estas dos personalidades opuestas, y a tanta distancia de su comprensión de sí mismo y de los demás.

Recuerde a la joven de un capítulo anterior que entendió que ni ella ni los demás eran perfectos. Sí, es una perspectiva más sana, pero subir este escalón conlleva tristeza y dolor. El niño se percata de que sólo hay una madre, que es mayormente benévola, pero que está lejos de ser perfecta. Cuando existe más bondad que maldad, uno puede afrontar este hecho con coraje, lo cual pone fin al perfeccionismo y al rígido pensamiento en blanco y negro. Si el desarrollo no se desenvuelve normalmente, uno debe trabajarlo en terapia o por su propia cuenta.

¿Qué sucede cuando existe más maldad que bondad? En una época trabajé para el servicio de protección infantil, donde realizaba evaluaciones psicológicas a muchos niños de diferentes edades y en hogares de acogida. Habían sufrido abuso y abandono, y sus madres no los visitaban regularmente. Sabían perfectamente que estaban lejos de ser la prioridad para sus madres. Pero si bien esos niños casi siempre entraban en conflicto con otras figuras maternas, como sus padres de acogida, ¡eran en extremo protectores en cuanto a sus madres biológicas! Distorsionaban totalmente la historia de cómo habían llegado a recibir acogida temporal, de modo que, en sus nuevos relatos, su madre resultaba inocente, mientras que su resentimiento se proyectaba sobre otras figuras maternas. Preservaban el carácter absolutamente bondadoso de la madre biológica y las madres sustitutas se volvían totalmente malas. "Se deshacían" así de sentimientos dolorosos y se aferraban a su negación, satanizando a su nueva madre, aunque no fuera ella quien los hubiera lastimado.

De este modo, la fantasía de la madre buena permanecía intacta, pero a partir de entonces los niños chocaban con sus padres de acogida, maestros, trabajadoras sociales y el resto del mundo adulto. En otras palabras, odiaban a quienes los ayudaban. ¡Qué precio tan alto para mantener idealizada a su madre!

Estos niños no experimentaban más bondad que maldad en su mundo, y continuaban escindiéndose. Una niña que, junto con sus hermanos y hermanas, había sufrido de abuso sexual a manos de uno o más de los novios de su madre, no dejaba de hablar de la maravillosa voz que esta tenía al cantar, y de su "enorme dulzura", aunque tanto ella como sus hermanos estaban en familias de acogida y habían sido atormentados en exceso. Su legado fue que, en su intento por idealizar a una madre sumamente desorientada e inadecuada, era incapaz de querer a alguien más, ni siquiera a quienes pudieran cuidarla y corresponder su amor.

También observamos esto en adultos. Para los seguidores de las ideas de Melanie Klein, la idealización es siempre señal de escisión y de ceguera ante lo negativo. Los adultos que tienen una relación positiva con sus padres pueden bromear acerca de cómo "se vuelven locos mutuamente" por algún asunto u otro, sin que eso les resulte amenazador. Por otro lado, algunos adultos afirman que sus padres fueron "maravillosos" y que no tenían ningún defecto. Les atemoriza demasiado someter a sus padres a la prueba del "más bueno que malo", por miedo a que no la pasen, y porque también temen enfrentar el dolor. A medida que estas personas envejecen, el pensamiento absolutamente bueno o malo, o en blanco y negro, puede extenderse a otras áreas.

Adicionalmente, tal y como hemos visto con los niños víctimas de abuso con quienes yo solía trabajar, muchos individuos con este comportamiento son sumamente críticos hacia los demás. Insisten en conservar la imagen perfecta de la madre, y para ello culpan a otras personas por los sentimientos que en realidad le estaban destinados a ella. Por tanto, vemos que muchos adultos tienen problemas con las figuras de autoridad y se enfadan ante cualquier desaire, real o imaginario. Pero los adultos nunca quieren ser "receptáculos" y contener las emociones de otros adultos.

Otro componente de la segunda etapa de Klein es la idea de hacer enmiendas. Klein indica que el niño muy pequeño siente que su enojo lastima a la madre, y entonces trata de curarla, o de reparar el daño que le ha provocado. La gente con ansiedad del tipo PCV a menudo trata de reparar a los demás y se siente muy mal cuando no lo logra. Quizás usted haya intentado ayudar a personas que desoyeron su consejo o no expresaron la gratitud adecuada. Ciertos individuos quedan varados en esta segunda etapa, en parte porque no logran superar su necesidad de hacer enmiendas.

Yo estimo que el perfeccionismo es, entre otras cosas, un intento por reparar un daño imaginario, pero si las imperfecciones persisten, ¿cómo pueden los esfuerzos del perfeccionista servir de expiación? ¿Recuerda a alguna persona que haya sido importante para usted durante sus primeros años de vida, y a quien haya querido sanar o reparar? Es bien sabido que no es posible reparar a los padres ni a personas demasiado allegadas. A fin de sanar sus propias ansiedades PCV, es muy importante que afronte los momentos en que se enfadó con alguno de sus padres, y que reconozca la culpa que ello le generó. Los "rescatistas" intentan inconscientemente expiar las culpas u ofrecer reparaciones, pero sus intentos simplemente fracasan, a menos que afronten los verdaderos problemas.

En mi trabajo como psicóloga, me topo a menudo con este tipo de culpa. Un joven profesor me contó que cuando nació, su madre había estado a punto de lanzarse en una carrera como escritora, y él se echaba la culpa por haberle impedido cumplir ese sueño. Por supuesto, su madre más tarde dio a luz a su hermano menor. Otra joven relató que su madre había quedado embarazada mientras cursaba la universidad, donde habría podido obtener una beca de posgrado, pero como había actuado "con responsabilidad", lo "había perdido todo". Aunque en verdad nunca había tenido nada de todo eso, lo había perdido. Por cierto, no tiene nada de responsable —absolutamente **nada**— generarle culpa a un hijo por haber elegido tenerlo en lugar de seguir una carrera que según nos gusta pretender, podría haber sido nuestra. ¡Es mucho más fácil decir que alguien nos impidió alcanzar la grandeza que intentar lograr algo!

"Tami" había sido una niña forzada a asumir la responsabilidad de sus padres, y cuya madre se hacía pasar por mártir debido a que trabajaba mientras su hija pequeña se ocupaba de la casa. Cuando su madre quería salir, decía: "Con todo lo que tengo que hacer por ti, necesito salir de vez en cuando."

No es difícil imaginar lo que vivieron tales madres, pero ese comportamiento resulta especialmente tóxico para un niño. Inclusive si el niño cruza la primera etapa sin sentir que su cólera haya dañado a la madre, interiorizar esa toxicidad lo lleva a creer que realmente **infligió** un daño irreparable sobre ella.

No sé si usted haya sentido alguna vez que le hizo daño a su madre con sus pensamientos iracundos, e ignoro si su madre le hizo sentir responsable por haber abandonado la carrera que ella imaginaba habría sido brillante. Pero sé lo difícil que le es responsabilizarse ante sus propios sentimientos y acciones si su madre no supo hacerlo en lo que la respectaba, y lo obligó a sentirse responsable por el mundo que ella misma había creado. No se debería llevar a ningún niño a sentir eso.

¿Es usted el tipo de persona que cree que debe pagar o expiar por un acto que no cometió, o tratar de arreglar algo o a alguien ? Si es así, es esencial que analice honestamente esas dinámicas. No puede continuar siendo responsable por las decisiones que otros tomaron cuando usted apenas fue concebido. Su madre tiene sus propias razones y dinámicas para no haber asumido su responsabilidad, y ya es hora de que usted deje de asumir la carga y las lecciones de vida ajenas. Tal vez su madre nunca lo haya culpado por sus decisiones, pero se muestre vulnerable, y usted sienta que debe solucionarle la vida. Lo repito : no puede. Es muy triste y difícil amar a alguien con problemas psicológicos, pero esto subraya la importancia de establecer buenas fronteras personales.

"Kevin", de quien traté en el capítulo 5, explicó que su madre, que se había divorciado sin volverse a casar, se comportaba de manera masoquista con los hombres, ya que cada decisión resultaba peor que la anterior. Kevin le daba consejos y trataba de "arreglarla", pero por supuesto nada de eso funcionaba. Kevin había intentado por años hacer ese tipo de enmiendas, porque su madre lo culpaba por el arreglo de custodia que se le había impuesto, así como por la relación que mantenía con su padre. Es una enorme carga para un niño verse atribuirse la culpa por un asunto del cual no fue en absoluto responsable, especialmente cuando los adultos se lo impusieron a **él**. Aun así, Kevin creció con esa culpa. No puedo dejar de insistir en que pocas cosas son más dolorosas para un niño que cargar con la responsabilidad de cuestiones sobre las que no ejerce **ningún** control. ¿Por qué habría de sorprendernos que la necesidad de controlar se vuelva tan preponderante en este tipo de persona?

Kevin ha recorrido un largo camino en la terapia. Durante una visita reciente a su madre, se enfadó tras escucharla una y otra vez hablar de sus relaciones disfuncionales con los hombres. Peor aún, la madre malinterpretó su enojo y frustración como prueba de cierta indiferencia; su inmadurez y egoísmo la cegaron ante las necesidades de su hijo, tal y como había ocurrido cuando él era niño. Él explotó, y con justa razón, argumentando que durante toda su niñez le había hablado incesantemente así, y que aún seguía haciendo lo mismo y no cambiaba. La madre estalló de furia y exageró las palabras de Kevin. Respondió que nunca más le contaría **nada**, puesto que él no estaba interesado.

El lado sumamente positivo del asunto es que Kevin ya no quiere ser utilizado. Ya no busca "probarse" a sí mismo quién es y quién no en función de su interacción con su madre. Su error —comprensible, ya que por primera vez estaba fijando límites y necesita experiencia hasta ver qué funciona— fue señalarle que su comportamiento era egoísta, que lo había lastimado en el pasado y que aún seguía haciéndolo. Obviamente, fue extremadamente doloroso para Kevin constatar el poco efecto que tuvieron sus palabras. Lo que tendrá que hacer en el futuro es decirle a su madre que ciertos temas están prohibidos, que lo disgustan, y que ambos necesitan establecer una relación que omita temas que le causan tanto dolor.

Todo adulto tiene el derecho y la necesidad de establecer límites personales. Con todo lo que ha progresado, sospecho que Kevin está listo para entender que no puede reparar a su madre, aunque ella lo incite a que lo intente. Es un vaivén agotador, y negarse a tomar parte no es ni malicioso ni insensible, porque lo que no es sano es que su madre pretenda que él sea testigo de su comportamiento autodestructivo. Es similar a cuando su madre le reprochaba visitar a su padre y a su madrastra; ahora lo culpa por no solucionarle la vida, pero en realidad no quiere cambiar, o de lo contrario buscaría ayuda.

Kevin está cerca de animarse a decir: "Eres mi madre y te quiero, pero me perturba mucho escuchar que te expones al maltrato y necesito dejar de hablar de eso. Espero que puedas respetar esta decisión y mis sentimientos, pero si lo olvidas te recordaré que es hora de cambiar de tema." Kevin alberga la esperanza de conservar su relación con su madre —una más saludable— pero está dispuesto a alejarse por un tiempo si ella no respeta ningún límite. Sabe que preocuparse por alguien no incluye permitirle que lo trate como le plazca.

Recuerde, nosotros no arreglamos a nadie; uno se repara a sí mismo. En terapia usted cuenta con alguien que conoce sus dinámicas, se preocupa por usted y lo acompaña en el proceso; pero es **usted** quien cambia y realiza el trabajo. Para cambiar, la gente necesita desear ayuda; pero si sólo busca enredarnos en sus comportamientos disfuncionales, entonces significa que en realidad no está pidiendo ayuda.

Podemos observar que cuando a los niños se les hace sentir culpables por cuestiones fuera de su control, cualquiera de sus decisiones adquiere proporciones monumentales. Desean fervientemente hacer lo correcto y conocen muy bien las consecuencias que acarrea una mala decisión. Todas las decisiones llevan una enorme carga emocional.

"Candice" era una joven profesional de actitud muy serena en apariencia, pero que sufría de depresión y prácticamente se paralizaba al momento de tomar decisiones. Su madre se había divorciado de su padre cuando ella era muy pequeña y se había casado con un hombre bastante trastornado. También tenía una actitud extremadamente pasiva y cuando Candice era aún muy pequeña, le advirtió que su padrastro las mantenía económicamente, y que debían evitar "enfurecerlo", o de lo contrario enfrentarían terribles consecuencias.

Candice vivía a merced de las decisiones de aquel hombre, cuyos frecuentes altercados con los vecinos hacían que la familia debiera mudarse con frecuencia. Ella cambiaba de escuela al menos dos veces por año, ya fuera por las mudanzas o porque él "decidía" que la escuela ya no era adecuada, lo cual era muy difícil para Candice. El padrastro se lanzaba en un ataque de rabia espantosa cada vez que Candice invitaba a alguna amiga a su casa, por lo que su madre le pidió que dejara de hacerlo. Cuando ella miraba algún programa en la televisión, él "decidía" repentinamente y en pleno episodio que era inapropiado. Cada decisión iba en perjuicio de Candice. Se enojaba descontroladamente por cuestiones sin mayor importancia, por ejemplo si ella olvidaba decir "por favor" al pedir algo.

Siempre se le echaba la culpa a Candice por los ataques de furia de su padrastro. Ahora que Candice es adulta, su madre idealiza su infancia y su salud mental está deteriorada. Si bien Candice es encantadora e inteligente, se atormenta al tomar decisiones, aterrada ante la posibilidad de provocar una catástrofe.

¿Qué sucede con quienes cargan con culpa por decisiones ajenas ? ¿O cuando se les hace sentir tan poderosos que el peso del mundo recae sobre sus hombros, al grado de creer que deben solucionarle la vida a quienes los criaron ? Una de las consecuencias es que las decisiones nunca son neutras : más bien son impactantes. Una elección posible es relativamente correcta, y la otra potencialmente devastadora.

Recuerde, si cree que todo es culpa suya y que usted es tan poderoso, cada decisión que tome tendrá gigantescas consecuencias imaginarias. Aquí no solamente encontramos el pensamiento en blanco y negro, sino también la culpa y el deseo por hacer enmiendas. Cada decisión acarrea un peso tremendo, incluso si no es muy importante.

La verdad es que todo lo que hacemos es imperfecto. Ya sea que seleccione la opción A o la B, cada una comportará ventajas y desventajas. Esto no le sucede sólo a usted, sino a todos.

Quisiera que reflexione acerca de lo que llamo el "territorio moralmente neutro". Recuerde a la paciente que siempre expresaba culpa si no limpiaba su departamento. Hacer o no la limpieza era una decisión que la afectaba únicamente a ella, dado que vivía sola. Sólo ella tendría que vivir en un departamento sucio, pero también gozaría de más tiempo libre. La decisión es moralmente neutra y no se relaciona con ser una buena o mala persona. No obstante, para ella llegar a entenderlo fue un proceso largo y doloroso, porque sus padres habían tratado por igual lo moralmente neutro que las cuestiones explícitamente morales. A fin de cuentas, no limpiar el departamento no se compara con ensuciar a alguien.

"Judith" y su esposo estaban por comprar una casa. Una opción era un poco menos cara pero necesitaba algunas renovaciones; la otra costaba más pero estaba en perfecto estado. Darle vueltas al asunto la atormentaba y repercutía negativamente tanto en sus horas de sueño como en casi cada minuto de vigilia. A su esposo no le importaba cuál casa comprar, y pensaba que ambas eran adecuadas, con puntos a favor y en contra.

Cuando pudo procesar el asunto, Judith expresó su miedo a que sus padres criticaran su decisión, y juntas trabajamos para que reconociera que sólo ella era responsable de su vida. Tenía la opción de estar de acuerdo con sus padres o de declarar que el tema no estaba abierto a discusión. La casa que necesitaba ciertos arreglos estaba en buenas condiciones, por lo que no se trataba de un gran proyecto de reconstrucción. Judith me explicó que sus padres probablemente harían énfasis en los arreglos necesarios y en los problemas que eso conllevaría o, por el contrario, subrayarían el precio elevado de la otra propiedad.

Podemos apreciar lo que realmente estaba en juego : Judith había crecido creyendo no sólo que **ella** era incapaz de tomar la decisión correcta, sino que además existía de una manera u otra una tercera alternativa aún mejor, que **sus padres** habrían elegido. Frente a dos opciones con sus pros y sus contras, lo único que Judith podría haber hecho habría sido decidir cuál tenía más sentido para ella.

Judith siempre había vivido así, por lo que no es de extrañar que constantemente sintiera que debía tomar la decisión "perfecta". Más adelante entendió que sus padres siempre la culpaban por sus propias transgresiones, reales o imaginarias. Si bien la labor terapéutica no fue rápida ni fácil, ni tuvimos tiempo de procesar el asunto a tiempo para evitar el estrés de comprar la casa, fue justamente la ansiedad que le traía dicha decisión lo que la motivó a buscar ayuda terapéutica. El empuje hacia el abismo era tomar una "mala" decisión, y el abismo mismo consistía en ser estúpida y vivir "en las nubes", como sus padres siempre la habían descrito.

Finalmente Judith alcanzó a comprender que era así como se sentían sus padres, y que debía marcar límites en el modo en que la trataban. Como adulta responsable, casada y con hijos, era inapropiado que sus padres le recriminaran cualquiera de sus decisiones.

La otra fuente de dolor relativa a la decisión de comprar la casa era que Judith disfrutaba las renovaciones; al fin y al cabo, equivalen a hacer enmiendas, ¿no? Tomar algo en necesidad de reparación y arreglarlo era casi una ofrenda a sus padres por la desilusión que estaban decididos a sentir por ella. Pero la casa que realmente prefería Judith era la que no requería ningún arreglo. Las mensualidades de la hipoteca no serían mucho más elevadas, y como ella misma dijo: "Para variar, quiero algo que esté bien tal y como es." **Para variar**. Estaba exhausta de intentar solucionarle la vida a la gente y de evaluarse a sí misma según los criterios de sus padres, lo cual era una batalla perdida de antemano. Estaba cansada de tratar de reparar a los demás, y renovar esa casa la hacía sentir de modo muy similar. No existía la ofrenda "perfecta" para sus padres.

Judith logró ver que sus padres estaban resueltos a sentirse desilusionados tanto de ella como de ellos mismos. En definitiva, estaban decepcionados de todo. Llegó al punto en que decidió tener una relación con ellos, pero no ser más tratada de esa manera. Le expliqué que, efectivamente, los adultos marcan límites acerca de los temas que quieren discutir y los que no.

Finalmente les dijo a sus padres que si ellos querían desilusionarse de ella, aunque fuera una persona buena y responsable, estaban en todo su derecho, pero que ella también tenía derecho a no escucharlos hablar sobre el tema, ni directa ni indirectamente. Precisó que el cambio llevaría tiempo, pero que ya no iba a pedirles su opinión acerca de todo. Aún era posible que tuvieran una relación con ella, si así lo deseaban, pero únicamente si el respeto era mutuo. Después de protestar por lo "susceptible" que Judith se había vuelto —algo que ella aceptó contestando: "Sé que me he vuelto así y no quiero escuchar una sola palabra negativa acerca de mí"— sus padres decidieron que podrían respetar sus límites.

Si uno de ellos la ponía a prueba, como lo haría un infante, Judith entendía que sus padres se asemejaban bastante a los niños. Entre risas les advertía que sabía que estaban tanteando el terreno pero que debían dar marcha atrás, tras lo cual se frenaban. Existía el riesgo de que la situación no se arreglara de ese modo —y Judith estaba preparada para enfrentar esa posibilidad— pero sabía que debía llegar a respetarse a sí misma para que los demás también la respetaran. Conforme fue trabajando en estos problemas, se tornó cada vez más fácil admitir cuando estaba equivocada, porque se permitió ser humana.

¿Qué casa acabaron comprando Judith y su esposo? Pues, la que costaba un poco más de dinero pero que no necesitaba arreglos. Se sintió algo culpable pero lo hizo de todos modos, con confianza en sí misma y en la terapia. Hoy lleva una vida feliz y tranquila luego de haber tenido el coraje de enfrentar sus propias ansiedades e inseguridades. Al final, comprar una casa que no necesitara reparaciones fue un acto liberador que simbolizaba que ya no estaba interesada en arreglar a sus padres. Y sobre todo, que sus decisiones a partir de ese momento le pertenecían a ella.

Naturalmente, tuvo que enfrentar el hecho de que sus padres no estaban buscando su bienestar, sino que no podían tolerar imperfección alguna ya fuera en ellos mismos o en quien percibían como una extensión de sí mismos. Judith les repetía una y otra vez : "Yo soy yo, y ustedes son ustedes", y probablemente eso les resultó muy terapéutico. Su madre le contó una vez que había manejado una situación con una amiga de esa misma manera, y que había aprendido que los demás también tenían una identidad aparte, lo cual era un gran paso para ella.

"Lindsey" llegó a su primera cita conmigo vistiendo un suéter muy bonito. Le quedaba tan bien que la elogié. Rompió en llanto y replicó que a su madre no le gustaba ese color. ¡Tenía más de treinta años! Ir de compras (¡un gran ejemplo de un área moralmente neutra!) era demasiado estresante debido a todas las decisiones que implicaba y porque por dentro la abrumaban las críticas de su madre. Esta última estaba bastante trastornada y trataba de adueñarse de todos los aspectos de la vida de sus hijos, al grado de exigirles que le contaran hasta el más mínimo pensamiento que se les cruzara por la mente. A pesar de aquella madre psicológicamente peligrosa, esta paciente fue capaz de utilizar su inteligencia superior y su coraje para solucionar los problemas que le generaban ansiedad, aprendiendo a poner límites, e incluso manteniéndose firme frente a sus hermanos para convertirse en dueña de su vida. Si bien en un comienzo Lindsey sólo buscaba la aprobación de su madre, logró liberarse de ese deseo y apropiarse de sus decisiones, en lugar de que estas continuaran siendo un campo de batalla entre ambas.

Si usted analiza sus propias dificultades a la hora de tomar decisiones ¿a qué le tiene miedo? Definitivamente, la toma de decisiones, o una "mala" decisión, puede empujarlo hacia el abismo.

¿Cuál es **su** abismo? ¿Cómo lo describían sus padres si no hacía exactamente lo que querían? ¿Sus decisiones presuponen el deber de hacer enmiendas? ¿Todas sus decisiones lo convierten siempre en una buena o mala persona? ¿Cualquier decisión dada es completamente buena o completamente mala? ¿O es algo que debería ser neutro? ¿Qué críticas teme decirse a usted mismo, o tal vez escuchar en boca de otros? ¿Qué tiene miedo a enfrentar con respecto a sus padres y que frena su poder de decisión? ¿Está listo para transformarse en un ser autónomo?

Les debemos un cierto grado de respeto, empatía y dignidad a los padres que han sido esencialmente buenos. Si sus padres le proporcionaron un hogar decente, tal vez les deba no convertirse en un criminal o en una desgracia para toda la familia, de igual forma en que se lo debe a usted mismo.

Sin embargo, también se supone que los padres deberían limitarse a criar a ese ser que trajeron al mundo. Nunca se dijo que debieran apropiárselo. Los padres no tienen derecho a escoger la carrera de sus hijos. Sí, tal vez se identifiquen con alguien y deseen vivir a través de esa persona un deseo oculto, pero no es responsabilidad del hijo convertir dicha fantasía en realidad. Los padres no gozan del privilegio de tener hijos simplemente para vivir a través de ellos.

Si usted es una persona decente, debe ser amada tal cual es. Si no se le permite tener un verdadero Ser, significa que está pagando un precio muy alto. ¿Qué tal si odia su empleo y sus padres le recomiendan buscar otro antes de renunciar? Es un buen consejo y algo que ya debería saber. ¿Pero qué pasa si le dicen que es una carrera noble y que odiarían que la abandonara? ¿O que lo que a usted le gustaría hacer simplemente no es tan bueno? Eso se sale del límite. Usted puede aprender a ver la diferencia y finalmente decidir por sí solo.

Ejercicios

En este capítulo hemos examinado por qué la toma de decisiones puede llevar tanta carga emocional. Hemos visto diferentes situaciones y problemas que le suman más importancia a una decisión de la que realmente tiene.

Evidentemente, para las personas PCV existe un abismo específico, algo que simboliza una "mala" decisión y que puede ser muy doloroso. Los siguientes ejercicios fueron elaborados para proporcionarle más pistas acerca de lo que realmente podría significar esto en su caso.

Ejercicio 1

Piense en ciertas decisiones que le hayan resultado difíciles, y en algunas que haya realizado con un gran sacrificio que no era requerido, como el haber hecho algo más allá de lo que su hijo necesitaba. Tome nota de la culpa y la ansiedad que experimentó antes y después de las decisiones y de cuál era el abismo en cada caso. ¿En qué tipo de horrible persona le hicieron sentir que se convertiría si no procedía como los demás lo deseaban? Esto lo acercará al abismo. Eche un vistazo debajo de la superficie y recuerde que tiene derecho a ser usted mismo.

Ejercicio 2

¿Alguna vez lo hicieron sentir culpable o responsable por decisiones ajenas? ¿Quién lo responsabilizó? ¿Quién dijo que había tomado una decisión por su culpa, a pesar de que usted no había podido opinar sobre el asunto? ¿Cómo sintió que debía mostrarse agradecido ante ese supuesto favor? Escriba las respuestas en su diario.

Ejercicio 3

Escriba sobre alguna situación en la que fue víctima de abuso, humillación, menosprecio, etcétera. ¿Qué le dijeron? Note cómo se siente y recuerde que ahora es un adulto y que no tiene por qué rendirle cuentas a nadie. Respire profundamente. Ahora asuma el papel del adulto que es hoy, e imagine a un niño pequeño en aquella misma situación. Compórtese de forma apropiada con ese niño. Así podrá repararse a usted mismo.

Ejercicio 4

¿En la actualidad se siente responsable por cosas que simplemente no son su responsabilidad? ¿Cuáles? Establezca una lista y trate de determinar por qué se siente así. Intente distinguir entre el pasado y el presente, y tome consciencia de que aquello que teme ya ocurrió. Cuanto más confronte el pasado, menos temerá la crítica por decisiones del presente.

Ejercicio 5

¿Puedes recordar algunas decisiones que le fueron difíciles de tomar? ¿Qué temía que sucediera? ¿Sintió que alguien lo avergonzaría o juzgaría, o que usted decepcionaría a alguien? ¿Qué tenía miedo de sentir?

Ahora imagine una situación similar y confróntela en su mente. ¿Puede controlar sus emociones? ¿Qué diálogo interior utilizaría para hacer lo que **usted** considera correcto?

Ejercicio 6

Describa varios ejemplos de ocasiones en las que tuvo miedo de tomar una decisión debido a la autocrítica. Indague en su mente y observe cuáles asociaciones estaban conectadas con esas decisiones. ¿Ha disminuido la fuerza de tales asociaciones? ¿Son ahora más débiles?

Ejercicio 7

Respire profundamente y recuerde una decisión reciente, o alguna que tomará en el futuro próximo y que le genera mucha ansiedad. Haga un intento por identificar a qué le teme realmente. Sírvase de su dignidad adulta y de lo que ha aprendido para observar esos miedos, y trate de reflexionar lógicamente acerca de cada uno de ellos.

Chapitre 8

Fantasía y autoestima

¿Por qué incluye este libro un capítulo sobre la fantasía? Porque la fantasía es esencial, y las personas del tipo PCV suelen tener dificultades a la hora de fantasear. Las fantasías pueden ayudarnos a resolver problemas, motivarnos y permitirnos extraer conocimiento de una información general sin necesidad de pasar por la experiencia misma. También nos brindan consuelo, motivación e inspiración.

Muchos pacientes me han dicho que no pueden decidir qué carrera desean seguir. En efecto, es una decisión —y ya hemos visto lo problemático que es para las personas PCV tomar decisiones— pero aun así, ¿por qué me dicen que no saben si algo les gusta o no? ¿Por qué no analizar lo que saben acerca de ellos mismos, sus gustos y aversiones, y deducir si disfrutarían una situación sin tener que vivirla concretamente? Sin embargo esto es lo que me cuentan, porque tienen dificultades para fantasear, o no le atribuyen la suficiente importancia o tiempo. Carecer de fantasías o apenas tenerlas equivale a privarse de mucho en la vida, debido a que estas nos ayudan a conocernos mejor y nos otorgan un entorno espacio-temporal seguro para sentir emociones verdaderas sin tener por qué pasar a la acción. Y tal vez lo más importante es que las fantasías nos dan a conocer aspectos de nosotros mismos y de nuestras preferencias sin que tengamos que cambiar nada para alcanzar ese conocimiento.

La gente que es incapaz de servirse de su experiencia como referencia y de fantasear suele decir que sólo aprende si realiza una acción o si se encuentra en una situación específica. ¡Pero la vida es demasiado corta para eso! Es importante conocerse a sí mismo lo suficientemente bien para no tener que vivir cada experiencia a fin de aprender. Quienes huyen de aspectos de sí mismos y temen verse con desagrado tienden a evitar la fantasía. Algunos la juzgan inmediatamente, y otros se sienten demasiado avergonzados como para permitirse siquiera añorar algo, aunque más no sea en su imaginación.

Una paciente me dijo que tal vez le gustaría trabajar como maestra. Cuando le pregunté si estar en compañía de un grupo de niños le agradaría, contestó que no tenía la menor idea. Le pregunté si conocía a algún niño y me respondió que en el pasado había sido niñera pero que no le había gustado. Tal era su grado de desconexión con sus gustos y preferencias. Finalmente explicó que su madre era maestra y opinaba que enseñar era una profesión noble. Por como hablaba, se volvió evidente que temía desear algo que a su madre no le hubiera parecido tan noble. No se le había ocurrido dejar volar sus propios deseos. Estaba estancada porque no quería seguir los pasos de su madre, pero sentía que debía hacerlo.

Otra paciente siempre me decía que lo único que quería era reconocimiento. Era maestra de escuela secundaria y no recibía el reconocimiento que anhelaba por parte de sus alumnos adolescentes. No era de sorprender que quisiera cambiar de carrera. Cuando le pregunté qué otra ocupación tenía en mente, me contestó que no le importaba, siempre y cuando recibiera apreciación y un buen trato. No se me ocurrió un solo empleo en que esa fuera una constante. Le pregunté qué quería hacer al levantarse cada mañana, a lo que respondió que no se le venía ningún deseo en mente fuera del de obtener reconocimiento.

Creo que a veces la incapacidad de decidir qué camino seguir en la vida está relacionada con desear tanto el reconocimiento, que es difícil tomar en cuenta información adicional, y la ausencia de fantasías dificulta aún más la tarea. Esa joven adulta estaba tan descontenta con el modo en que se veía a sí misma que no podía fantasear más allá del mero hecho de tener un trabajo que mejorara su imagen. No era siquiera capaz de pensar en lo que le gustaba porque su sed de autoestima y de sentirse valiosa inhibía fantasías más productivas. Otra paciente me contó que le gustaba ayudar a las personas a organizarse mejor, pero nada más quería gente agradecida, y no quienes no siguieran sus consejos o no estuvieran de acuerdo con ella.

Mis pacientes siempre llegan a terapia sin creer realmente que el cambio sea posible. Mi esperanza es que adquieran nuevas perspectivas de inmediato, que tomen consciencia de su valor intrínseco, y que se comprometan con el proceso hasta que ocurran los maravillosos cambios. Sin embargo, la labor del paciente no consiste en otorgarme reconocimiento. Es mi responsabilidad ayudarlos a desarrollar amor propio, lo cual reduce la necesidad de tanta validación. ¿Cómo podría llegar a cumplir esa misión si yo necesitara **su** reconocimiento?

En mi propia vida, la fantasía ha sido indudablemente importante. Cuando era más joven, solía leer libros sobre terapia y sabía que quería convertirme en una psicóloga. Realmente me gusta mi profesión. Algunas veces leo sobre lugares que me gustaría visitar y fantaseo acerca de lo que haría allí. Después, en ocasiones en que llego a visitar algunos de esos lugares, generalmente me gustan.

Ciertas fantasías reemplazan acciones realizables, o nos dan una idea de lo que podríamos disfrutar en el futuro. Otras incluyen posibilidades muy alejadas de la realidad. Por ejemplo, podríamos fantasear con realizar hazañas deportivas de alto nivel mientras que no somos atléticos en lo absoluto. A mí me gusta fantasear con saber cantar, porque no puedo entonar dos notas seguidas, e imagino el placer de abrir la boca y de producir sonidos melodiosos. La fantasía no sólo nos deja hacer planes y anticipar lo que podría gustarnos o no, sino que además nos permite hacer aquello de lo que somos realmente incapaces.

¿Sobre qué fantasea o quisiera fantasear? ¿Le dijeron que soñar despierto era una pérdida de tiempo? Yo le aseguro lo contrario. Aparte de recordar y prestar atención a sus sueños, no existe nada mejor que una fantasía para ponerlo más en contacto consigo mismo, sus deseos y sus temores. ¿Fantasea con recibir disculpas de quienes lo trataron mal? ¿De sus padres? Eso no es en absoluto una pérdida de tiempo. Tales fantasías pueden conducirnos a tomar decisiones buenas y sólidas en la realidad. Posiblemente esas disculpas nunca lleguen, pero tal vez la fantasía le lleve a concluir que ya es hora de empezar a sanar y de vivir la vida que prefiere.

Algunas personas se avergüenzan profundamente ante sus fantasías. Pero francamente, ¿qué tiene de malo que usted fantasee con llegar a ser presidente? ¿Una estrella olímpica? ¿El jefe de una gran empresa? No le estoy sugiriendo que se quede atrapado en sus fantasías, sino que se haga amigo de ellas; con humor, compasión, fuerza y perspicacia.

Cuando yo enseñaba desarrollo infantil en una escuela terciaria de Chicago, abordábamos los diferentes tipos de personalidad, y cómo la gente tiene lo que llamamos "una personalidad regalo de Dios", y cómo luego puede hallar tanto equilibrio como le sea posible dentro de su tipo específico. Por ejemplo, este libro concierne las problemáticas que a usted le incumben, ¿pero qué hay de quienes son espontáneos, graciosos, divertidos y aventureros, y que necesitan más estabilidad, responsabilidad y constancia para alcanzar el equilibrio? Todos tenemos un camino de vida y debemos ser más perspicaces y equilibrados si deseamos que el proceso nos vuelva más sabios y mejores de lo que éramos al comienzo.

En aquella época, yo también hacía evaluaciones psicológicas para niños en familias de acogida y conocía a muchos trabajadores sociales. Una vez le aconsejé a mis estudiantes: "Si ustedes son individuos justos, éticos, se preocupan por los demás, disfrutan de decirles qué hacer y estar a cargo, y si les interesa el bienestar de los niños, entonces tal vez les convendría considerar una carrera de asistente social." Les hablé de la dura labor de los trabajadores sociales para supervisar a los padres, para comprobar si aún tenían parejas abusivas en casa o si todavía usaban drogas, etcétera. Una madre había declarado airadamente: "[Mi asistente social] vino otra vez a mi casa y encontró a mi novio, a quien tengo prohibido ver por lo que le hizo a mis hijos. ¡Cómo **disfrutó** pescarme!"

Le pregunté por qué estaba tan enojada. Dado que el trabajo de asistente social está mal remunerado, y que incluye la responsabilidad de proteger a niños y ser testigo de muchas desgracias, debe haber al menos algo apreciable en el puesto. Mis estudiantes estaban avergonzados; señalaron que ser "autoritario" no era un rasgo positivo. Sin embargo, en ese contexto una persona benévola y ética del tipo PCV puede sobresalir en el trabajo social aportando justicia y honestidad.

Fantasear es útil porque le da la oportunidad de contemplar tanto los aspectos positivos de su personalidad como los no tan buenos, y le permite reflexionar sobre las circunstancias que serían apropiadas para los rasgos más negativos. Un maestro me contó entre risas que se le había escapado decir : "¡NO! ¡Aquí no usamos esas palabras!" cuando un amigo adulto había dicho un improperio. Si bien ejercer el control en un aula era positivo, y ese maestro lo disfrutaba, era una traba en su relación con sus pares.

Como a mí no me gusta controlar a la gente, ser terapeuta va bien con mi personalidad. Me gusta conectarme y compartir las emociones de mis pacientes. Disfruto cuando las personas adquieren cada vez más consciencia y tranquilidad ; me agrada ser una guía. Pero el éxito o el fracaso de la terapia dependen de mis pacientes. Yo sé que contribuyo a mi manera, pero son ellos quienes deciden esforzarse o no. Después de todo, parte de mi trabajo consiste en ayudar a que ciertas personas asuman más responsabilidad, al mismo tiempo que construyen una vida más a su gusto, teniéndose compasión. Afortunadamente para mis pacientes y para mí, ¡no necesitan mucha ayuda para ser organizados!

Lo animo encarecidamente a dejar volar sus fantasías. Son esenciales para sus metas, su sentido del humor y mucho más. En ocasiones podemos fantasear con algo que realmente deseamos, dejar de lado la fantasía, formular una meta un poco más realista y disponernos a llevarla a cabo. Pero en cualquier caso, no crea que todas sus ideas deban ser pragmáticas. ¿Qué valor tiene la vida humana sin reflexión, sin preguntarnos dónde estamos y hacia dónde queremos dirigirnos? Sin importar lo que los demás le hayan dicho, espero que se haga amigo de sus fantasías. Después podrá preguntarse por qué tiene esas fantasías, y utilizarlas para enfrentarse a sus miedos.

El tema de la autoestima aparece en el mismo capítulo que la fantasía —nuestros pensamientos íntimos— porque la opinión que nos hacemos de nosotros mismos está muy relacionada con ella. Si usted no desea que toda su vida esté marcada por el pavor de ser imperfecto, lo cual no hace más que contribuir a una baja autoestima —y para decirlo sin rodeos, lo aleja de la vida verdadera— ¡enriquézcala con fantasías sanas! Quizás le tema a tanta fantasía por miedo a su propio abismo, pero espero que a estas alturas se haya vuelto más tolerante, compasivo y consciente de sus pensamientos y sentimientos genuinos. La fantasía es una poderosa herramienta de sanación.

Usted habrá notado que en este libro prefiero utilizar el término "amor propio" y "respeto hacia sí mismo", en lugar de "autoestima". Esto se debe a que no estoy de acuerdo con el hincapié que nuestra cultura hace en la autoestima, la insistencia en el éxito y la voluntad de superar a los demás. En efecto, el término "autoestima" implica de un modo u otro ser mejor que los demás, presuponiendo que la solución de una persona equivale al fracaso de otra. Si nos basamos en la definición más comúnmente aceptada de la autoestima, sólo una pequeña porción de la población podría disponer de esta en cantidad suficiente. Debe haber un error; tal vez estemos persiguiendo el objetivo equivocado. Reflexione al respecto. Solamente una persona puede tener las calificaciones más altas de la clase, ser el mejor atleta y el número uno dentro de cualquiera de las categorías inventadas por nuestra cultura. Creo firmemente que ser una buena persona, tratar con decencia a los demás e intentar trabajar en algo que nos llene, son los ingredientes que aportan riqueza a la vida. No creo que el valor de un ser humano se mida según sus calificaciones, su rango profesional, su apariencia o la cantidad de dinero que tiene en el banco. Me parece que el carácter es lo que una persona **es**, mientras que el resto es lo que **tiene**.

Ciertas personas realizan esfuerzos gigantes por compensar la sensación de que no son merecedoras de nada, pero en realidad no es posible contrarrestarla con adquisiciones. He perdido la cuenta de los individuos con dinámicas PCV que acudieron a mí en un estado de crisis, luego de haber perdido su trabajo o reprobado una clase. No digo que sean situaciones fáciles de manejar, pero **sí** afirmo que la opinión acerca de uno mismo no debería depender de las circunstancias.

Asimismo, un reconocimiento extremo debería evaluarse con escepticismo y humildad. Cuando yo seguía un psicoanálisis e idealizaba a mi analista, él se reía y contestaba que sólo era "la mitad de lo maravillo-so" que yo creía. Los maestros también suelen ser idealizados. Años más tarde, cuando enseñaba desarrollo infantil, en ocasiones los estudiantes me decían, a veces con lágrimas en los ojos, lo "fantástica" que era. Para muchos de ellos, yo había sido la primera persona adulta en tratarlos bien y en hablar de **sus** sentimientos. Se los agradecía pero les repetía las palabras de mi sabio analista. Nunca alcanzaron a ver mis defectos, únicamente lo mejor que podía ofrecerles. Todos conocemos a algún jo-ven impresionado con un profesor, o con alguien de mayor jerarquía en una compañía, a quien se apresuró en catalogar como "extraordinario". Desconfíe tanto de la denigración como de la idealización; ambas son falsas y pasajeras.

Si usted no se estima lo suficiente, cualquier golpe, incluso uno ima-ginario, puede resultar devastador, porque entrará en resonancia con algún sentimiento ya presente. A menudo les digo a mis pacientes que la gente sólo puede poner el dedo en la llaga si por empezar esta ya existe. Recuerdo el trágico suicidio del padre de una de las amigas de mi hija después de perder su trabajo. La idea que se hacía de sí mismo estaba tan íntimamente relacionada con su empleo que no alcanzó a apreciar que su Ser era valioso aun sin él. No somos nuestro trabajo, nuestra casa ni nuestras calificaciones. Ésas son posesiones, pero no son nosotros ni viceversa. Al hablar de autoestima, la mayoría de la gente se refiere a hacer o tener más que otros en tal o cual ámbito de la vida. Esta noción tan triste y poco saludable está tan arraigada a nuestra cultura que requerimos de un gran esfuerzo para ir más allá de ella.

Un aspecto lamentable de las dinámicas PCV es que llevan a las personas a sentirse de algún modo malvadas, tal y como hemos abor-dado hasta ahora en cada capítulo. Sin importar a qué autoimagen le tema usted —ya sea a ser estúpido, deshonesto, iracundo o perezoso— cuando se presenta una situación que parece confirmarla, el resultado es una crisis emocional. Esta es una de las razones por las cuales suele decirse que las crisis representan oportunidades de crecimiento. Cuan-do alguien atraviesa una crisis semejante, podemos brindarle apoyo y explicarle que la situación en cuestión no es como la ve, pero no nos tomará en serio. O podemos aprovechar la oportunidad para averiguar cuál es su abismo, y luego ayudarlo a comprobar que lleva bondad y valor en su interior, animándolo a enfrentar las ideas falsas con las ideas de las que está huyendo. Así, la persona no sólo se recuperará de la crisis, sino que comenzará a sanar las emociones crónicas de las que siempre ha huido.

Es muy importante que usted sepa qué le gusta y qué le desagrada de sí mismo. ¿Cuál sería el propósito de su vida si no tuviera nada en qué trabajar? Yo tengo sesenta años, y siempre he trabajado sobre aquello que quería cambiar de mí misma. Es una labor para toda la vida. Creo firmemente que estamos aquí para volvernos mejores, más sabios y más maduros de lo que fuimos antes.

Sin juzgarse con severidad, usted debería ser consciente de sus puntos débiles. Tal vez no sea muy bueno para las matemáticas o tenga un mal sentido de la orientación. Quizás necesite sentirse necesitado en sus relaciones pero se niegue a necesitar, o puede ser que cuando está en compañía de sus padres tienda a provocar discusiones. Luego contemple sus fortalezas. Tal vez sea muy organizado, como muchos de mis amigos con personalidades PCV. Como yo no soy muy organizada, me complemento muy bien con algunos de ellos y nos ayudamos mutuamente de manera formidable. Conmigo no sienten vergüenza; se sienten libres y queridos tal cual son genuinamente. Son estupendamente atentos conmigo cuando se trata de hacer planes y priorizar. Yo también me siento aceptada.

"Sarah" era una joven deprimida porque no podía encontrar el propósito de su vida y se lo reprochaba constantemente. Hablaba del asunto con desesperación y repugnancia hacia sí misma. Tenía un empleo que no era de su agrado y se sentía perdida y estancada, pero no estaba segura de qué hacer al respecto. Creía no tener talento para casi nada, lo que le impedía albergar amor propio o llevar una vida imaginativa; cada vez que comenzaba a fantasear se burlaba cruelmente de sí misma. Se sentía tan mal acerca de sí misma que no alcanzaba a ver sus gustos y disgustos, sus puntos fuertes y débiles, por lo que evadía el tema por completo.

Al principio no le agradó necesitar hablar de su infancia, en lugar de hallar la forma de sentirse un poco mejor sin examinar sus vivencias pasadas. Pero con el tiempo se dio cuenta de que su padre era difícil de complacer. Entendió que nunca había tenido aspiraciones propias, y que el deseo de hacerlo sentir orgulloso la bloqueaba. Con frecuencia, Sarah era el mayor blanco del mal sentido del humor de su padre, quien además era incapaz de darle el crédito que merecía por sus logros. Si alguna vez acaso reconocía el éxito de su hija, daba la impresión de estar incómodo por sentirse así. Tenga en cuenta que Sarah era una joven muy inteligente, pero tenía una opinión deplorable de sí misma. Su autoimagen estaba estrechamente vinculada a lo que su padre decía, y estaba estancada en el deseo y el intento por obtener reconocimiento de un hombre que era incapaz de ofrecerlo.

El padre de Sarah parecía bien intencionado, pero no entendía que el propósito de Sarah no fuera vivir las fantasías que él no había alcanzado a materializar. Ella sentía que su padre la amaba pero que no estaba orgulloso de ella. Sarah y yo discutimos extensamente el tema del orgullo, y cómo el rumbo de nuestra vida no debería ser una elección basada en nuestra necesidad de sentirnos orgullosos de nosotros mismos, sino en lo que nos gusta y sentimos que podemos hacer bien, de todo corazón.

Sarah llegó a comprender que su padre también había sufrido por haber esperado de sus padres algo que no podían darle, y que ahora le estaba transmitiendo eso a ella. Con el tiempo se dio cuenta de que sin importar lo que hiciera, su padre tendría sus propias elecciones y su propio camino, y que si él no buscaba ayuda para solucionar sus problemas, era su asunto y no el de ella. Reconoció que nunca podría colmar el vacío creado por la decepción de su padre hacia sus propios padres y hacia sí mismo.

Recuerde las etapas de Erikson que abordamos en el capítulo 5. Los problemas de los que estamos hablando aquí se refieren al sentido de autonomía de Sarah. Quizás usted se pregunte por qué Sarah simplemente no escogió una vocación que su padre aprobara, y listo. De hecho, había tenido una buena razón para no hacerlo, a pesar de que ahora se sintiera estancada. Una parte de Sarah no quería plegarse a la autoridad y sencillamente algo en su Ser se lo había impedido. Inconscientemente deseaba con ardor ser dueña de sí misma, y esa parte de ella, disociada de la que ansiaba la aprobación de su padre, continuaba luchando en su interior.

Para salir del atolladero, Sarah necesitaba tomar consciencia de los diferentes aspectos de su personalidad. Si todas nuestras motivaciones son inconscientes, vivimos en conflicto y sin opciones. Una vez que lo entendió, Sarah sintió un gran alivio, ya que también cayó en la cuenta de que su padre no podía dejar de ser como era, y que ahora ella necesitaba concentrarse en aprobarse a sí misma, tal y como lo hacen los adultos. Fue capaz de perdonar a su padre y de seguir adelante. Recuerde que si se siente estancado, lo más seguro es que tenga un conflicto entre dos diferentes caras de su personalidad : una representa sus verdaderos deseos, y la otra los desaprueba.

Para Sarah fue extremadamente benéfico volverse consciente de sus conflictos internos subyacentes, si bien no lo consiguió del día a la mañana. Por cierto, Sarah trabajaba en el área de la salud y se había diagnosticado a sí misma un trastorno de pánico, porque cada vez que pensaba en la falta de dirección en su vida se sentía abrumada y atrapada, y entraba en pánico. Cuando me llamó por primera vez, me dijo que le habían aconsejado que el mejor tratamiento para un trastorno de pánico era la terapia cognitivo-conductual (aprender a reconocer sus síntomas, controlarlos y comprender que eran pasajeros) combinada con ejercicios de relajación y afirmaciones. Sarah me preguntó cuál era el tipo de terapia que yo hacía, y le respondí que tratar el trastorno de pánico no era suficiente ; que necesitábamos saber **por qué** sufría de ataques de pánico, y que yo me centraba en la comprensión.

Inicialmente, Sarah decidió seguir la vía cognitivo-conductual. Cuando comenzó la terapia grupal que le habían recomendado, de inmediato notó que buscaba mejorar para obtener la aprobación del terapeuta. Inmediatamente lo vinculó con su padre. Volvió a llamarme para decirme que ahora quería resolver los problemas que le provocaban los ataques.

A medida que Sarah fue progresando, no solamente logró perdonar a su padre, sino que además fue capaz de comunicarle respetuosamente cuáles eran sus metas profesionales. Su padre era un empresario exitoso que deseaba que ella siguiera sus pasos, pero en lugar de eso Sarah había decidido que quería enseñar a niños con dificultades. Le dijo que esperaba su bendición, pero que había descubierto su verdadera vocación y que se disponía a seguirla. Tal vez su padre sintió alivio al comprender que ya no le era necesario intentar lograr que Sarah complaciera **a su abuelo** siguiendo una carrera de negocios. Le dio su bendición y mostró interés en la formación académica que Sarah comenzó a recibir. Una reacción así es una ayuda extra maravillosa, pero no siempre es el caso, y sea como sea la gente necesita alcanzar su autonomía y aprobarse a sí misma.

¿Por qué los adultos continúan deseando la aprobación y los elogios de sus padres, e incluso luchan por obtenerlos —especialmente cuando no llegan espontáneamente— y como resultado no avanzan en su desarrollo? Una de las razones es que nunca dejamos de desear lo que nunca obtuvimos como niños. Después esos pensamientos y emociones —en este caso, la necesidad de atención de los padres— se reprimen, se niegan y quedan relegados al inconsciente. Sarah ni siquiera sabía que tenía un conflicto; sólo sabía que ignoraba qué dirección tomar. Cuando personas como Sarah viven una batalla interna, no lo saben conscientemente. Ella temía la desaprobación de su padre, pero también actuar únicamente con el fin de obtener su aprobación. La lucha de poder que alguna vez había llevado en contra de su padre ahora ocurría dentro de sí misma, y sentía que debía salir triunfante. Es esencial conocerse a uno mismo en el mayor grado posible; Sarah nos ofrece un excelente ejemplo de la importancia que tiene el autoconocimiento.

Esto no constituyó todo el trabajo de Sarah, pero debo subrayar que no hablamos de su elección de carrera profesional. La incertidumbre de Sarah acerca de su camino estaba relacionada con un conflicto inconsciente, por lo que no intenté ayudarla a encontrar una profesión que le gustara; no habría sido de ningún valor en aquel contexto. En cambio, llevamos su conflicto del inconsciente a la luz de la consciencia, y su habilidad para fantasear le permitió descubrir su vocación. Un día me contó que había pasado una semana entusiasmada porque "se había dado cuenta" —el inconsciente se había tornado consciente— de que siempre había deseado ser una maestra de educación especial. Eso ocurrió espontáneamente luego de que comenzara a sanar los sentimientos dolorosos y enredados que le habían impedido un mayor crecimiento. No era de sorprender que sintiera pánico, un pánico tan abrumador que le imposibilitaba tener ideas claras.

Aunque llevaba una nueva vida libre de conflicto, Sarah aún tenía que hacer el duelo por haber vivido, hasta ese momento, tratando de satisfacer los sueños de su padre en lugar de conocerse a sí misma. Su reacción inicial fue juzgarse a sí misma, tal y como solía hacerlo, y calificar sus acciones pasadas como "estúpidas". Le expliqué que todos somos "estúpidos" cuando nos gobiernan nuestros sentimientos inconscientes. Debió hacer el duelo de lo que había considerado como tiempo perdido, pero le señalé que el crecimiento personal y el grado de consciencia que había alcanzado representaban un gran logro. Después de todo, ¿qué bien le habría aportado un éxito anterior sin aquella lucidez ganada a duras penas? Comprendió que no era posible tapar las emociones dolorosas subyacentes con una carrera brillante, como había intentado hacerlo su padre. Definitivamente podemos intentarlo, como lo hacen muchos, pero no funciona.

Es fundamental hacer el duelo de lo que no obtuvimos cuando lo necesitábamos y añorábamos, o de aquello que sí recibimos pero que fue disfuncional. Sarah analizó su pasado, años en que su padre había sido muy crítico, cuando lo único que ella quería era ser amada y que el comportamiento de su padre le mostrara que era buena tal y como era. Si bien no vivió el proceso junto a su padre, ya que lo había perdonado y no quería lastimarlo, también él se benefició de la terapia. Estaba encantado con la liberación emocional de su hija y un día le confesó que en realidad nunca había deseado meterse en los negocios, sino que lo había hecho para complacer a su propio progenitor. Su padre llegó a conocerse mejor y estaba muy feliz con el progreso de su hija. Aunque ella nunca lo criticó y asumió sus propios problemas, él le pidió disculpas. Como señalé anteriormente, esto no siempre ocurre y fue un regalo muy afortunado para Sarah, pero de todos modos ella habría mejorado.

Si bien esta lucha gira alrededor de la habilidad de fantasear y acceder más plenamente a nuestra propia mente, también concierne la autoestima, o lo que yo prefiero llamar amor o respeto propios. No se trata de recibir aprobación ajena en cuanto a nuestras decisiones, ni de estar orgullosos. Lo importante es adquirir la certeza de quiénes somos, de aquello que nos agrada y nos es significativo; recobrar nuestro maravilloso Ser y conocernos a nosotros mismos.

Como podrá imaginar, la terapia no fue fácil para Sarah. Me preguntaba cuándo estaría "curada" y si yo no podía sencillamente "quitarle" la ansiedad. Ojalá hubiera podido hacerlo, pero le expliqué que eso la privaría de su propio proceso de integración. Su ansiedad trataba de ayudarla a vivir como una persona plena, auténtica y autónoma. Aun si yo hubiera tenido la capacidad de hacerle saltar ese proceso, no la habría ayudado.

En el transcurso de la terapia, Sarah fue comprendiendo cada vez más, y se volvió evidente que era una persona dotada psicológicamente. Al tomar consciencia de que la raíz de los problemas se situaba en la infancia, se preguntó cuántos niños bajo educación especial sufrían de una falta de concentración debido a problemas que los atormentaban, y no simplemente a causa de un "desequilibrio químico". Entender eso la afectó tanto que decidió trabajar con niños pequeños con necesidades especiales. Ahora lo hace estupendamente y con gran placer.

¿Aún se preocupa Sarah por su autoestima? Ni en lo más mínimo. Su terapia fue difícil y en ocasiones dolorosa, pero sabe que realizó un extraordinario esfuerzo de honestidad y coraje en busca de su Ser superior, y que escuchó la voz de su vocación. Enseña a niños con dificultades porque es lo correcto para ella. Aprendió que este camino es mucho más importante que actuar con el único fin de sentir orgullo. Sabe que está consciente, es valiente y tiene vulnerabilidades. Apela al humor para hablar de lo que no le agrada de sí misma. También sabe que ocasionalmente se impacienta con algunos colegas nuevos, pero es capaz de controlarse. Realiza su mejor esfuerzo y cuando los niños aprenden, se siente feliz por ellos y lo considera una victoria, un logro que ella no ha hecho más que facilitar. Cuando los niños no progresan, se siente triste, pero no culpable.

En nuestra cultura mucha gente es adicta a la autoestima, comúnmente en el sentido de querer desempeñarse mejor que todos los demás. Esto dificulta admirar a, y disfrutar de alguien, así como sentir gratitud. Vuelve casi imposible experimentar la felicidad de complementarse con otras personas, sin envidia ni comparaciones lamentables. Eso hace que busquemos el reconocimiento de todo el mundo y de quien sea. Cuando indagamos en nuestro interior para hallar las respuestas, lo logramos y nos esforzamos por progresar emocionalmente, alcanzamos nuestro amor propio, si bien entonces puede resultarnos triste ver a otros vivir a la defensiva.

"Dan" también vino a verme tras haberse diagnosticado a sí mismo un trastorno de ansiedad, y sabiendo que quería trabajar sobre sus problemas. Era un hombre bondadoso e inteligente, con muchos atractivos, y deseaba intensamente establecer una relación romántica seria. Sin embargo, cada vez que salía con una mujer evaluaba si él le gustaba a ella, sin importar si la mujer le agradaba a él, o si tenían algo en común. Ansiaba tanto el reconocimiento y que alguien lo quisiera, que no existía nada más en su mundo y definitivamente no quedaba lugar para un amor maduro. No notaba que a veces le daba esperanzas a sus parejas potenciales, para luego acabar rompiendo la relación. Se enojaba cuando le hacían lo mismo, y no fue sino hasta más tarde que tomó consciencia de que eso era justamente lo que **él** había estado haciendo. Más adelante, cuando otra mujer con la que salió rompió la relación, entendió que su intención no había sido herirlo, sino que simplemente no podía permitir que los sentimientos de Dan o de cualquier otra persona importaran demasiado, porque ella también vivía para obtener reconocimiento.

Dan analizó su vida en profundidad. Había sido criado por padres ansiosos y confundidos, y nunca había sentido la seguridad de su amor, que al parecer había estado sujeto a muchas condiciones. En el fondo arrastraba una terrible depresión, pero fue capaz de enfrentarla. Como tantos otros, estaba poco consciente de sus propios sentimientos subyacentes, e inconscientemente creía poder encontrar a una mujer que lo hiciera sentir mejor. No estaba al tanto de su propia incapacidad de cuidar de alguien, porque no se conocía a sí mismo y solamente quería que otra persona acallara las terribles emociones con las que vivía constantemente. No quedaba espacio para los problemas de los demás.

Irónicamente, conforme Dan dejó de buscar reconocimiento y se enfrentó a sus sentimientos, sintió gratitud y humildad al recordar los momentos en que había resultado lastimado. Me contó de un amigo que lo había "soportado" por años, y le agradeció por haberlo hecho. Encontró en sí mismo a un individuo atento y sensible, y comentó que no había sido una muy buena persona en el pasado.

Dan se apropió realmente de su vida. Desde entonces ha tenido algunas relaciones en las que él y su pareja pudieron compartir bastante y tratarse bien mutuamente. Si bien esto le trajo una novedosa alegría, aún no ha encontrado a una mujer con quien pasar el resto de su vida. Sabe que es capaz de amar, se considera más bien tímido y siente que ahora tiene la oportunidad de establecer vínculos con los demás. Sus otras relaciones han mejorado. También necesitó hacer el duelo de aquello que había perdido en nombre de la autoestima. Alcanzó a tener amor propio, y se siente tan a gusto con su progreso y su cambio que se ha vuelto muy paciente con los miembros de su familia que no han cambiado. Se quiere a sí mismo por rasgos verdaderos, no por ilusiones.

Tal vez ahora usted pueda apreciar cómo interactúan la aceptación de uno mismo y la capacidad de fantasear. Espero que haya notado que si alberga sentimientos dolorosos e inconscientes de desprecio hacia sí mismo, las emociones positivas no aparecerán por sí solas. Se podrá distraer cuanto quiera, pero la ansiedad no se marchará hasta que escuche lo que la genera. Cuando pueda vivir y experimentar plenamente la vida, conociéndose a sí mismo de la mejor manera posible, una vida rica en fantasías —un derecho de nacimiento— le parecerá natural. Sus fantasías pueden ser divertidas, tontas o motivadoras; pueden tratarse de lo que sea. Sus emociones estarán integradas y sentirá el amor y la aceptación propios que se encuentran dentro de usted. Al comienzo de la vida, es posible tener padres que nos hayan otorgado tales cualidades como regalo —uno muy valioso— pero si en su caso no fue así, debe conseguirlas por su cuenta. Como muchos otros antes, no cabe duda de que usted también puede lograrlo.

Ejercicios

Ejercicio 1

Imagine que por alguna razón ha perdido eso que más favorece el modo en que desea verse y que los demás lo perciban : su talento atlético, su salud, su casa, su coche de lujo. ¿Qué ideas y emociones le surgen? ¿Quién es usted? ¿Cuál es la esencia de su Ser que continúa siendo exactamente la misma? He aquí su verdadera identidad.

Ejercicio 2

Recuerde alguna oportunidad en la que haya intentado agradar a alguien. No tiene que tratarse necesariamente de una relación amorosa ; puede ser cualquier tipo de relación. ¿Le gustaba la otra persona? Piense en una situación en la que **sí** haya logrado agradar a alguien, pero en la que después se haya dado cuenta de que esa persona no era de su agrado. ¿Qué hizo? ¿Alguna vez se lo hicieron a usted? Si fue así, ¿notó que tal vez esa persona estaba actuando del mismo modo en que usted lo había hecho anteriormente? ¿Cuáles podrían ser las consecuencias de buscar el reconocimiento de alguien que ni siquiera le gusta?

Ejercicio 3

Piense en una fantasía, desarróllela y escríbala. ¿Es feliz, tonta o inspiradora?

Ejercicio 4

Piense en cinco actividades o empleos. Indique por qué cada uno de ellos le gustaría o no.

Ejercicio 5

¿Cómo desearía pasar cada día? ¿Qué se lo impide? ¿Puede incorporar ciertos aspectos de esa fantasía a su vida real?

Chapitre 9

Las relaciones y el deseo de ser necesitado

A diferencia de los capítulos anteriores que se enfocaron en los rayos específicos de la rueda PCV, el presente aborda el modo en que esos rayos o cuestiones se traducen en dificultades dentro de las relaciones amorosas. Los problemas en las relaciones y la sed de sentirse necesitado son típicos del individuo PCV, que intentará forzar a su pareja a desempeñar un papel que preserve su sistema defensivo, con muy poca o ninguna consciencia del impacto que eso puede tener sobre ella.

Con frecuencia las parejas llegan a terapia asegurando tener un problema de "comunicación", por ejemplo. No obstante, mi experiencia me ha enseñado que una o ambas partes sufren de problemas individuales fuertes y persistentes —a menudo los rayos de la rueda PCV— que se exacerban porque suelen obstaculizar una relación saludable. ¿Cómo puede alguien mantener una relación si se pasa la vida huyendo de su verdadero Ser?

Siempre me impresiona y entristece constatar que las personas intentan permanentemente hacer que su pareja satisfaga sus necesidades —que siga su "guion"— sin estar en lo absoluto conscientes de las eventuales necesidades del otro. Cuando finalmente acuden a mí, por lo general ambos miembros de la pareja se encuentran tan molestos que ni siquiera **quieren** satisfacer las necesidades del otro, y la imagen que les gustaría tener de sí mismos ya está pisoteada y arruinada. Es raro que uno de los dos comprenda verdaderamente las emociones del otro; cada cual está únicamente interesado en que el otro lo haga sentir de cierta manera. He conocido a individuos tan sedientos de reconocimiento que no pueden determinar qué emociones guardan hacia alguien más. Su necesidad es tan fuerte y abrumadora que no son capaces de ponerse en el lugar de la otra persona.

Muchas personas se casan sin reflexionar acerca de sus propias necesidades y sin entrenamiento alguno al respecto. Después se enfadan y entristecen cuando su pareja no las gratifica, algo que tal vez **no sea capaz** de hacer. No es de sorprender que un gran número de relaciones sean caóticas. Los asuntos personales se inmiscuyen en sus relaciones y pueden generar problemas. Es importante entender nuestras propias dinámicas por muchas razones; cuanto menos para estar atentos a ellas y tomar decisiones conscientes y bien pensadas sobre nuestro comportamiento.

Como señalamos anteriormente, muchas personas PCV necesitan validación para sustentar la frágil imagen que tienen de sí mismas. Esta cuestión es igualmente fundamental en las relaciones, debido a que dicha necesidad acarrea consecuencias para la pareja. Si usted se encuentra en una relación y su objetivo es únicamente alimentar su frágil imagen propia, ¿qué aportará a la relación? Tal vez sea amable y trate de ser perfecto para que su pareja lo valide. Quizás ella deba tragarse sus propias necesidades para validar las de usted.

Un sinnúmero de pacientes me han relatado que su pareja los dejó a pesar de que ellos siempre se habían esmerado por tratarla bien. Cuando yo indagaba acerca de por qué se habían esforzado tanto, me ofrecían respuestas de este estilo: "Para que pensara que era bueno y quisiera quedarse conmigo", o "Para sentirme bien conmigo mismo". O incluso: "Porque me gusta que me necesiten." Yo replicaba entonces: "¿Y ella tuvo alguna vez la oportunidad de sentirse necesitada o bien **consigo misma**?"

Esas preguntas siempre sorprendían a mis pacientes. Creían estar siendo amables simplemente porque hacían **cosas** por el otro, sin preguntarse si las necesidades emocionales de su pareja estaban siendo satisfechas, ya que las suyas eran demasiado intensas como para siquiera dar lugar a tal perspectiva. Una fuerte necesidad de reconocimiento anula la personalidad del otro, quien rápidamente aprende a no expresar ninguna necesidad o preferencia y se limita a ofrecer elogios y gratitud, lo que con el tiempo se transforma en vacío y rabia.

En una relación, usted no puede ser el único reconocido, necesitado o apreciado; también necesita reconocer, necesitar y apreciar a la otra persona. Si todas sus interacciones tienen como objetivo asentar su bienestar emocional, ¿qué necesidades emocionales del otro son satisfechas? ¿Cómo afecta eso a su pareja? Mientras sus interacciones tienen por objetivo otorgarle la impresión de que usted es valioso, la otra persona puede sentirse incompetente, mal amada, prescindible y despreciada.

No estoy insinuando que usted haya lastimado o utilizado deliberadamente a otros. Creo que si hirió a alguien, habrá sido porque el dolor emocional le impedía ver sus sentimientos y necesidades. Sin embargo, si toma más consciencia de sí mismo, realmente dispondrá de más opciones a la hora de interactuar con los demás. Y la verdad es que las personas que necesitan ser validadas constantemente no están amando con sinceridad; no hacen más que alimentarse a sí mismas y poner al frente sus necesidades. Dichas necesidades pueden destruir partes de su Ser, como su capacidad de amar profundamente; también pueden impedir que la otra persona se respete a sí misma.

Recuerde al paciente que al salir con una mujer sólo quería agradarle, sin importar que ella le gustara o no. Estaba tan enfocado en eso que no se tomaba tiempo para evaluar si la mujer en cuestión era adecuada para él. ¿Buscaba darle falsas esperanzas a una mujer a la que no tenía intenciones de seguir viendo? No, desde luego que no. De hecho, fuera de ese contexto, era extraordinariamente amable y atento. Aun así, fue necesario que alguien le hiciera lo mismo a **él** para que se diera cuenta de lo que le hacía a otros. La experiencia le mostró lo que significaba estar del otro lado de la ecuación, y le ayudó a notar que su comportamiento no tenía que ver con la otra persona, sino con cómo se sentía acerca de sí mismo. Si usted tiene necesidades emocionales tan exigentes que no percibe los sentimientos de los demás, ni quiénes son en verdad como seres humanos con características propias, es hora de que adquiera más consciencia de sí mismo.

Nunca olvide que todo el mundo carga con sus problemas y emociones. Si en una cita intenta que la otra persona lo aprecie, probablemente ella creerá que usted está extremadamente interesado. En realidad, la otra persona debería comenzar a formarse esa idea únicamente cuando usted **esté** efectivamente muy interesado y quiera seguir saliendo con ella. Cuanto más se conozca a usted mismo, más poder y presencia tendrá en sus relaciones.

"Tom" era un profesional exitoso que se calificaba a sí mismo de "rescatador". Entraba en relaciones con mujeres seriamente trastornadas, como lo era su madre. Nunca había sido capaz de arreglarla a ella, pero inconscientemente creía que ayudando a esas mujeres, de alguna forma compensaría por aquella falta. Una y otra vez, Tom establecía relaciones con mujeres drogadictas, incapaces de mantener un empleo y que periódicamente sufrían de ataques de furia y perdían el control. Pero también eran en ocasiones dependientes y depresivas, lo que a él le atraía. A pesar de intentar ser racional y comprensivo, seguían maltratándolo. Me preguntaba por qué su pareja de aquel entonces se comportaba así, y yo le preguntaba **a él** por qué andaba con ella y había estado con tantas otras similares. Afortunadamente, Tom vino a verme solo porque su pareja se había negado a acudir a terapia.

Tom había experimentado una profunda vergüenza al haber sido criado por una madre caótica y por diversos hombres. Desde muy pequeño se le había hecho sentir responsable, y se ocupaba de los asuntos de la casa en remplazo de su madre, pero luego era el blanco de su ira y humillación. También había sido maltratado por los novios de su madre. Había sobrevivido a una infancia infernal desarrollando una personalidad PCV. Se volvió extremada y rígidamente organizado en cuestiones prácticas y en sus opiniones. Siendo más joven, cuando salía con mujeres más normales, estas lo rechazaban por su rigidez, por ser lo que ellas llamaban un "maniático del control". Eso incrementó su arraigada sensación de vergüenza, y su perfeccionismo le daba la impresión de ser mediocre e indigno, incapaz de relacionarse con mujeres mentalmente más sanas.

Si bien nada de eso fue consciente, Tom tomó una decisión importante : encontraría a una mujer con tantos problemas emocionales que nunca lo abandonaría, porque su dependencia le impediría querer estar sola. De llegar a volverse indispensable para la supervivencia de aquella mujer, él recibiría reconocimiento y sus propios problemas emocionales palidecerían en comparación; o eso creía. Tenía dificultades para tomar decisiones, pero esa mujer ignoraría sus consejos aun cuando los exigiera, y acabaría haciendo lo que deseara, por lo que más tarde la responsabilidad por esas malas elecciones recaería sobre ella.

Tom había logrado recrear su triste infancia. Del mismo modo en que preparaba la cena para su madre y para él cuando era muy joven, reemplazándola en las labores que le correspondían para que siempre regresara a su lado, continuaba en una relación miserable porque estaba seguro de que si satisfacía todas las necesidades de la mujer en cuestión, esta no lo abandonaría.

Se ha vuelto parte de la jerga psicológica llamar "rescatadores" a ciertos individuos. Si bien no tengo objeción en cuanto al término, no expresa las profundas y dolorosas dinámicas que deben ser enfrentadas para modificar tal comportamiento. Como lo he mencionado antes, los niños sienten que reciben lo que merecen. El modo en que fueron tratados determina cómo se sienten acerca de ellos mismos. Antes de abordar sus problemas, Tom tenía pocas posibilidades de sentirse merecedor de alguien mejor que su madre abusiva y dependiente. A veces, esas mujeres percibían la rigidez y el control que él ejercía en la relación como una estructura necesaria, pero sólo un adulto trastornado acogería ese tipo de rigidez, y el precio correspondiente es muy alto.

Inicialmente, Tom quería que yo le indicara cómo comportarse para que su pareja a su vez lo tratara mejor. Le llevó bastante tiempo, pero acabó por darse cuenta de que no podía controlar los problemas de aquella mujer; sólo los suyos estaban en sus manos. Logró enfrentarse a la desesperación y a la inseguridad de las que había huido toda su vida. Se confrontó con su abismo personal : el de un niño no deseado, indigno, maltratado y arrojado a un caos absoluto. Con el correr del tiempo, Tom dejó de ser tan rígido y controlador, y tomó más consciencia de las emociones de los demás, algo bastante frecuente en el transcurso de una terapia. Ya no quería controlar a nadie y deseaba mejorar.

Finalmente rompió aquella relación y continuó trabajando sobre su propia persona. Cuando volvió a salir con mujeres, le sorprendió la frecuencia con la que aún elegía a personas problemáticas, pero ya no permitía que esas relaciones fuesen más lejos. Finalmente conoció a alguien con una mejor salud mental, una persona PCV que también había sido rescatadora, había recibido terapia y ahora, como él, quería algo mejor. Ambos enfrentaron desafíos, pero los aceptaban con humor y solían bromear sobre quién sería el primero en tomar cuáles decisiones, y eran muy empáticos el uno con el otro.

El caso de Tom es solamente un ejemplo de cómo las dinámicas PCV pueden llevar a una persona altamente funcional a entrar en una relación desastrosa. Evitar los problemas y esconderse de uno mismo, para luego tomar una decisión basada en la soledad extrema, a menudo resulta en una situación enfermiza y dolorosa. Me da gusto señalar que, como resultado de su arduo trabajo, Tom recuperó su dignidad y su valor propio. Se redefinió a sí mismo como una persona imperfecta, pero atenta a sus problemas y dispuesta a intentar solucionarlos. Él y su nueva pareja se permitieron sentirse necesitados y alcanzaron una sana interdependencia, en lugar de una relación mutuamente dependiente. Gracias a que Tom había tenido el valor de encarar sus problemas y emociones verdaderos, ya no necesitaba seleccionar parejas trastornadas; escogió dar y recibir amor maduro, en lugar de buscar reconocimiento a toda costa.

En la terapia de pareja siempre es importante considerar los problemas individuales, por lo que prefiero trabajar con cada persona por separado. He visto un sinfín de parejas en las que uno de los dos miembros se queja de la extrema disfunción del otro : abuso de drogas o alcohol, infidelidad compulsiva, mentiras sobre los gastos y la situación financiera, abuso psicológico e incluso enredos con la ley. Desean desesperadamente que su pareja cambie, o eso creen. ¿Pero cuánto cambio estarían dispuestos a tolerar? Cuando la persona supuestamente disfuncional cambia, es común que la persona PCV, más sana, comience a sentirse infeliz e insegura, temerosa de que la pareja ya no quiera o no necesite estar con ella. Conformarse con alguien cuyos problemas lo hagan sentir mejor a uno es un sustituto muy pobre para el amor.

"Craig", divorciado desde hace dos años, es un ex "rescatador" y ahora frecuenta a una mujer cuya compañía disfruta enormemente. Está feliz, siente empatía y respeto, y se deleita con la inteligencia de su pareja; adora verla feliz. Me dice : "Nunca antes había vivido algo así." Yo le respondo : "Nunca antes habías querido algo así." Y Craig concluye : "Nunca lo había valorado, ¡y ahora me siento tan vivo!" Craig ahora sabe lo que es estar verdaderamente presente en una relación.

Otro problema serio en las relaciones está vinculado con lo que suele llamarse "el complejo de mártir". "Jean" había sido criada en un barrio de bajos recursos por una madre sumamente fuerte y trabajadora. Su padre había muerto cuando ella tenía diez años. Su madre era estricta porque deseaba proteger a sus hijos de influencias negativas. Debido a que tenía dos empleos, los niños cargaban con muchas responsabilidades y también trabajaban arduamente. Aunque su madre fuera bien intencionada, estaba cansada y le sobraba poco tiempo y energía para las emociones, para elogiar a sus hijos o mostrarse afectuosa. Volcaba en ellos toda su vida y su vigor. Jean había desarrollado una personalidad PCV, muy similar a la de su madre. Era una estudiante sobresaliente y había obtenido una beca para la universidad; más adelante había ayudado a sus dos hermanos menores a que también asistieran a la universidad. Sin embargo, nunca había aprendido a verse a sí misma o a otros fuera de su papel de asistente. Era una persona maravillosa con poca perspicacia sobre sí misma.

Su madre deseaba que formara una pareja y que fuera feliz, y cuando Jean conoció a Dan, al comienzo pareció ser un suceso afortunado. Desdichadamente, los planes de Dan para cursar estudios a medio tiempo fracasaron, al igual que los distintos empleos que tomó. Jean creía que Dan se estabilizaría y retornaría a trabajar, pero eso no sucedió, y Dan no dejaba de ofrecer excusas. Pasó el tiempo. Tuvieron dos hijos y Jean era la única que trabajaba. Dan había comenzado a beber y a abusar verbalmente de ella. Se desquitaba con ella por la mala imagen que tenía de sí mismo, producto de no estar contribuyendo a llevar la carga de la familia. La madre de Jean cuidaba de los niños mientras ella trabajaba, y por las noches Jean se hacía cargo del hogar.

A diferencia de algunos de los casos que hemos cubierto, Jean sí había tenido una muy buena madre. Sin embargo, de niña, veía lo duro que su madre trabajaba y se sentía culpable y avergonzada por querer jugar en lugar de ayudar en la casa, hacer su tarea, etcétera. A sus ojos su madre era tan excepcional que, en comparación, ella se sentía despreciable. Por supuesto, su perfeccionismo fue reconocido por maestros y otros adultos y la llevó lejos, pero la sensación de no ser merecedora de nada continuó acompañándola.

En realidad Jean se veía a sí misma como una persona perezosa, despreciable y antipática, si bien no era nada de eso. Comparaba su paciencia con Dan con aquella que su madre le había mostrado a ella al criarla, una analogía injusta. Tenía la impresión de no merecer nada mejor. Para calmar esas emociones subyacentes, trabajaba como voluntaria además de atender a la familia, aunque no tuviera ni fuerzas ni tiempo para ello. Existía muy poco o ningún placer en su vida, pero inconscientemente era lo que ella buscaba, porque su madre no se había dado gustos y Jean sentía que tampoco merecía ninguno. Sus amigos y vecinos le aconsejaban que dejara a su marido, y ella se preguntaba por qué le costaba tanto hacerlo.

Debido a que la madre de Jean era una buena persona y siempre se había preocupado por su hija, la invitamos a participar de la terapia. Allí le dijo a Jean que había sido la mejor hija que pudiera haber deseado, mencionó lo adorable y servicial que había sido, y agregó que ignoraba lo que había hecho para merecer a una hija tan maravillosa. Sus palabras fueron extremadamente poderosas. Vi a las dos mujeres en terapia, y ambas llegaron al punto de permitirse sentirse merecedoras una de la otra. Finalmente, Jean obtuvo la relación afectiva que tanto había anhelado con su madre, y su madre recibió gratitud genuina de una hija que la amaba.

Jean finalmente dejó a su esposo, y junto a su madre se embarcó en una travesía emocional en la que las dos eran felices y merecedoras de amor. La madre ayudaba a Jean con los niños, pero Jean también llevaba a sus hijos a una guardería excelente, de modo que ambas tenían tiempo para disfrutar de los niños, de su compañía mutua y de la vida en general. Jean, su madre y los niños prosperaron. Más tarde Jean conoció a un buen hombre, pero no tenía prisa por embarcarse en una relación, y al tiempo que terminamos la terapia estaba tomándose la relación con calma. Más adelante me llamó para contarme que había dejado de "hacerse la mártir" y que todo marchaba de manera formidable con su madre, los niños y ella misma.

Jean se había forjado una terrible imagen de sí misma porque su madre había sido muy trabajadora. Había evadido su abismo —ser "perezosa y desagradecida"— cuidando de un hombre lleno de problemas que no cumplía con la parte que le correspondía. Este nuevo entendimiento no solamente la salvó a ella, sino también a su madre y a sus hijos.

Cuando pienso en los "rescatadores" y en el deseo de ser necesitados, recuerdo a una pareja homosexual que atendí en terapia : "Mike" y "Tony". Mike se había ocupado de su trastornada madre y por muchos años había llevado una vida heterosexual "convencional", y salido con varias mujeres. Desafortunadamente, escogía a mujeres que como su madre tenían muchos problemas psicológicos. En esa misma época estaba comenzando a aceptar y a procesar el hecho de que era homosexual. Cuando dejó de ocultarlo en público, decidió que era buen momento para dejar de rescatar a gente y establecer una relación sana y normal. Conoció a Tony, un hombre sumamente agradable y competente, pero la situación no resultó ser tan fácil como se lo esperaba. Tony había tenido varias relaciones con hombres a quienes les costaba desenvolverse bien en la vida, y que eran incapaces de mantener un empleo, un departamento e incluso amistades. Él los apoyaba y permanecía atado a una relación en la que lo daba todo pero no recibía nada a cambio.

También él había concluido que estaba listo para entablar una relación con alguien normal y responsable.

Cuando Mike y Tony se conocieron, creyeron haber encontrado lo que buscaban, pero no fue tan fácil como pensaron. Durante la primera sesión de terapia, ambos me dijeron por separado que el otro no los apreciaba, que se sentían poco necesitados, poco valorados, y prescindibles en la vida de su pareja. Ambos exigían ser indispensables, pero ninguno había aprendido a necesitar. También pensaban que ser necesitado significaba que la otra persona sería incapaz de vivir por su cuenta, una creencia falsa y peligrosa.

Durante la terapia pusimos sobre la mesa las dinámicas PCV de ambos y su razón de ser. Entendieron que podían optar entre seguir persiguiendo un sentido de valor propio al lado de personas muy trastornadas, o aprender a necesitar, apreciar y volverse más equilibrados. Con esfuerzo y a veces con humor, ambos aceptaron el desafío, lograron entender fácilmente los sentimientos del otro —al fin y al cabo, eran muy similares— y su relación mejoró considerablemente. No alcanza con desear algo mejor de lo que hemos tenido; a menudo hace falta entender el **porqué** de nuestro comportamiento para realmente efectuar un cambio.

Otra dificultad que suele surgir en las relaciones concierne el hecho de aceptar que los demás traigan a colación sus emociones negativas durante una discusión. Algunas personas PCV se sienten culpables por tener siquiera una idea o una emoción que consideran negativa. Esto se opone a una mente sana, ya que aceptar los pensamientos y las emociones es necesario si uno no desea que el inconsciente se torne en su contra. Esto no significa que esos sentimientos vayan a transformarse en acciones. Tenemos mucho más control al admitir cómo nos sentimos que cuando huimos de tales emociones o las ocultamos de alguna u otra manera.

¿Alguna vez estuvo en una relación en la cual intentó hacer sentir culpable a su pareja por algo que pertenecía a una área gris, a algo que no era tan terrible? Llamamos "formación reactiva" el hecho de que un fuerte sentimiento que suscita culpa, conduzca a alguien a adquirir el punto de vista opuesto.

Cuando yo estaba en la universidad, un día me puse a charlar y a bromear con mis compañeros durante el recreo, justo antes de los exámenes finales. Comentábamos que una tarea más nos mataría, etcétera. Después se nos unió otra estudiante. Nos aseguró que **amaba** la tarea y le entusiasmaba cada asignatura, con lo que esencialmente acabó con la sesión de desfogue de la que estábamos disfrutando. Sobra decir que nos sacó de quicio, y alguien acabó por replicarle que simplemente estábamos desahogándonos.

Todos hemos conocido a gente como esa joven, que nunca admite ni un solo pensamiento negativo. Realmente no podemos establecer intimidad con esas personas porque no son auténticas con nosotros. No es que intenten ser hirientes o mostrarse superiores, pero les tienen tanto miedo a sus propios pensamientos y sentimientos negativos que no los toleran en los demás. Dichos pensamientos y sentimientos negativos forman parte de la vida. El mundo está lejos de ser perfecto, y si la gente siente que usted es indiferente a sus emociones genuinas, entonces dejará de compartirlas con usted.

¿Alguna vez ha negado los sentimientos de sus seres allegados? Si fue así, ¿cuál fue el resultado? Recuerde que la experiencia humana normal y saludable incluye toda una gama de emociones. Aunque parezca difícil de creer, la gente bondadosa y con altos valores morales siente enojo, frustración, desilusión y odio de vez en cuando. Posiblemente no actúen en consecuencia, pero todos experimentamos estas emociones humanas normales. Sencillamente no existe una persona tan "buena", cuyos pensamientos y sentimientos sean todos "buenos".

Cuando usted comience a entender que el comportamiento y la emoción son entidades separadas, y que el comportamiento representa una decisión y una elección, podrá permitirse algunos sentimientos negativos. Siempre podrá comportarse moralmente si así lo decide, pero al mismo tiempo reconocer que no en cada caso se siente tan "bueno" por dentro como lo sugiere el modo en que actúa frente a los demás.

Ahora examinaremos otro mecanismo de defensa que interfiere en las relaciones : la proyección. Tratamos brevemente el tema de la proyección en el capítulo acerca de las dinámicas, y ahora profundizaremos sobre este concepto. Empleamos la proyección cuando no nos agrada algo de nosotros mismos y se lo atribuimos a otra persona. Por ejemplo, si alguien no nos cae bien y no somos capaces de admitirlo, tal vez digamos que esa persona no nos estima. Claro, no siempre es conveniente o placentero reconocer que alguien nos desagrada ; si es nuestro jefe, o la pareja de un buen amigo, sería obviamente preferible que apreciáramos a esa persona. Pero si no es así, es importante admitirlo. Usted puede seguir comportándose decentemente con ese individuo, porque todos merecemos respeto. Pero también tenemos derecho a nuestras preferencias personales y no es posible que nos agrade todo el mundo.

Si oye decir algo malo acerca de alguien, ¿lo condena rápidamente con el fin de sentirse mejor acerca de usted mismo ? ¿Alguna vez ha juzgado abiertamente los sentimientos de otra persona cuando lo que ella necesitaba era su comprensión ? Cuando la gente se siente mal consigo misma a menudo se comporta de ese modo para liberarse del dolor. Por supuesto, eso es extremadamente reprobable y no hará más que empeorar la imagen que ya tiene de sí mismo. Tal comportamiento es muy dañino y quienes están conscientes no actuarían de tal modo. ¿Qué ocurriría si tratara de esta forma a un perfeccionista PCV ? ¿Y si esto sucediera entre marido y mujer ? Lo invito a imaginar el potencial destructivo que este actuar implica para una relación.

¿Cree que todos los que cruzan su camino deberían agradarle, y al mismo grado ? Si es así, usted podría estar reprimiendo, negando o escindiendo sus sentimientos negativos. Pero la mente nos exige honestidad, tal vez no para compartirla con otros, pero definitivamente con nosotros mismos. ¿Se le ha acusado alguna vez de ser pasivo-agresivo ? La gente que actúa de este modo no intenta hacer daño, pero reprime y niega resentimiento. Y el día menos esperado... **¡Pum!**, se le escapa una puñalada hostil en la espalda. Para la víctima, el ataque pasivo-agresivo parece haber surgido de la nada. Cualquiera que haya sido su transgresión, probablemente haya ocurrido hace mucho tiempo, y el blanco del ataque cree que la relación previamente era buena.

Esta es una de las razones por las cuales es importante ser honesto con uno mismo. Si usted no lo es, entonces el sentimiento verdadero, aunque haya sido inconsciente, puede surgir de súbito. Cuando esto sucede, su comportamiento podría no solamente molestar sino también alejar a los demás. Y algo aun más importante : usted pierde el control de sus actos. Si admite en su fuero interno cómo se siente, se controlará a sí mismo de manera **consciente**, y eso es muy importante.

Si se comporta de modo pasivo-agresivo —aunque ese accionar se origine en una intensa autocrítica— la gente se sentirá traicionada. Si bien no puede culpar justificadamente a nadie por sus emociones, todos hacemos elecciones sobre nuestro comportamiento. Si usted está en contacto con sus sentimientos genuinos, entonces gozará de la satisfacción de haberse comportado correctamente a pesar de que ciertos sentimientos primitivos lo empujaran en la dirección opuesta. Esto hace crecer la autoestima. Prestar atención a sus verdaderas emociones y actuar con decencia le otorgan amor y respeto propios auténticos.

Otro mecanismo de defensa que le recomiendo conocer es la identificación proyectiva, concepto que también abordamos en el capítulo 5. Recuerde que la proyección implica juzgar verbalmente un supuesto sentimiento negativo de alguien más para librarse temporalmente de la propia culpa. La identificación proyectiva va más lejos y tiene un efecto aún más nocivo para usted y sus relaciones. Es una defensa por medio de la cual uno incita a alguien a hacer algo de lo que luego podrá acusarlo, y de modo que encaje con la imagen que uno desea tener de sí mismo.

Cuando yo era estudiante, un día una conocida comenzó a hablarnos a mis compañeros y a mí de alguien que la había intimidado emocionalmente. Enumeró una letanía de transgresiones y nosotros simpatizamos diciéndole : "¡Vaya crueldad! Fulano no tiene consideración por nadie." Después de mostrarle simpatía y de ponernos de su lado, la joven nos miró con desaprobación y exclamó : "¡Son horribles! ¿Cómo pueden decir algo semejante?" Se trata de una identificación proyectiva : empujar a alguien a adoptar sus sentimientos, para después hacerlos responsables por ellos. Esta mujer nos había hecho sentir **su** enojo a fin de librarse de él.

En ese entonces, yo aún desconocía el concepto de la identificación proyectiva, pero sabía que aquel comportamiento era inaceptable de parte de una amiga, y no quería cargar con la idea de ser una persona horrible. Le hablé al respecto, y le dije que si quería contar una historia y obtener compasión, e incluso indignación, debía dejar de tildarnos de "horribles" cuando saltáramos en su defensa.

Es importante admitir nuestras emociones. Es nuestra decisión compartirlas o no, pero debemos hacerlas nuestras y estar consciente de ellas si queremos poder elegir el modo en que interactuamos en este mundo. Posiblemente usted haya actuado del modo en que lo hizo esa mujer, aunque en menor grado, lo cual sería inofensivo. La interacción no es destructiva siempre y cuando esté consciente de lo que hace y la otra persona esté de acuerdo.

Por ejemplo, alguien que desee postergar un proyecto planeado con su pareja tal vez le sugiera en broma : "¿No tienes ganas de ver una película ?" La otra persona podría responder entre risas : "¡Eres un caso serio !", mientras toma su cartera y se prepara para ir al cine. Todos hemos oído a gente decir en broma : "Realmente tuve que forzarte para que hicieras eso", mientras ambos reían.

Note la diferencia cuando estas interacciones son conscientes. En el primer ejemplo, alguien se sintió usado y manipulado. En el segundo, ambas partes están en contacto con sus sentimientos y actúan por voluntad propia. Por lo tanto, aprecian el aspecto cómico de la interacción. Usted podría decirle a un amigo que tiene ganas de salir y gastar dinero en un momento en que ambos están tratando de ahorrar, y el otro podría contestar : "Yo también, démonos un pequeño gusto." O tal vez replique : "No. A mí también me apetece, pero mejor esperemos y quedémonos dentro de nuestro presupuesto, para recompensarnos más tarde." Una vez más, esta es una interacción consciente y honesta, y por tanto no perjudicial. ¿Puede imaginarse cómo podría volverse dañina si la identificación proyectiva estuviera de por medio ?

Cuando usted se hace responsable de sus actos, no culpa a nadie más por ellos, y admitamos que a nadie le gusta que se le eche la culpa. Al aceptar la responsabilidad, incluso cuando alguien lo acusa, lo único que necesita hacer es declarar : "Sí, sé que hice eso y, nuevamente, te pido disculpas." Inténtelo de vez en cuando. Si usted niega sus emociones y no se responsabiliza, quienes se ven afectados por sus acciones se sentirán insatisfechos, los reproches continuarán y la relación se verá deteriorada. Por el contrario, si se hace responsable de sus acciones y pensamientos, los reproches desaparecerán.

¿Ha interferido este comportamiento en **sus** relaciones? Le sugiero que medite al respecto y que tome nota. Recuerde, no se trata de juzgarse a sí mismo, sino de decidir que a partir de ahora estará en contacto con sus sentimientos por el bien de su propio crecimiento personal, para mejorar sus relaciones y comenzar a amarse realmente. Recuerde que los mártires, las víctimas o los rescatadores frecuentemente empujan a los demás a comportarse de acuerdo con este guion.

Si usted posee las tendencias descritas en este libro, entonces equivocarse le resulta muy doloroso. Sé que es difícil, pero puedo asegurarle que no estar nunca equivocado exaspera a los demás. Nadie quiere equivocarse todo el tiempo, y demasiada gente sufre del mismo problema. Dado que todos cometemos errores, si usted fuerza a los demás a adjudicarse la culpa mientras que usted nunca lo hace, indudablemente se producirán dos consecuencias : las personas le perderán el respeto, y se enfadarán y se alejarán de usted.

Un joven me contó entre llantos cómo su madre le había enseñado a nunca retractarse porque de lo contrario nadie lo amaría. Obviamente, era una creencia falsa, pero era tan fuerte que cuando finalmente se atrevió a pedirle perdón a su esposa, se llevó una sorpresa al constatar que eso los había acercado y que ella lo amaba aún más.

Ciertas personas temen estar equivocadas porque creen que eso significaría que son atroces, lo cual vuelve a acercarlas a su miedo al abismo. Es por esto que la perspicacia es sumamente importante. Si la gente se comporta de esta manera, es sólo debido a un intenso dolor emocional. Pero a pesar de que simpatizo con tal dolor, no es correcto permitirle dirigir sus interacciones de manera que lastime al otro. Tendrá un efecto destructivo para los demás y, a fin de cuentas, para usted también. El problema es que los sentimientos ajenos no entran en consideración. Tal y como alguien pudo haberlo lastimado haciéndolo sentir que siempre estaba equivocado o que era malvado, ahora usted perpetúa ese modelo lastimando a otros. Nunca insistiré lo suficiente sobre el hecho de que su autoestima crecerá tremendamente cuando se haga responsable de sus emociones y de su comportamiento.

"Leslie" temía y odiaba estar equivocada. Había llegado al punto en que podía admitirlo y decírmelo con calma, pero confesárselo a su esposo era otra historia. Parecía como si supiera que estaba por dejar atrás los pensamientos en blanco y negro de una vez por todas y salir adelante (lo cual es un paso fenomenal), pero aún le generaba miedo y representaba una pérdida para ella. Yo le pedí que realizara un enorme acto de fe al saltar hacia lo desconocido, y lo está logrando. Cuando le pregunté si estaba lista para dar tal paso, contestó con un prolongado "siii" y supe en ese momento que seguiría avanzando, como siempre lo había hecho. Su excelente sentido ético le dio fuerza, y **usted** dispone de la misma fuerza. La parte sana de su sólida conciencia moral le permitió a Leslie darse cuenta de que ella y sus seres queridos merecían algo mejor, y cruzó la barrera. Una vez me contó que se había burlado de su esposo para evitar culparse a sí misma, y que luego se había sentido terrible. Se había dado cuenta de que había llegado al punto de poder comportarse más adecuadamente, y sabía que así adquiriría también una mayor autoestima.

Leslie me dijo con tristeza que ahora podía ver a los demás con mayor claridad, y que había comprendido que todos tenían complejos, algunos de estos serios. Precisó que cuando en el pasado experimentaba ansiedad, pensaba que sólo le ocurría a ella. Con lágrimas en los ojos, me explicó que había vivido toda su vida intentando sentirse tan buena como los demás, mientras que existían muchos que sufrían mucho más que ella, y otros iguales a ella que no hacían nada al respecto. Le expliqué que tal vez no estaban listos o carecían del coraje necesario. Leslie lo aceptó con sabiduría y madurez, si bien le pesaba. Comprendió que la verdad era lo que permitía liberarse de la ansiedad, y que los sentimientos reprimidos nunca eran agradables.

Ahora que ha descubierto la alegría y el poder que conlleva conocerse a sí misma, y que ha superado emocionalmente los logros de muchos, ya no desea ser mejor que nadie. Desearía que en su vida existieran menos personas con tantos mecanismos defensivos que esquivar. La burbuja del pensamiento en blanco y negro se ha reventado, y ahora Leslie enfrenta la desilusión. Ha pasado por un gran número de decepciones, muchas de ellas devastadoras, pero las ha confrontado con la honestidad y el coraje que la caracterizan. Cuando usted encara la desilusión y la tristeza, lo único que queda en pie es justamente eso : la desilusión y la tristeza ; no la ansiedad o el miedo al abismo. Ya no teme derribar la frágil muralla que dicta que tanto usted como los demás deben ser perfectos.

Desde el día en que la conocí, observé el verdadero Ser de esa estupenda joven, y espero con ansias el día en que ella contemple su propio reflejo auténtico en el espejo. Hoy le resulta gracioso, y al mismo tiempo lamentable, haber pasado tantos años imaginando ser una persona malvada y muy inferior. En mi calidad de espejo, sólo puedo decirle que sé muy bien lo triste que es renunciar a la fantasía de la perfección para vivir en la vida real, pero que aporta recompensas increíbles y alegres. Por ahora apenas atisba su belleza interna, pero pronto podrá mirarse tal cual es.

Ya he abordado el tema del control en este libro, pero es importante retomarlo, ya que afecta las relaciones del individuo PCV. Numerosas personas PCV ansían controlar, no por malicia, sino por inseguridad. Sin embargo, a nadie le gusta ser controlado, y cualquier persona que se respete a sí misma acabará dejando una relación así. Irónicamente, intentar controlar a los demás tiene como propósito evitar que se marchen, pero suele ser justamente eso lo que los aleja. Las cuestiones de control pueden generar problemas con amigos, la pareja o los hijos, es decir, con quien sea que tengamos una relación.

Como hemos visto, el impulso por ejercer un gran control sobre los demás se origina en la época en que uno sintió poseer muy poco o nada de control. No obstante, sólo podemos controlarnos a nosotros mismos. He sido testigo de la tristeza que les genera a muchos aprender esto, pero es la verdad, y por lo tanto vale la pena aceptarla. Todos hemos conocido alguna vez la dolorosa realidad del desamparo. Muchos recuerdan a adultos que abusaron del control que ejercían sobre ellos durante su niñez, y viven decididos a no permitir que vuelva a ocurrir. Pero no podemos cambiar ni forzar a los demás, y en última instancia, todos debemos aceptarlo. He visto a gente permanecer en relaciones extremadamente disfuncionales; no por amor, sino simplemente porque no podían aceptar no ejercer control sobre la otra persona. Asimismo, intentar controlar excesivamente a los demás constituye una violación de sus derechos.

Si bien tal vez ninguno de nosotros sea capaz de manejar adecuadamente la sensación de impotencia, es crucial reconocer cuando verdaderamente no podemos hacer nada, y aprender a simplemente desprendernos. Recuerdo cuando un cáncer se llevó a mi madre cuando yo era una joven. Antes de su muerte, yo no dejaba de pensar frenéticamente en qué hacer para que viviera y se recuperara. Desde mi perspectiva, siempre me había ayudado y mantenido a salvo, y un día le dije a mi esposo : "Si yo estuviera muriendo, ¡mi madre no se quedaría cruzada de brazos lamentándose y tratando de aceptarlo sin hacer nada!" Mi esposo sabiamente contestó : "Pero en tal caso, ¿qué sería capaz de hacer tu madre?" Necesitaba que me recordara mi impotencia y la inevitabilidad de su muerte inminente, y sí tenía control sobre el consuelo que podía otorgarle y sobre mi propio comportamiento.

A veces la gente trata de controlar demasiado, bajo la creencia de que si ama lo suficiente, podrá resolver los problemas de sus seres queridos. Es una lección difícil y dolorosa, pero cada cual se encuentra en el nivel en el que necesita estar. Si alguien le pide ayuda o un consejo, usted puede brindárselos, pero privarlo de su proceso emocional, incluso si fuera capaz de hacerlo, no lo ayudaría en nada.

A lo largo de este libro, usted ha visto ejemplos de cómo los distintos rayos de la rueda están conectados unos con otros, y cómo todos representan aspectos de la misma problemática central. En el contexto de una relación con otro ser humano, y particularmente en el caso de las relaciones sentimentales, en las cuales están depositadas en otra persona tantas esperanzas, sueños y expectativas, estos problemas se exacerban y pueden irse al extremo.

Si dos personas con dinámicas PCV inician un romance, tendremos entonces dos conjuntos interrelacionados de dinámicas PCV que interfieren con su capacidad de conectarse de manera honesta. Esto es muy triste, especialmente cuando es evidente que en el fondo ambas personas se preocupan genuinamente una por la otra. Pero como estas dinámicas interfieren con una interacción auténtica, pueden ser tóxicas en una relación íntima.

A menudo nos enteramos del aquejado estado de las relaciones a través de los medios de comunicación; por ejemplo, por medio de las estadísticas de divorcios. Pareciera realmente que a la gente le está resultando sumamente difícil permanecer junta. Tal vez ahora usted esté en proceso de comprender por qué los adultos tienen tantos problemas para lograrlo. Con tantas personas que creen en la idea de la pareja perfecta, la relación perfecta y la vida perfecta, no es tan difícil entender cómo se embarcan en las relaciones en primer lugar. ¿Pero qué sucede cuando acaba la "luna de miel", y se revelan cada vez más los defectos e incompatibilidades de ambas partes?

La mayoría de nuestros defectos son inocuos; no son factores de suficiente peso como para justificar una ruptura. Pero cuando hemos esperado y deseado la perfección, y en su lugar nos encontramos con un simple ser humano —una persona que, como nosotros, tiene debilidades además de fortalezas— la desilusión puede causar una fuerte indignación y una gran sensación de injusticia, e incluso de haber sido engañado o traicionado.

Nadie ha intentado engañarlo, pero cuando la otra persona coloca sus problemas sobre la mesa, en efecto una persona con dinámicas PCV puede tomárselo como una afrenta. Es igualmente cierto que usted teme que su pareja note **sus** defectos. Entonces, ¿cómo lidiar con estas decepciones?

Una vez más, ya hemos abordado estos problemas en capítulos anteriores. Pero una cuestión es que usted analice su **propia** vergüenza, perfeccionismo y pensamiento en blanco y negro, fuentes de problemas en el pasado; que enfrente sus deseos, miedos y fantasías, para acercarse a su propio abismo. Y otra cuestión muy distinta es llevar estas áreas en las que ha progresado a su relación con el otro, quien puede por su lado haber realizado algún trabajo sobre sí mismo, o no.

Algunos pacientes llegan a terapia individual debido a las dificultades con las que se topan en sus relaciones actuales. Frecuentemente la relación problemática en la que desean enfocarse, en realidad no es el problema, sino que simplemente apunta a aquellas áreas donde el crecimiento personal es necesario. La clave está en observar los factores constantes. Si usted detecta patrones recurrentes en sus relaciones pasadas, debería examinar qué lo lleva a repetir tales conductas, y qué le impide relacionarse auténticamente con otra persona.

"Eileen" me habló de su novio "Jonathan" durante nuestra primera consulta. Se sentía lastimada porque Jonathan parecía no entenderla y ni siquiera se tomaba la molestia de intentar hablar acerca de lo que a ella le ocupaba la mente. Sentía que siempre lo estaba persiguiendo, que él se volvía frío y se distanciaba si ella intentaba acercarse. Cada vez que él se alejaba emocionalmente, ella insistía en una mayor intimidad y compartía sus esperanzas para el futuro, repitiéndole lo mucho que lo amaba. Cuanto más lo hacía, más distante se volvía él. Me preguntó cuál era el defecto en ella que generaba el distanciamiento de Jonathan.

Le pedí a Eileen que me hablara acerca de sus relaciones pasadas. ¿Había tenido problemas similares con otros hombres? Eileen asintió enfáticamente : "Los hombres son todos iguales", aseguró. "Al comienzo, cuando nos enamoramos todo es emocionante, pasamos todo el tiempo juntos, lo compartimos todo, cada uno de nuestros pensamientos y emociones. Después de un tiempo actúan como si yo estuviera haciendo algo malo sólo por tratar de acercarme. Cuanto más busco el compromiso, más se alejan." Añadió que estaba cansada de los hombres y de sus juegos. Consideraba que se trataba de un problema con los hombres en general ; que los hombres temían el compromiso y la intimidad.

Después le pedí a Eileen que reflexionara acerca de lo que esas relaciones tenían en común. Respondió que al comienzo, cuando salían por primera vez, disfrutaba acercarse a esos hombres. Comenté que parecía que esa intensidad ocurría muy rápido, antes de que realmente tuvieran la oportunidad de conocerse. Esto incomodó a Eileen. Aunque estuvo de acuerdo con mi comentario, estaba claro que el tema le preocupaba. Apenada, admitió : "Bueno, ahora que lo planteas de esa forma, es verdad, supongo que al principio apresuramos las cosas."

A menudo observo esto en las relaciones, y es muy triste. En vez de conocerse gradualmente, con el correr del tiempo, existe una tendencia por apresurarse y forzar una intimidad falsa antes de que esta llegue naturalmente. Eileen había dicho que ella y Jonathan se habían enamorado muy rápido, pero eso no tiene nada que ver con el amor. El amor llega con el tiempo, con honestidad, respeto y la capacidad de aceptar al otro con sus defectos y debilidades. Uno no conoce a alguien y simplemente se enamora en el acto, y si es así como ambas partes expresan sus sentimientos al principio, lo natural es que la ilusión se desmorone conforme la relación continúe avanzando.

Eileen logró constatar que a medida que el hombre se resguardaba de una situación que cada vez le parecía menos positiva, ella redoblaba su insistencia con el fin de recrear la cercanía y la emoción que habían sentido inicialmente. Pero no es posible sostener ese falso idilio por siempre. Cuanto más tiempo pase usted con una persona, más verá quién es en realidad. Y es muy probable que al apresurar las cosas, le haya adjudicado muchas de las cualidades que le **gustaría** que tuviera, ya sean ciertas o no. Conforme vaya conociéndola mejor, y se dé cuenta de que carece de esas cualidades, es posible que intente forzar el asunto. Pero esa persona no puede convertirse en aquella que usted deseaba. Es por eso que lo mejor es dejar que las relaciones se desarrollen de forma gradual, para que usted evalúe por sí mismo, mientras vayan conociéndose mejor, si forman o no una buena pareja.

Después de varios meses de terapia, Eileen rompió con Jonathan. Le dolió mucho su reacción : se sintió aliviado. Eileen había escogido a alguien que no estaba disponible emocionalmente hablando; al igual que ella, disfrutaba de la intensidad y la falsa intimidad, pero no estaba listo para ser genuino con otra persona. En vez de enfrentarlo con honestidad, se prestó a aquel juego con Eileen, en el cual permitía que ella lo persiguiera para luego distanciarse más y más emocionalmente. Eileen, por su parte, echaba de menos el entusiasmo de los comienzos de la relación, y trataba de controlar los sentimientos inconsistentes de Jonathan al mostrarle lo mucho que le importaba y lo maravillosa que podía ser.

Ni Eileen ni Jonathan se habían embarcado en la relación con su verdadero Ser. Habían traído con ellos expectativas irreales, e ideas obsoletas y trilladas de lo que una relación podía o debía ser. Manejaron su relación como un juego, y como resultado recibieron poco más de lo que podían haber esperado de cualquier otro juego. La vida real no es un juego, por lo que usted no puede esperar una relación verdadera si la trata como tal. El respeto mutuo figuraba por su ausencia, al igual que la capacidad de apreciarse mutuamente como seres humanos completos, tanto en lo bueno como en lo malo.

Eileen maduró hasta entender que el problema no era Jonathan, ni las relaciones pasadas en las que había seguido el mismo esquema. Descubrió que era su propio deseo de intimidad lo que la había atraído hacia ese tipo de hombres, con quienes podía desarrollar instantáneamente una relación muy intensa. Desafortunadamente, más allá de esa etapa inicial, tales hombres eran incapaces de alcanzar un nivel de interacción más profundo. Eileen comprendió que para experimentar una intimidad verdadera con otra persona, debía aprender a ser paciente y dejar que todo se desarrollara naturalmente. Comentó con sabiduría : "Me siento mejor sola mientras disfruto de las cosas que me gustan hacer, que estando con alguien e intentar gustarle forzosamente." Pudo ver que había buscado reconocimiento en aquellos hombres, cuando en realidad dependía de ella verse de manera más positiva.

Después de que Eileen rompiera su relación con Jonathan, la terapia dejó de enfocarse sobre los hombres y las relaciones, y nos volcamos sobre ella misma y sus propios pensamientos y emociones, además de su niñez. Sus padres se habían divorciado cuando era muy pequeña y el acuerdo de custodia había sido irregular. Aunque se suponía que visitaría a su padre cada dos fines de semana, sólo lo veía una vez al mes o a veces incluso menos. Justo cuando tenía más ansias de verlo, él llamaba para informarle que no podrían verse ese fin de semana, y que esperaba que entendiera. Y luego, cuando por fin se veían, su padre estaba distraído, distante y no mostraba interés en lo que ocurría en la vida de Eileen. No recordaba los nombres de sus amigos ni de sus maestros; no le preguntaba acerca de sus notas ni sobre cómo le iba en el equipo de fútbol. No estaba emocionalmente disponible para ella.

Eileen quería hacerme entender que su padre nunca había sido cruel con ella. Jamás le había hecho comentarios crueles ni había actuado con la intención de herirla. Sencillamente no parecía estar interesado en tener hijos. Ese fue un gran paso para Eileen. Se dio cuenta de que el comportamiento de su padre no era su responsabilidad, sino la de él. No estaba emocionalmente abierto a los sentimientos de nadie, ni siquiera a los de su hija que lo necesitaba. Cuando Eileen visitaba a su padre los fines de semana, lo forzaba a que le prestara atención siendo dulce y afectuosa, sentándose en su regazo y tratando de establecer cercanía. Pero cuanto más se comportaba así, más se alejaba él.

Eileen notó cómo había repetido ese patrón con los hombres con quienes había salido, y que su comportamiento no tenía nada que ver con ellos. Algunos problemas sólo salen a la luz en presencia de otras personas, porque es cuando estamos en compañía de los demás que podemos repetir algunas de las situaciones que debimos afrontar durante la niñez.

Con el tiempo, Eileen perdonó a su padre por su falta de disponibilidad emocional. Notó que muchos años después de haberse divorciado de su madre, nunca había vuelto a casarse, ni había sostenido una relación a largo plazo con otra mujer. Sentía lástima por él, porque era evidente que le había faltado amor en su vida, pero creía que él la amaba de todas formas; simplemente no era muy bueno a la hora de demostrarlo o de ser auténtico con otras personas. Dejó entonces de concentrarse tanto en encontrar a la pareja perfecta, y comenzó a disfrutar de su soledad. Siempre había querido una pareja y nunca se había permitido estar sola.

Finalmente, Eileen conoció a un joven muy agradable, y se tomó su tiempo para conocerlo más a fondo. En vez de declararse enamorada, me dijo que le parecía que tenía muchas cualidades y que esperaba conocerlo mejor. Le encantaba la calma que estaba sintiendo en esta ocasión, sin el deseo de apresurar las cosas. Por su lado, conforme la relación se volvió más seria, el joven no realizó ningún intento por distanciarse o alejarse de ella, sino que más bien demostró ser capaz de una intimidad adulta sana, igual que Eileen.

Eileen se había dado la oportunidad de aprender más acerca de ella misma y de sanar ciertos aspectos que habían influenciado sus relaciones con los hombres. Había cambiado, y con ella también cambió el tipo de hombres que atraía.

Eileen tenía una personalidad PCV y creía que si tan sólo actuaba de la manera adecuada, la otra persona se comportaría mejor. Creía ejercer el control y se esforzaba mucho por obtener el resultado que deseaba, pero todo era en vano. También pensaba que si lograba de algún modo ser lo suficientemente buena, alguien querría tener una relación seria con ella. No obstante, el problema no era que no lo fuese, sino que elegía a hombres a quienes no les interesaba la cercanía, porque ella pensaba que no estaba lo suficientemente a la altura. Como sucede siempre, conocerse a sí misma le abrió el panorama a opciones de las cuales no había dispuesto antes.

Al parecer, la mayoría de la gente que ha sobrevivido a dificultades extremas en su infancia y que luego lleva una vida exitosa, se caracteriza por una personalidad PCV : son fuertes sobrevivientes. Si usted es uno de esos individuos, entonces posee muchas fortalezas que le ayudarán a sortear cualquier obstáculo. Espero que mis pacientes lo inspiren y le recuerden sus propios puntos fuertes conforme vaya abriéndose camino para conocer su propio abismo y la prisión que construyó de niño a fin de sobrellevar el dolor y el miedo. Ya no necesita que los barrotes de esta "prisión adorada" lo confinen a plegarse a criterios falsos. Usted es capaz de mucho más.

Ejercicios

Ejercicio 1

Karen y John están casados. A Karen le gusta ser necesitada y siempre se ha burlado de John, al parecer inocentemente, para hacerlo quedar como incompetente. Luego ella lo "repara" todo. John está harto. ¿Qué le ha sucedido aquí a John ? ¿Qué ha ocurrido con la relación ?

Ejercicio 2

Joe siempre critica a Mary y ella siempre se siente insegura. Joe ve su inseguridad y piensa que sus propios problemas no son tan malos en comparación. ¡Al menos él no anda mendigando amor! La terapeuta de Mary le dice que la reprobación de Joe no tiene que ver con ella, y que tratar de complacerlo no la librará de la crítica. ¿Por qué?

Ejercicio 3

¿Qué quiere que su pareja haga por usted? ¿Qué está dispuesto a hacer por ella?

Ejercicio 4

Piense en algunas ocasiones en las que un ser querido lo haya criticado o le haya pedido hacer algo de modo diferente. ¿Cómo reaccionó? ¿Cómo calificaría la madurez de su respuesta?

Ejercicio 5

Gran cantidad de gente tiene problemas con una intimidad demasiado precoz. Después de algunas citas, suelen mudarse juntos y consideran al otro como su pareja. Cuando eso no funciona, como suele ser común, se produce una separación drástica. Mucha gente califica a su nuevo enamorado como "agradable", pero "agradable" no es una personalidad completa. Incluso para los animales es una descripción inadecuada. Por ejemplo, yo solía tener dos perros de caza. Una se llamaba Mabel, era muy dulce, complaciente y cariñosa, pero era pasivo-agresiva y taimada. El otro era Bebop, un perro gruñón, quisquilloso y afectuoso a su manera, así como completamente abierto y sin picardía.

Reflexione acerca de alguien con quien haya salido, y escriba un párrafo que lo describa. Conteste las siguientes preguntas: ¿Qué le gustaba a usted de esa persona? ¿Qué la fastidiaba o enfadaba a ella? ¿Qué la hacía sentir insegura? ¿Qué tenía de distinto que a usted le gustaba o disgustaba? ¿Qué la hacía sentirse bien consigo misma? ¿Cómo reacciobaba si no obtenía lo que quería? Plantee otras preguntas que debería hacerse y trate de describir una personalidad real y completa.

Chapitre 10

El abismo

Hasta ahora hemos discutido temas que parecen aislados, pero que forman parte de una estructura interna. He llamado "rayos de la rueda" a estos problemas que verdaderamente provocan estrés e infelicidad. Como analogía me serví de una estructura circular para resaltar que estos problemas, o rayos, son síntomas de una problemática central. No se siguen en un orden específico, ni existen de manera aislada. Al contrario, están vinculados, y cada uno refleja aspectos de los

otros rasgos y se relaciona con la estructura básica de la personalidad.

Si usted ha leído los capítulos anteriores y ha realizado los ejercicios, entonces ya habrá efectuado cierto trabajo cognitivo sobre los rayos mismos; pero también habrá notado que tratar los rayos, si bien es importante, no constituye el panorama completo. Por esta razón lo he alentado y ayudado a expandir su conocimiento de lo inconsciente y a indagar por debajo de la superficie.

Para realmente modificar la personalidad, es necesario hacer conscientes los pensamientos y emociones que no lo eran antes. Por ejemplo, hemos abordado el pensamiento en blanco y negro y las asociaciones rígidas que construyen las personas PCV. Recuerde a aquellos que imaginaron la personalidad entera de un individuo basándose en que este alguna vez había sido impuntual o había elegido teñirse el cabello. También se acordará de los pacientes que creían que decir una pequeña mentira piadosa era atroz y por eso sentían la necesidad de ser brutalmente honestos todo el tiempo.

¿Pero **por qué** forma la gente estas asociaciones en específico? Cuando le pregunto a un individuo con rasgos PCV por qué necesita ser perfecto, me contesta que cuando fue imperfecto en el pasado, se convirtió en un blanco de crueldad o humillación. Esta es parte de la respuesta, y es acertada en términos **históricos**; es decir, explica cómo se desarrolló y se reforzó tal comportamiento o sentimiento en el pasado. Sin embargo, hoy estamos en el presente. Una respuesta histórica no describe nada de lo que ocurre en la mente y en el corazón de la persona **en la actualidad**. De eso hablaremos a continuación.

El libro toma su título de este capítulo. He denominado **abismo** —un pozo sin fondo al que tememos caer— a ese miedo real y subyacente de la gente PCV, que se manifiesta en los distintos rayos de la rueda. El abismo no es la forma en que usted **quisiera** verse, sino la imagen de sí mismo que lo atemoriza e intenta evitar conocer. Los rayos de la rueda están diseñados para ayudarlo a ignorar más y más esa temida imagen, para que la niegue y la escinda en los diversos rayos o problemas que hemos abordado. Estos problemas son el precio que usted paga por mantener el abismo fuera del alcance de su consciencia.

¡Si tan sólo la negación funcionara! De ser así, mi trabajo consistiría en ayudar a la gente a negar lo que teme. Pero el hecho es que estos asuntos vuelven miserables a quienes se suponía debían proteger. Cuando las personas se ponen "a la defensiva", en realidad se están defendiendo de su propio abismo. Es más fácil ver las maniobras defensivas ajenas que las propias, porque muy pocos tienen el coraje o la consciencia necesarios para enfrentar su propio abismo. No obstante, es la única forma de liberarse de los rayos, la ansiedad que generan y los problemas a los que conllevan.

Por tanto, el abismo es la imagen de uno mismo que inspira tanto pavor y que contradice la imagen que uno simula tener. Esa imagen oculta es tan aterradora que las personas PCV sienten que deben rechazarla pasándose al extremo opuesto. ¿Pero de dónde viene el abismo? Por supuesto, proviene del pasado; más específicamente, puede tener sus raíces en la idea que usted guarda de otra persona. Es muy frecuente oír decir a la gente que tiene miedo de volverse como su madre o su padre. Al decirlo revelan cierto conocimiento sobre el abismo, pero luego oscilan hacia el lado opuesto en un intento por compensar esos aspectos temidos de su propia imagen.

Por ende, el abismo puede ser el "otro yo" que forma parte oculta de la imagen de uno mismo. Una imagen de sí mismo no necesita ser precisa para ejercer una tremenda influencia sobre la personalidad. Los rayos de la rueda constituyen un medio de defensa contra la imagen que representa al temido "otro", lo que frena la consciencia de sí mismo y un crecimiento emocional más amplio.

Además del temido "otro", el abismo también puede ser la imagen de sí mismo surgida del modo en el que se lo describió a uno o se le hizo sentir cuando era niño, una versión cruel y distorsionada de cómo uno es realmente. Ya adultos, algunos todavía se sienten torpes, estúpidos o poco atractivos y caen en excesos para evitar admitirlo. Cuando un rayo de la rueda recibe un choque, el miedo al abismo se activa y el individuo PCV, atemorizado, reacciona de alguna de las maneras descritas en este libro como los rasgos PCV. Al huir del abismo, uno crea involuntariamente una prisión que se vuelve emocionalmente sofocante.

Para mucha gente que fue víctima de abusos, el abismo representa a uno de sus padres. Piensan que si alguna vez llegan a enfadarse, **se convertirán** en el padre o la madre abusivos. De manera menos consciente, sienten que **ya son** como esa persona. Si bien usted puede experimentar enojo e incluso furia —como su padre o su madre— también posee valores, autocontrol y muchas cualidades positivas y racionales. Cuando afirmo que arrojar luz sobre su abismo constituye el camino hacia la curación, me refiero a que el hecho de enfrentar emociones que usted no llevaría al acto bajo ninguna circunstancia, le permite incorporar su ira y otros rasgos de su abismo a sus numerosos sentimientos positivos. (Revise el capítulo 5 para una discusión sobre la integración de las emociones.) Adicionalmente, descubrirá que su mayor grado de perspicacia lo hará sentir menos enojado o amenazado que antes. Conforme vaya reconociendo sus propios problemas, verá que ya no necesita transformarlos en rabia como lo hizo en el pasado.

Cuando las emociones se integran ya no son puras, es decir que se diluyen. Bajo esta forma, la ira es mucho más ligera que la de alguien que carece de integración emocional. No es posible resaltar lo suficiente este punto. Es principalmente por esta razón que debemos traer a la consciencia el abismo y su contenido, así como el significado de cada uno de los rayos de la rueda.

Tal vez su abismo provenga de cómo se le hizo sentir en la infancia. Quizá crea que es inepto o poco inteligente. Incluso es posible que haya recibido un buen trato durante su niñez, pero que haya creado un abismo a raíz de la culpa que le generaba tener buenos padres. Al enfrentar este abismo, la idea de que no tiene talento en ciertas áreas —como nos ocurre a todos— podría volverse más tolerable, inclusive cómoda. Entonces podrá comenzar a desprenderse de la necesidad de aprenderlo **todo**, y a cambio, simplemente hacer lo que disfruta y aquello en lo que se desempeña mejor. Nadie puede avergonzarlo por no saber algo si usted mismo reconoce que no lo sabe, que no es su punto fuerte y que no necesita desarrollarse intelectualmente en todas las áreas habidas y por haber.

Al considerar los problemas tratados en este libro, es importante tomar en cuenta la noción de "gama de comportamiento". Todos actuamos dentro de un rango delimitado y, como suelo aconsejar a mis pacientes, usted debe observar la gama de comportamiento de los demás para determinar si está dispuesto o no a aceptarlos en su vida. Por ejemplo, algunas personas pueden ser muy dulces por momentos, quizás más que la mayoría, pero también son capaces de pasarse al otro extremo y de tornarse violentas. Por eso es difícil para las mujeres maltratadas dejar a hombres abusivos, por ejemplo; ellos les traen flores, se disculpan y se muestran increíblemente amables con ellas en ocasiones. Yo les recalco que no niego lo agradable que pueda ser su pareja, pero que me preocupa la gama de comportamiento que manifiesta. Añado que preferiría a alguien que quizá a veces no fuera muy gentil o sensible, pero cuyo extremo opuesto se limitara a dejar de hablarle por un tiempo, o a ser sarcástico, en lugar de volverse abusivo.

Nunca se nos enseña acerca de estas variaciones de comportamiento y he visto un gran número de personas —inteligentes y altamente funcionales— sentirse confundidas ante la conducta manipuladora de alguien en contraste con los momentos de "bondad". Parecen olvidar o no integrar el lado negativo de la gama. Si, por ejemplo, una persona es una amiga fantástica en los buenos momentos, pero busca destruir cuando se enfada, entonces no es una amiga aceptable. Necesitamos conocer lo mejor posible aquello que los demás harían en una variedad de circunstancias y cuáles son sus extremos.

Asimismo, usted debe conocer su propia gama de comportamiento. Ya he señalado que compartir características con un individuo abusivo, violento y demás, no lo convierte en su semejante, pero la idea de la gama esclarecerá aún más el punto. Si usted sufrió de abuso, ya conoce los extremos de sus padres, y esa gama es el problema.

¿De dónde a dónde va el comportamiento que usted exhibe? ¿Qué conductas se encuentran en la cima de su escala cuando se siente feliz y generoso? ¿Cuáles son las peores cuando está enfadado? ¿Se limita a sentir enojo y a tener pensamientos negativos, si es que puede reconocerlos? ¿O se vuelve taciturno, o se comporta de una forma pasivo-agresiva? Si bien tales comportamientos pueden dañar una relación, ser molestos e incluso perjudiciales, no lo convierten en un abusador, ni en nada **semejante** a un abusador, y si usted es una persona PCV con un rango inofensivo, no tiene nada que temer con echar un vistazo dentro de su abismo.

El mero hecho de sentir rabia contra sus padres despierta culpa en ciertos individuos PCV, incluso cuando fueron víctimas de abuso o de maltrato psicológico. En parte eso se debe a que la mayoría de la gente no es abusiva todo el tiempo, e incluso en los peores hogares usualmente existen recuerdos felices o periodos de tregua. Nuevamente, aquí es donde resulta útil el concepto de la gama de comportamiento. Usted merece sus recuerdos felices, ya que le permiten que los más tristes se vuelvan más tolerables; pero los extremos de una persona abusiva, en sus momentos máximos de enojo, muestran una seria falta de control y rabia pura. Si bien nada demerita las buenas acciones, las negativas también merecen su verdad, y usted no tiene por qué sentirse culpable por sentir enojo hacia el abusador. Una persona normal tiene una gama de comportamiento normal, si bien las fronteras varían de un individuo a otro.

En este momento sería conveniente volver a recalcar que, a pesar de que muchas personas PCV —especialmente aquellas con fuertes sentimientos de ineptitud, tristeza y culpa— han sido víctimas de abuso y de maltrato, no todas provienen de hogares disfuncionales. Algunas tuvieron padres PCV buenos y nobles, y sienten que nunca podrán estar a la altura, a pesar de ser muy amados. Ellas también pueden desarrollar una personalidad del tipo PCV, a menudo para la consternación de sus padres. Aun otra posibilidad es haber tenido padres normales, afectivos y competentes. En esta situación, algunos niños se sienten muy culpables porque sus padres los tratan muy bien, y desarrollan un sentimiento de culpa y toda la constelación de rasgos PCV. Frecuentemente los padres se preocupan, quedan desconcertados e intentan ayudar, sin saber cómo.

Es muy difícil criar a un niño, y como siempre le recuerdo a la gente, todos nacimos para tener **algunos** problemas. Por ejemplo, los niños muestran hostilidad cuando tienen que hacer tareas escolares, irse a la cama o colaborar con los quehaceres de la casa. Algunos padres son tan complacientes que nunca expresan enojo, y el niño termina sintiéndose culpable, con excesivo poder, agresividad y vergüenza. Los padres ignoran que deben enseñarle a sus hijos a manejar su hostilidad, y que ese sentimiento es normal. Esos padres dulces y bondadosos por lo general tienen hijos PCV. Recuerdo que cuando mi hija tenía siete años, me preguntó si alguna vez la detestaba. Le dije : "**¡Sí!** En ocasiones me vuelves loca, pero no me siento así muy seguido." Contestó : "Ah, qué bueno mamá, porque a veces los odio a ti y a papá aunque los amo, pero si tú te sientes así también, entonces tal vez yo no sea tan mala." Una mezcla de amor con cierta dosis de hostilidad es natural en los seres humanos, y en una buena relación el amor está integrado y pesa más que lo que llamamos "cólera" u "odio". No está presente en su estado puro ni iracundo.

Al criar a un hijo siempre es difícil hallar el equilibrio entre valorar el desarrollo de aptitudes y fomentar la autoestima. ¿El modo en que un niño pone la mesa es más importante que la imagen que tiene de sí mismo ? Por otro lado, ¿qué sucede si el niño nunca aprende a hacer las cosas de manera correcta? No existe una única respuesta acertada, y como si eso fuera poco, cada niño es diferente. Un buen padre normal puede aconsejarle a su hijo que realice siempre su mejor esfuerzo, y eso no tendrá nada de malo. Pero un niño no sabe evaluar qué es importante ni en qué ámbito no vale la pena esforzarse demasiado. Conozco a muchos adultos que desarrollaron personalidades perfeccionistas y cargan con mucha culpa aun por actividades sumamente triviales, porque nunca se les enseñó que algunas cosas no eran tan importantes. Sin duda los padres nunca tuvieron la intención de provocar ese resultado. Dicho esto, si un padre nunca hace hincapié en la importancia de dar lo mejor de sí, entonces podría acabar con un niño que nunca se siente inclinado a obtener ningún logro.

Si no cargáramos con tensiones o problemas emocionales, quizá jamás lograríamos nada. Lo que un niño perezoso necesita que le digan no es lo mismo que le hace falta escuchar a un niño PCV. He conocido a gran cantidad de jóvenes adultos que solían sentirse muy tristes porque su madre nunca los elogiaba ni se mostraba afectuosa con ellos, pero son personas maravillosas. Por otro lado, existen quienes dicen haber vivido una infancia feliz, pero que no logran dar rumbo a su vida porque nada parece motivarlos.

Por lo tanto, usted debe examinar tanto la gama de comportamiento de quienes lo criaron, como la suya propia. Necesita ser honesto consigo mismo respecto a lo que fue difícil, disfuncional o abusivo durante la infancia, o a si desarrolló culpa por percibir que sus padres eran demasiado buenos y por sentir que usted guardaba demasiada agresividad en su interior. Muchos provienen de hogares difíciles y tuvieron padres trastornados, pero numerosas personas PCV con padres formidables concluyeron desde muy temprana edad que nunca podrían igualarlos, una idea que no sólo sus padres jamás desearon inculcarles, sino que además ni se les cruzó por la mente.

Los padres presentan una gama de comportamientos en la vida real, pero lo más importante es cómo esta es percibida por los hijos, y es esa percepción la que en gran medida nos lleva a desarrollar nuestros rasgos de personalidad. Yo solía detestar que mi madre se enfadara o se pusiera de mal humor, pero no era una niña PCV. No me culpaba por el estado anímico de mi madre, y por lo general conocía su causa. Aunque no duraba mucho, sentía que estaba tratándome algo injustamente y la evitaba hasta que su humor mejorara. Tiempo después, mi propia hija, que tenía tendencias PCV muy pronunciadas, claramente se sentía culpable y necesitó preguntarme si a veces tenía emociones negativas con respecto a ella. Si no hubiera planteado la pregunta, su culpa por enojarse habría aumentado más y más, sin importar que se hubiera portado mal o no.

El punto de esta digresión es que al evaluarse a sí mismo y su infancia, no sólo debe considerar la gama de comportamiento, sino que además necesita determinar dónde se originaron sus sentimientos de culpa. También es importante que comprenda que sus extremos son lo que lo distingue de un abusador.

Todos los rayos son síntomas. Fueron diseñados para mantenerlo alejado del abismo. Pero, como es característico de todas las defensas emocionales, generan sus propios problemas. Con la tendencia actual de buscar soluciones inmediatas, se equipara a los rayos o síntomas con el problema y se los trata como tal, por separado. Pero el hecho es que usted le teme al abismo. Cuando lo enfrente, el miedo se desvanecerá.

Ahora usted sabe lo que son los rayos de la rueda, y que bajo ciertas condiciones, algunas personas PCV pueden desarrollar un trastorno de pánico o depresión clínica cuando sus defensas se ven amenazadas. Recuerde al individuo que no pudo tolerar haber perdido su empleo porque para él eso significaba que era estúpido. La pérdida activó los rayos del perfeccionismo y la vergüenza, y fue así cómo le sobrevino una depresión clínica. También discutimos el caso de la paciente que desarrolló un trastorno de pánico agudo porque ya no podía soportar la carrera que sus padres habían elegido para ella, pero que sentía que una hija "perfecta" no debía rebelarse contra los deseos de sus padres.

Si se atienden los rayos de la rueda con terapia, personas así nunca volverán a caer en una depresión o en ataques de pánico por el mismo motivo. Pero si sólo se trata la depresión y el pánico, sin tomar en cuenta las causas subyacentes, la persona siempre será susceptible a lo mismo una y otra vez. Cuando usted haya enfrentado su abismo —y a estas alturas, ya sabe cuál es— podrá admitirse a sí mismo sus pensamientos y sentimientos. Estará entonces en condiciones de integrar sus emociones.

Es crucial para usted, el lector PCV, entender que es posible que cierta gente con problemas muy serios imite algunos rasgos PCV, pero carezca de la fuerza, el autocontrol y lo que llamamos "la fortaleza del ego" que poseen las personas PCV. He recibido a pacientes PCV cuyo padre o madre eran maniáticos del orden y alcanzaban niveles incluso psicóticos, explotando y abusando periódicamente de sus hijos. Este grado de violencia los descalifica inequívocamente de ser una personalidad PCV. Desde luego, tratan de repeler el terror en su interior por medio de la rigidez y las tentativas de control sobre los demás. Sin embargo, su falta de autocontrol y crueldad significa que **no** tienen una personalidad PCV, sino que son individuos con problemas mucho más graves.

Cuando tales personas enfrentan un desaire, ya sea éste real o imaginario, no se libran a una autocrítica como lo haría usted. Por el contrario, con sus arranques pierden contacto con la realidad y el respeto por la moral, en un intento por derribar la amenaza impuesta a su frágil y fragmentado sentimiento de sí mismo. Conocí a una mujer que abusaba de su bebé porque, según ella, lloraba deliberadamente durante las noches para molestarla. **No** era una persona PCV, sin importar lo limpia que estuviera su casa. Recuerde que los rayos de la rueda no existen de manera aislada; cuando una personalidad contiene uno o más de ellos, pero no el núcleo, entonces no podemos calificarla como PCV.

Numerosas personas PCV temen al abismo que representa un padre abusivo interiorizado porque notan similitudes con ellos mismos. Es esencial que usted comprenda que las similitudes **no** lo vuelven idéntico a la otra persona. ¿Qué tienen en común un asesino en serie que disfruta lastimar, dominar y controlar, que mantiene una casa impecable y un meticuloso registro de sus crímenes, con una enfermera excelente, bondadosa y eficiente a quien le agradan el orden y cuidar de quienes la necesitan? La respuesta es : no tienen **nada** importante en común. Es a la enfermera y a personas como ella a quienes va dirigido este libro.

Mi esperanza es poder ayudar a gente como la enfermera a que se sienta más tranquila, más dispuesta a aceptarse; a que deje de temer ser como alguien totalmente distinto; y a que cese de estar aterrada ante características individuales que no equivalen a tener la misma personalidad que un padre abusivo.

Este libro no le pide que golpee una almohada y que "se ponga en contacto" con su furia hasta convertirla en berrinche. La cuestión es que reconozca sus sentimientos para no vivir con una actitud defensiva y ansiosa, con rayos que sabotean toda situación, diseñados para distraerlo del miedo a ser de una forma que nunca será. Veamos un ejemplo:

Supongamos que una persona PCV recibe un trato injusto por parte de su patrón y permanece callado porque desea mantener su empleo. Si su abismo consiste en ser abusivo y violento como su padre, estará de acuerdo con su jefe y hallará razones para corroborar la veracidad de su mal comportamiento; luego encontrará la forma de culparse a sí mismo. Una persona saludable, **no** del tipo PCV, tal vez reconozca que no es posible razonar con su jefe y no diga nada, pero regresará a su casa admitiendo plenamente a otros o a sí mismo que está enojado y odia a su jefe, e incluso que desearía que ese tipo fuera despedido. Alguien con fuertes tendencias PCV, cuyo abismo le provoca miedo a admitir su ira, ya sea hacia sí mismo o hacia un ser querido y de confianza, negará su enfado, lo cual es muy malsano.

Es importante que usted sepa que las personas buenas, nobles y normales a veces sienten envidia, avaricia, despecho y enojo. En ocasiones tienen pensamientos y emociones sobre los cuales saben que no conviene actuar. Por la misma razón, muchas personas PCV ni siquiera se permiten sentir disgusto por alguien, porque creen que los pensamientos o sentimientos **por sí solos** son tan malos como los comportamientos a los que estos pueden empujar a individuos que no saben controlarse. Una vez más, estos últimos no poseen una estructura de personalidad PCV.

Debe entenderse que una personalidad PCV puede reconocer y procesar pensamientos y emociones negativos en lugar de negarlos. Pasar a la acción difiere mucho del simple hecho de adueñarse de dichos sentimientos, un ejercicio que usted puede practicar en privado o cuando se sienta cómodo con un psicoterapeuta o un ser querido y de confianza.

Cuando yo cursaba en la universidad, tenía un profesor que a nadie le agradaba. Se burlaba de la gente en plena clase, escribía comentarios crueles en los ensayos que calificaba, y hacía todo lo posible por avergonzar y humillar a sus estudiantes. No era raro que alguien llorara en su curso. Un día durante el descanso, algunos de nosotros comentamos que el tamaño de la clase había disminuido de treinta a doce personas, y que todos sentíamos náuseas antes de asistir a esta. Una estudiante exclamó : "Ojalá ocurriera algo que lo hiciera partir. Esto es insoportable." Todos coincidimos.

Unos días más tarde, nos enteramos de que el hombre había muerto en un accidente. Nos miramos los unos a los otros, y la muchacha que había hecho el comentario confesó sentir como si ella misma lo hubiese matado. Los demás también admitieron sentirse culpables. A mí no me ocurrió lo mismo, si bien su muerte sí me impactó. Les dije a mis compañeros que no habíamos hecho nada para causar ese accidente, y que no podía aparentar que ese hombre hubiera sido bueno y amable. Añadí que respetaría la sobriedad de la ocasión, pero que no me sentiría culpable ni fingiría no sentir alivio cuando otra persona se hiciera cargo de la clase. En efecto, un nuevo profesor lo sustituyó y a partir de ese entonces, la asignatura se convirtió en la experiencia placentera que siempre debía haber sido.

Años después me enteré de que el hijo del profesor le había confesado a un compañero que odiaba a su padre, y que se sentía culpable porque su muerte había sido un alivio. Es una tragedia pasarse la vida volviendo desdichados a los demás, de modo que al final la muerte lamentablemente genera una mezcla de alivio y de culpa. Pero el hecho es que quienes nunca harían algo verdaderamente malo tienen pensamientos y emociones "negativos", y esto no los convierte en malas personas, sino en seres que son honestos consigo mismos. Desear que alguien desaparezca de su vida y sentir alivio cuando eso sucede no equivale a causarle daño.

Es bien sabido que la gente que sufrió un maltrato tiene miedo de ser abusadora. Y es cierto que la mayoría de la gente abusiva fue previamente abusada. El problema ocurre cuando se invierte la ecuación. Innumerables víctimas son tan sensibles a los sentimientos de los demás que nunca serían capaces de abusar de nadie. Muchas personas que fueron blanco de maltrato adoptan una personalidad PCV. Algo malo pudo haberle sucedido a usted, pero eso **no** lo convierte en una mala persona. El enojo natural no lo transforma **a usted** en un abusador. Del mismo modo, faltar un día al trabajo no significa que sea un drogadicto que descuida de su familia, y contar un pequeña mentira piadosa no lo hace estafador o ladrón.

Usted sabe cuál es su abismo. Yo lo aliento a que lo examine con calma, quizás gradualmente, con respeto y la mayor compasión posible, para que no sufra de tantos rayos en su vida diaria. Así podrá integrar sus emociones y practicar más plenamente el conocimiento de sí mismo. Podrá **sentirse** enojado o frustrado, pero no se **convertirá** en la rabia, como posiblemente solía hacerlo alguien que usted conoció. Será capaz de hacerlo porque su ira estará integrada con todo el amor y las buenas intenciones que haya guardado en su vida. No será cólera pura e inalterada ; será una rabia mezclada con compasión, humildad, empatía y amor, a diferencia de la furia en bruto de una persona explosiva. Es sólo cuando la ira es pura que la gente actúa verdaderamente mal. Esto es lo que significa arrojar luz sobre su abismo. Ya no temerá que esos detalles que comparte con un abusador del pasado le quiten la bondad que lleva dentro. Habrá enfrentado al abismo e integrado una paleta normal de emociones humanas.

Ejercicios

Ejercicio 1

¿Tiene miedo de ser como alguien más, o de sentirse como alguna vez lo hizo, ya sea por cuenta propia o porque alguien lo influenció de ese modo ? ¿Es su abismo un "otro" aterrador, o una imagen distorsionada de sí mismo ?

Ejercicio 2

Piense en algunas asociaciones que haya creado y según las cuales
se haya regido a lo largo de su vida, cuyo origen haya sido el miedo al
abismo. ¿Cómo lo protegieron? ¿Qué precio pagó por ellas?

Ejercicio 3

¿Alguna vez lo fastidió una persona PCV? ¿Puede entender por qué
ella actuó de esa manera?

Ejercicio 4

¿Puede analizar algunos de sus problemas o rayos, y comprender
cómo lo protegieron de su abismo?

Ejercicio 5

¿Aún le teme al abismo, incluso con el conocimiento que ahora posee?
Si es así, ¿puede comenzar a imaginarse en un estado más sereno?

Chapitre 11

Su auténtico Ser

Una vez traté a una mujer muy adinerada, de unos cuarenta años y con una profesión exitosa. "Amy" y su esposo, también un profesional, tenían tres hijos. Estaba acostumbrada a dirigir a los demás y manejaba mucho dinero, presión y poder en su trabajo. Me comentó de pasada que su esposo nunca le había dicho que la amaba, pero que todo iba de "maravilla" en la relación. Cuando le pregunté si había considerado el efecto que su niñez o sus vivencias con sus padres podían haber tenido sobre su elección de pareja, respondió que no. ¿Alguna vez reflexionaba o meditaba acerca de sus sentimientos? "No, nunca", contestó.

Amy vino a verme por recomendación de una amiga. Habían comenzado a sudarle las manos, a veces lloraba sin razón aparente y le sobrevenían serios ataques de pánico. Un psiquiatra le había recetado medicamentos, pero también había precisado que no existía cura para su pánico. Estaba frenética. Le aseguré que conforme se tornara más consciente de lo que su mente estaba intentando decirle a un nivel subyacente, su pánico disminuiría.

Amy sufría de rasgos PCV. Tenía un hermano sumamente trastornado que a su manera era la oveja negra de la familia. Aunque afirmaba que su niñez y sus padres habían sido "fantásticos", salió a la luz que su padre había sido un hombre muy iracundo, con un comportamiento que rozaba la violencia. Su madre había sido una mujer noble pero pasiva. Amy visitaba a su familia varias veces al año; su padre aún intimidaba a su madre. Desde muy joven, Amy había tomado la decisión de evitar a toda costa la furia de su padre. Recibió poco afecto, cuidaba de su madre deprimida y trataba de ganarse la aprobación de su padre. Fue una estudiante excelente y popular entre sus compañeros, pero se sentía sola y con frecuencia repetía que su vida social era una "farsa total" y que no soportaba a nadie con quien interactuaba.

Amy me dijo al comienzo del tratamiento : "Mira, no quiero **controlar** esto. Ya me advirtieron que este trastorno de pánico nunca va a desaparecer, pero eso no me alcanza. No siempre padecí de estos ataques. Sólo dime cuál es el fondo del asunto."

"Muy bien, Amy, el fondo del asunto es que has pasado dolor en tu vida", le contesté. "Sobreviviste a ese dolor siendo perfecta, pero sin consciencia alguna de ti misma. Llevas mucho tiempo siendo infeliz, y 'manejas' a las personas a tu alrededor del mismo modo en que manejas tus proyectos de negocios. El verdadero factor decisivo es que necesitas ponerte en contacto con tus emociones y enfrentarlas, para dejar de sufrir ataques de pánico. Estás intentando alejar pensamientos que buscan salir a la superficie, y el conflicto produce los ataques." Amy replicó : "De acuerdo. Así que tengo que enfrentarlo, ¿eh ? Eso fue lo que me dijo mi amiga. ¿No existe otra manera de deshacerse de esto de una vez por todas ?" Le dije que no conocía ninguna. Respondió : "Bueno, ahora que lo sé, haré lo que sea necesario, pero te advierto que no me gusta."

Amy era una auténtica mujer de negocios en todo el sentido de la palabra. Comprometida con nuestro trabajo terapéutico, "atacó" los problemas que examinamos juntas. Se dio cuenta de que se había casado con un hombre muy similar a su padre, frío y difícil. Tomó consciencia de lo desesperadamente desdichada que se hallaba tanto en su matrimonio como en su trabajo, y enfrentarlo fue muy doloroso. Tras muchos meses de grandes esfuerzos, cesaron los ataques de pánico. Logró constatar que, en realidad los ataques eran sus verdaderos pensamientos y deseos, intentando salir a la luz. Alcanzó a ver lo acongojada que se sentía por su madre y cómo había creído que si ella misma se volvía perfecta, de alguna manera podría salvarla. Le preguntó a su madre por qué seguía con su padre, y esta le contestó que era muy duro, en efecto, pero que siempre había temido marcharse. Amy fue capaz de poner límites al comportamiento de su padre durante las reuniones familiares, y la relación con su madre se volvió más estrecha.

Amy atravesó un periodo de depresión, un estado que temía y que previamente la ansiedad había mantenido a raya. Incluso admitió en una oportunidad : "Odio esta depresión, pero es mejor que vivir aterrada." Cuando le señalé que la cura para la ansiedad era la depresión —o sea, que los sentimientos reprimidos en el fondo nunca son alegres— Amy comentó que era "una venta agresiva", expresión que ahora utilizo todo el tiempo con mis pacientes. Sin embargo, como ella misma admitió, sentirse triste es preferible al terror o al pánico.

Aunque a nadie le agrade la depresión, los pacientes que llegan a sentirse deprimidos **después** de un estado de ansiedad crónico pueden reconocer que al menos en la depresión, finalmente están en contacto con sus verdaderas emociones. El proceso que atraviesan es similar al de la desilusión. En el caso de Amy, su ilusión consistía en que tanto su niñez como su esposo eran "maravillosos". Pero en realidad no se sentía así en lo más mínimo. Una vez que lo reconoció, Amy vivió el desencantamiento y la melancolía predecibles cuando se desmorona cualquier ilusión.

Mientras fuimos tratando su depresión, Amy fue capaz de aceptar que no podía controlarlo todo. Entendió que no era su problema que sus padres siguieran juntos, sino algo que les incumbía sólo a ellos. Su madre acabó atravesando un divorcio doloroso, pero disfrutó de la nueva cercanía con su hija. Amy pudo ver que su habilidad para los negocios había nacido del deseo por controlar los resultados y a los demás, y que realmente no era lo que deseaba hacer de su vida. Aun así conservó su profesión durante aquel periodo, porque le otorgaba estabilidad y todavía tenía otros problemas que resolver.

Llegada a un cierto punto, Amy tomó consciencia de que había vivido con los ojos cerrados. También tuvo que hacer el duelo por eso y aceptar que, al igual que el resto de las personas, ella tenía vulnerabilidades. Finalmente combinó su carrera empresarial con la enseñanza, lo que le resultó bastante bien. Durante una reunión de negocios, tuvo la oportunidad de charlar con un hombre que siempre le había parecido agradable. Él la invitó a beber una copa y le habló de su divorcio reciente. Su historia era similar a la de Amy, porque él también había vivido a ciegas. Amy comenzó a salir con él después de terminar la terapia. Años después me llamó para anunciarme que se había casado con ese hombre fantástico, que era muy, muy feliz y que el pánico nunca más la había atormentado.

Amy es un ejemplo bastante extremo de lo que significa no vivir auténticamente. Se sentía como una extraña en su propia vida. Si uno finge ser perfecto para obtener reconocimiento de los demás, ¿cómo es posible vivir genuinamente?

No es de sorprender que nuestra cultura sea un terreno fértil para tantos problemas PCV o de vergüenza en la gente. Se le otorga una importancia excesiva a ser mejor que los demás, y le llamamos "autoestima" a ese sentimiento de superioridad. Observamos a niños pequeños llorar a gritos si no obtienen la máxima calificación en una materia, y a los adultos medirse por cuánto dinero poseen, qué tan grande es su vivienda, qué automóviles tienen, etcétera. A los jóvenes se les alienta a practicar deportes, pero de inmediato aprenden a qué grado se afligen sus entrenadores y padres si su equipo no logra derrotar al rival.

Vivimos en un entorno altamente competitivo. Cuando la gente busca un empleo y no lo obtiene, se siente como si hubiera hecho algo malo; casi no son conscientes de que lo demás candidatos están pasando por lo mismo. Prácticamente desde el nacimiento, se nos enseña a evaluarnos a nosotros mismos no solamente comparándonos con los demás, sino además basándonos en parámetros superficiales o incluso malintencionados.

A pesar de estas influencias culturales, muchos se vuelcan a distintos tipos de espiritualidad, ya sean orientales u occidentales, que le otorgan más importancia al conocimiento de uno mismo que al hecho de imponerse sobre los demás. Habiendo obtenido el éxito que suponían mantendría alejado definitivamente a su abismo, estas personas descubren la vacuidad de la promesa del éxito, y no dejan de sentir que algo falta en su vida. Aprenden por las malas que lo que **tienen** no es lo que **son**. Numerosas personas se tornan hacia la meditación en busca de autenticidad, lo cual es positivo para quienes obtienen ayuda de ese modo.

Pero otro camino consiste en reflexionar activa y honestamente acerca de cómo usted se siente y practicar los ejercicios de este libro. El requisito para tener opciones verdaderas es que reconozca quién es y en quién tiene miedo de convertirse. Como hemos visto, la alternativa es seguir ansiosamente su propio guion en cada interacción, buscando constantemente demostrar algo, o más precisamente, **desmentir** algo.

Existe una vía alterna : puede admitir sus verdaderos sentimientos y dejar de vivir como si necesitara rechazarlos continuamente. Puede dejar de mirar a los demás y sus posesiones para averiguar quién es, luchando incesantemente por evitar reconocer su abismo personal. En cambio, puede admitir sus emociones, incorporarlas y disponer de elecciones verdaderas en la vida. Así ya no necesitará que la gente alimente su falsa imagen o que apruebe todas sus ideas, y tendrá la habilidad de estar presente y consciente en sus relaciones.

La vida no es siempre fácil cuando uno es consciente de sí mismo, pero este conocimiento de sí es el antídoto de la ansiedad, y de los rasgos PCV y los problemas que surgen como consecuencia. Gran cantidad de gente no está consciente, y usted podrá notar fácilmente cuando los demás viven a la defensiva. Tal vez se sienta solo al volverse más consciente, pero por fin dejará de sentirse obligado a impresionar a los demás con tal de negar sus propios miedos. Los habrá enfrentado y aceptado como parte de la condición humana.

Es un sentimiento maravilloso poder admirar a alguien o alegrarse por un amigo cercano sin devaluarse simultáneamente a uno mismo. Usted puede estar agradecido por sus talentos y fortalezas natos, y trabajar sobre las áreas que necesitan mejorar, o bien abandonarlas, y apreciar a los demás de la misma manera. Es increíblemente liberador no tener que ser perfecto y convertirse simplemente en la persona que usted decide ser, ya que realmente no es posible evolucionar sin autenticidad. Puede darse cuenta de que fue creado para estar aquí y que tiene derecho a existir, deshaciéndose así de la terrible ansiedad que siempre lo ha acompañado.

Cuando usted es honesto y auténtico consigo mismo, puede elegir qué compartir y qué no. Cuando es complaciente con los demás y trata de ser perfecto aun si no está de acuerdo con algo o no desea hacerlo, luego es normal que se pregunte si los demás realmente lo aprecian, o si sólo valoran su fachada. No sugiero que vaya por la vida renegando contra los demás o mostrándose cruelmente descortés. Pero si se acerca a ellos tratando constantemente de demostrar lo bueno que es, no vivirá sinceramente ni se permitirá construir relaciones plenas. Tal y como lo evocamos anteriormente, esta forma de interactuar no da cabida a las necesidades ajenas.

Cuando usted no es auténtico consigo mismo, no percibe las opciones que tiene a su alcance. Tal vez siga un guion cuyo autor no le parece ser usted, y eso podría llevarlo a sentirse deprimido, ansioso e incluso con pánico, o cuanto menos tal vez desarrolle una sensación crónica de inquietud. Cada vez que actúa en base a las sugerencias de otra persona y le sobreviene un ataque de ansiedad, significa que una parte de su Ser no quiere comportarse así y que su inconsciente le está llamando la atención. Usted siempre tendrá un inconsciente, pero si le permite desempeñar el importante papel para el que fue diseñado y lo escucha, le ayudará a ser auténtico consigo mismo.

Como hemos visto, el abismo nace de la forma en que nos identificamos con aquello que hemos interiorizado. Si permanece inconsciente, continuará gobernando nuestra vida. Una vez que lo examinamos minuciosamente, la falsedad se vuelve visible casi de inmediato. Todos los problemas de este libro se relacionan con un núcleo inconsciente que presenta cierto esquema. Si bien este puede manifestarse de diferentes maneras, no ser consciente de usted mismo lo priva de disfrutar de los demás e incluso de usted mismo.

Nosotros mismos nos infligimos gran parte del sufrimiento. Tal vez se haya originado con otra persona, pero llega cierto momento en que, como una vez comentó un amigo : "Puedo volverme infeliz sin ayuda." Es tentador huir de un sentimiento doloroso ; y sin embargo, usted ahora sabe que la verdadera cura no es darse a la fuga, sino encontrar el modo de acoger el sentimiento con respeto y a medida que vaya comprendiendo cada vez más.

¿Qué implica ser auténtico con uno mismo ? ¿Qué significa ? En primer lugar, **no** equivale a revelar a los cuatro vientos sus sentimientos.

Tampoco quiere decir que nunca se sienta triste o solo, ni que le agrade cada faceta de su personalidad. Pero sí significa estar más presente.

Por ejemplo, al interactuar con una persona que presenta alguna característica o talento que usted disfruta, puede admirarla de modo genuino sin compararse negativamente con ella, y simplemente disfrutando de su compañía. Incluso puede sentir gratitud con toda humildad —un sentimiento verdaderamente hermoso— cuando alguien hace algo por usted que tiene un impacto positivo en su vida. Puede disfrutar diversas actividades y relaciones sin el desgaste emocional que implica estar montando un espectáculo para convencer a los demás (y por supuesto, a usted mismo) de que es perfecto. Eso le permite ser espontáneo y pasar buenos momentos sin tener que probar nada. Tanto en el trabajo como en los demás ámbitos de su vida, puede entender las consecuencias naturales de sus actos sin flagelarse ni preguntarse si es una buena o mala persona tras cualquier incidente menor.

También puede conocer la libertad de estar equivocado o de no saber algo, o la humildad de pedir perdón cuando comete un error. Ya no necesita tener una visión por demás simplificada de usted mismo y de los demás, ni recurrir a asociaciones falsas o superficiales. Puede experimentar la complejidad de simplemente ser humano, así como las inconsistencias presentes tanto en usted mismo como en los demás. Ya no le hace falta regirse por tantas reglas estrictas ni juzgarse a sí mismo y a los demás, porque conoce su abismo y no lo proyecta hacia el exterior de manera sentenciosa. Puede tener intuiciones propias, a la larga correctas o no, pero que le pertenecen.

En mis veintiocho años como psicoterapeuta, las personas del tipo PCV siempre me han confesado al comienzo de la terapia que eran incapaces de entender o descifrar a los demás. Me describían sus interacciones con la gente y no tenían idea de lo que la otra persona había estado sintiendo o pensando. Para mí estaba claro, ¡y yo ni siquiera había sido partícipe de la situación! He aquí uno de los grandes beneficios que aporta el hecho de ser auténtico.

Una y otra vez, mis pacientes suelen contarme que en el presente sí son capaces de comprender a los demás. En lugar de interpretar el comportamiento ajeno en base al suyo, pueden entender las asociaciones que tal vez los demás hayan establecido. Aprecian cómo otros individuos también tienen miedo de resultar avergonzados o apenados. Por primera vez en su vida, realmente "ven" a otras personas, en lugar de vivir en un mundo que consiste sólo en intentar evadir su propio abismo. Mis pacientes siempre descubren con felicidad que son realmente capaces de comprender a otros más allá de sus propias tendencias y necesidades.

Si bien el modo de salir de la depresión, la ansiedad, y todos los rayos de la rueda PCV que causan malestar, es la honestidad con uno mismo y la consciencia de sí —en otras palabras, la autenticidad— yo creo que ser auténtico también significa vivir la vida al máximo, aunque eso no siempre sea fácil. Muchos son testigos por primera vez del modo en que otras personas actúan como ellos solían hacerlo —necesitando estar en lo correcto, debiendo ser siempre quienes lo hacen todo y son necesitados, juzgando a los demás— y sienten tristeza por todo el tiempo que desperdiciaron comportándose justamente así. Otros individuos, entusiasmados por haber superado su actitud defensiva, desean relaciones más auténticas con los demás, pero terminan por darse cuenta de que una enorme cantidad de gente aún sufre de los males del tipo PCV. Se sienten sumamente presionados a seguir un guion con estas personas, misma impresión que los demás tenían antes de ellos. En ocasiones sienten resentimiento, lo cual es comprensible porque después de haber trabajado tanto sobre sí mismos, notan que aún existe mucha gente que decide no hacerlo.

Nunca oí a nadie decir que prefiriera la ansiedad y los problemas ligados al estado PCV, o que estuviera dispuesto a renunciar a la integridad que había alcanzado; pero sí he oído a pacientes expresar una tristeza y soledad profundas con respecto a la gente que busca ser mejor que los demás. Este es el precio de vivir auténticamente. No es seguro que encuentre a un gran número de individuos dispuestos a relacionarse plenamente con usted, pero aquellos que sí sean capaces de hacerlo valdrán mucho para usted. Con el tiempo se vuelve evidente que no es la cantidad de relaciones cercanas lo que realmente deja una huella positiva en la vida de un ser humano, sino la calidad de las pocas relaciones auténticas.

El siguiente paso después de haber desarrollado la autenticidad es cultivar la empatía y la compasión por el dolor ajeno y por aquellas personas que aún no se han armado de la valentía necesaria para cambiar. Esto puede ser extremadamente difícil, y sin embargo, una vez adquirido ese mayor grado de consciencia de sí, llega para quedarse.

Ser auténtico no hará que su mundo se vuelva perfecto. Lejos de ello. No obstante, sí le permitirá ser **usted mismo**, verse a sí mismo y a los demás, y sentir afecto o no por ellos, en vez de preocuparse constantemente por la opinión que se formen de usted. Su horizonte se extenderá considerablemente y sabrá que ser auténtico constituye un estado mental más desarrollado. Y si reflexiona al respecto, ¿qué otra opción existe? Usted recuerda muy bien cuán miserable era antes, y ahora puede tener tranquilidad y paz, así como relaciones más maduras. No, no serán perfectas, pero podrán ser honestas, decentes y reales.

En este libro, ha constatado cuántas personas con rasgos PCV deben arrastrar una enorme carga emocional a fin de seguir viéndose como quisieran, a pesar de, o a causa de cómo creen ser realmente en su interior. Eso es lo contrario de ser auténtico con uno mismo. Espero que este libro lo haya ayudado a alcanzar un mayor grado de consciencia, autenticidad y paz, ya que van de la mano. Le deseo todo el júbilo que brindan la consciencia y la autenticidad, así como suerte y éxito en su travesía hacia la plenitud emocional.

Referencias

- Erikson, E. (1950). *Childhood and Society*. New York : Norton & Company. [*Infancia y sociedad*, HORME-PAIDOS, 2009]

- Høeg, P. (1993). *Smilla's Sense of Snow*. Trans. T. Nunnally. New York : Delta. [*La señorita Smila y su especial percepción de la nieve*, Turquets Editores, 2001]

- Klein, M. (1975a). Love, Guilt, and Reparation. In R. Money-Kyrle (Ed.), *Envy and Gratitude and Other Works 1921-1945* (pp. 306-343). New York : The Free Press (Original work published 1937). [*Amor, culpa y reparación/Envidia y gratitud y otros trabajos*, tomo 1, RBA, 2006]

- Klein, M. (1975b). Notes on some schizoid mechanisms. In R. Money-Kyrle (Ed.), *Envy and Gratitude and Other Works 1946-1963* (pp. 1-24). New York : The Free Press (Original work published 1948). [*Amor, culpa y reparación/Envidia y gratitud y otros trabajos*, tomo 2, RBA, 2006]

- Winnicott, D. (1953). Transitional objects and transitional phenomena. *International Journal of Psychoanalysis*, 340, 89-97. [Obra no traducida al español, pero usted podrá encontrar diversos artículos y resúmenes al respecto en Internet, bajo el título : "Fenómenos y objetos transicionales".]

Acerca de la autora

La Dra. Aleta Edwards ejerce como psicoterapeuta desde hace más de veinte años. Aparte de su práctica en un consultorio privado, ha trabajado con niños y adolescentes confiados a los servicios de protección a la infancia, atendido a pacientes en hogares de ancianos y tratado a militares en servicio activo. Lleva muchos años interesada en la vergüenza y el perfeccionismo. También es practicante de Reiki de segundo nivel.

La Dra. Aleta Edwards está casada y tiene una hija. Ferviente cinéfila y amante devota de los perros, ha tenido muchos compañeros caninos durante su vida. Vive y trabaja en Tampa, Florida.

Visite su sitio Internet y su página de Facebook, y sígala en Twitter :

- aletaedwards.com

- facebook.com/doctoraleta

- twitter.com/AletaEdwards

Les Editions Pilule Rouge
B.P. 90 121
82 100 Castelsarrasin
France
Tél : (+33)5 63 04 54 30
info@pilulerouge.com
www.pilulerouge.com